KB270783

한국
노동계급의 형성

한국
노동계급의 형성

구해근 지음 · 신광영 옮김

창비

한국의 독자들에게

이 책의 원본이 미국에서 출판된 지 7개월 만에 한글로 번역, 출판되어서 대단히 기쁘다. 무엇보다도 한국어판을 통해서 이 책의 주인공인 노동자들이 자신들이 만들어온 역사에 관한 이야기를 읽을 수 있게 되어서 기쁘다. 또한 노동문제나 사회변화에 관심이 있는 한국 독자들이 좀더 쉽게 이 책의 내용을 접할 수 있게 된 점도 반갑다.

이 책의 영어제목은 *Korean Workers: The Culture and Politics of Class Formation*이다. 그러나 한국의 독자에게는 '한국의 노동자'라는 본래의 제목이 다소 밋밋하다는 주위의 의견에 따라 『한국 노동계급의 형성』으로 제목을 바꾸었다. 사실 이 책의 영어본을 출판한 코넬대학 출판부 역시 처음에 이 제목을 천거했었다. 그렇지만 나는 그 제목이 E.P. 톰슨(E. P. Thompson)의 유명한 저서인 『영국 노동계급의 형성』을 모방하는 것 같아서 따르지 않았다. 그의 대작과 나의 졸서가 비교될까 두려워 다른 제목을 달았던 것인데 결국 한국어판에서는 처음에 추천받았던 제목으로 돌아온 셈이다.

이 책이 한국 노동계급의 형성과정을 주제로 하고 있고 이 책의 기술을 위해 내가 E. P. 톰슨의 연구에서 가장 큰 학문적 영감을 받았다는 점은 분명한 사실이다. 톰슨의 저서는 산업화과정에서 공업노동자들의 등장과 그들이 독자적인 계급으로 형성되어가는 과정이 산업화의 성격을 이해하기 위해 대단히 중요하다는 점과 그 과정이 단지 자본주의 논리에 의해서 결정되는 것이 아니라 그 사회의 역사적·문화적 요소들에 의해서 복합적으로 형성된다는 점을 많은 학자들에게 일깨워주었다. 오랫동안 한국의 산업화과정에 관심을 가져온 나는 톰슨이 제공한 이론적 맥락에서 한국의 사회변화를 이해할 필요가 있다고 느꼈다. 한국 노동계급의 형성과정은 19세기 영국이나 유럽의 여러 나라에서 나타난 계급형성 못지않게 중요하고 흥미로운 역사적 변화라고 믿었기 때문이다.

지난 40여년 동안 진행된 한국의 산업화는 유례가 없을 정도로 빠르고 압축적인 경제발전과정이었다. 한국의 경제발전과정에 관해서는 많은 학문적 논의와 저술 들이 생산된 바 있다. 그러나 이 과정에서 노동자들이 담당한 역할에 대해서는 체계적인 연구가 이루어지지 못했다. 한국의 급속한 산업화과정에서 새로운 세대의 산업노동자들이 등장하는 과정, 그들이 억압적인 공장노동에 적응하는 동시에 노동자로서의 권리의식과 집단적 정체성을 획득하는 과정, 그리고 무엇보다도 그 모든 과정을 통해 계급의식을 발전시켜온 여정은 역사적으로나 학문적으로 대단히 중요한 현상들이다.

이 책은 이런 현상들을 체계적으로 정리하는 한편 그 현상의 의미를 설명하기 위해 씌어졌다. 이 책의 원본이 대상으로 삼은 주요 독자층은 미국과 유럽의 학자·학생 들이었다. 나의 목적은 한국 산업화과정의 특성을 되도록 정확하면서도 흥미롭게 그들에게 제시하고 또한 서구의 경험에 바탕을 둔 사회과학 이론들을 한국 또는 아시아 산업화의 맥락에서 비판적으로 검토해보는 것이었다. 한국에 대한 지식이 박약하고 또 깊은 관심이 없는 외국독자를 겨냥해서 쓴 책이라 한국 독자들에게는 잘 맞지 않는 면도 적지 않으리라 생각한다. 기본적인 사실이 필요 이상으로 길게 설명됐다거나 좀더 자세하고 민감하게 다루어져야 할 부분이 피상적으로 기술되기도 했을 것이다. 이런 점에 대해서는 한국 독자들의 양해를 구한다. 그러나 한국어판 출간을 위한 번역과 교열과정에서 영어본에서는 미처 확인하지 못했던 단체명, 사건 발생일 등 사실관계에 관한 몇몇 오류들이 수정된 것은 한국의 독자들에게 좀더 정확한 정보를 제시할 수 있게 되었다는 점에서 기쁜 일이다. 색인사항 역시 한국의 독자들이 참고하기에 적당하도록 바꾸었다.

바쁜 강의와 연구활동에도 불구하고 기꺼이 번역을 맡아준 신광영 교수에게 감사드린다. 번역문이란 대개 읽기가 힘든 것인데 신광영 교수의 노고와 창작과비평사 편집팀의 꼼꼼한 교정·교열로 정확하면서도 자연스러운 번역이 이루어졌다.

이 책의 한국어판이 1987년의 민주화항쟁과 노동자대투쟁이 있은 지 꼭 15년이 되는, 그리고 온 국민이 열광하는 2002년 월드컵의 열기가 채 식지 않은 이 싯점에서 출판된다는 점도 의미심장하다. 연이은 한국 축구팀의 승리로 각종 매체를 통해 한국인의 투혼·열정·강인함·공동체정신 등에 관한 이야기를 자주 듣게 된다. 월드컵 응원에서 보여준 한국 국민들의 열정을 언론들은 종종 1987년, 뜨거웠던 여름의 거리시위와 연결시키곤 한다. 그러나 정작 이런 열정과 강인함 그리고 공동선을 위해 하나로 뭉치는 끈끈한 공동체정신이야말로 한국의 노동자들이 지난 30여년간 (아니 좀더 정확히 말하면 그 이전부터) 끈질긴 투쟁과정을 통해 보여준 것임을 아는 사람은 많지 않은 것 같다. 응원을 위해 붉은 셔츠를 입고 거리를 가득 메운 오늘의 젊은이들 중 이른바 '레드 콤플렉스'로 인해 얼마나 많은 노동자들이 숱한 고난을 겪고 희생을 치러야 했는지를 아는 사람들은 몇이나 될까? 우리는 한국의 산업화 · 민주화과정에서 노동자들이 담당했던 역사적 역할을 다시 한번 정확하게 인식하고 기록할 필요가 있다. 지금 시청 앞 광장에서 최루가스를 마시며 독재정권타도를 외치는 대신에 거리낌 없이 '붉은' 악마가 되어 축제와 대동의 한마당을 즐길 수 있는 것은 한국의 산업화 · 민주화과정에서 한번도 역사의 주인공으로 주목받지 못한 노동자들의 투쟁과 희생에 크게 힘입고 있음이 상기되어야 한다는 것이다.

나는 이 책이 학자 · 학생 · 노동자뿐 아니라 노동문제에 무관심하거나 이유 없이 거부감을 느끼는 중산층에게도 널리 읽히기를 바란다. 이 책은 단순한 한국 노동운동사도 좁은 의미의 계급투쟁사도 아니다. 이 책이 기술하고 있는 것은 지난 40여년간 우리가 겪어온 역동적인 산업화과정의 사회사이고 그 속에 나타난 사회갈등과 한국인 특유의 저항정신 그리고 새로운 정체성의 추구이다. 우리는 한국의 노동자들이 써온 역사를 통해 많은 교훈과 성찰의 계기를 얻을 수 있을 것이다.

2002년 7월

구해근

머리말

내가 이 책을 쓰기 시작한 것은 한국의 발전을 사회학적인 시각에서 폭넓게 조망해보기 위해서, 특히 이 발전과정의 사회·문화적 측면을 분석해보기 위해서였다. 나는 이 발전과정에 나타난 계급간의 역학관계와 계급요인들이 한국의 산업화과정에 끼친 영향을 분석하는 데 특히 관심이 있었다. 이런 관점에서 나는 몇개의 학술논문을 발표했는데, 이 과정에서 내가 다루는 문제들이 한 권의 책에 담기에는 너무나 크고 광범위한 현상이라는 것을 깨달았다. 또한 나는 한국의 산업노동자들이 급속한 산업화과정에서 얼마나 중요한 역할을 했으며, 그럼에도 불구하고 그들에 대한 학문적 관심이 얼마나 빈약했는가를 깨달았다. 더욱 놀라운 것은 한국 노동자들이 겪어야 했던 고통과 불의가 엄청났으며 억압적인 권력에 대항한 그들의 저항정신이 실로 대단했다는 사실이었다. 좀더 정의로운 사회를 이룩하기 위한 그들의 투쟁사례는 몇권의 책이 되기에 충분하다는 생각이다. 왜냐하면 노동자들의 생활체험과 투쟁의 역사는

1960~90년대 한국 산업화과정의 핵심을 이루기 때문이다.

　한국 노동계급에 관해서 책을 쓰는 것이 무척 가치있는 일이라는 확신이 생겼지만, 나는 적잖이 망설였다. 한국 노동자의 경험에 관한 글을 쓰는 데 과연 내가 적임자인가라는 생각 때문이었다. 한국에는 노동운동에 참여해온 사람들이 많이 있으며, 그들 중 많은 이들이 한국 노동운동에 대해 자세한 정보와 깊은 열정을 가지고 글을 썼다. 한국 노동운동의 특징 가운데 하나는 노동운동에 많은 학생·지식인 들이 참여했다는 점이다. 이들 지식인 노동운동가들은 1980~90년대 노동운동에 관해 많은 서술과 분석자료를 생산해냈다. 또한 많은 노동자들이 수기, 시(詩), 노조활동에 관한 기록들, 파업전단 등의 형태로 그들 자신의 공장생활에 대한 기록을 남겼다. 나보다는 이들이 적임자라고 생각했다. 그러나 다른 한편으로 내게는 어느정도 거리를 두고 다른 사회와 비교적인 시각에서 한국의 현상을 바라볼 수 있는 장점이 있으며, 한국 노동자들의 이야기를 영어권 독자들에게 좀더 잘 소개할 수 있지 않을까 하는 생각도 들었다.

　초기 연구단계에서 내가 발견한 것은 한국의 노동운동에 관해 이미 충분한 양의 문헌이, 물론 거의 대부분이 한국어로 씌어진 것이지만, 존재한다는 사실이었다. 그러나 한국 노동계급의 형성에 관한 저작은 절대적으로 부족했고, 따라서 노동계급에 관한 중요한 문제들은 거의 다루어지지 않은 상태였다. 예컨대 한국의 노동자들이 어떻게 그들의 공장생활을 체험하고 해석했는가, 어떻게 그들은 노동자간에 존재하는 공통의 이해를 깨닫게 되었는가, 어떻게 그들은 노동자들의 연대의 중요성과 자주적 노조결성의 중요성을 깨닫게 되었는가, 그리고 어떻게 그들은 권위주의 국가에 대항해서 높은 수준의 정치의식을 발전시킬 수 있었는가? 이러한 질문들은 노동자투쟁을 단지 노조운동으로서가 아니라 노동계급의 형성으로, 즉 노동자계급이 그들 고유의 계급정체성과 계급의식을 형성해가는 과정으로 이해하고자 한다면 답해야 하는 핵심적인 질문들이다.

나는 이 책에서 수출주도형 산업화정책을 구사한 1960년대부터 1990년대 말까지 진행된 한국 노동운동의 발전과정을 기술하고 또 한국 노동계급의 형성과정을 비교연구적인 관점에서 분석하고자 한다. 한국의 노동자투쟁과 계급 형성과정은 비교연구에서 대단히 흥미로운 사례이며, 기존의 유럽중심 계급 형성이론들을 넘어설 수 있는 많은 착상을 제공한다. 이 책은 그런 이론적 연구를 위한 초보적 시도라고 할 수 있다.

한국 노동계급의 투쟁을 기술하면서 나는 한국의 문화적·정치적 요인들이 산업화과정에서 제1세대 산업노동자들의 경험과 투쟁형태 형성에 어떻게 이바지했는지에 특별한 관심을 기울이고자 한다. 계급형성에 관한 최근 이론들이 제시하듯이, 사회계급은 궁극적으로 노동자들의 구체적인 생활체험을 기초로 형성된다. 그러나 이러한 구체적인 생활체험은 단지 생산관계에 의해서만 결정되는 것이 아니라 작업장 내부와 외부에서 영향을 미치는 문화·정치적 권력에 의해서 형성된다. 한국사회의 경우 노동자들의 구체적인 경험은 유교문화적 전통과 가부장제 이데올로기, 그리고 권위주의적 국가권력에 의해서 형성되었음을 이해하는 것이 중요하다. 한국의 정치권력은 산업노동자들이 계급정체성과 계급의식을 고양하는 것을 억제하는 역할을 해왔다. 그러나 동시에 문화·정치권력이 자본과 영합하여 노동자들을 억압해왔기 때문에 그들의 심한 분노와 저항을 불러일으키기도 했다. 한국 노동계급의 발달에서 가장 흥미로운 점 가운데 하나는 문화·정치권력이 노동자들의 정체성과 의식을 한편으로는 억압하고 또다른 한편으로는 촉진하는 이중적이고 모순적인 역할을 해왔다는 것이다.

이 책을 쓰는 데 거의 십년이 걸렸고, 그 과정에서 나는 많은 빚을 지게 되었다. 무엇보다도 연구과정에서 풍부한 경험과 성찰을 공유하게 해

준 많은 노동자들과 노조활동가들에게 진심으로 감사한 마음을 전하고
싶다. 석정남(石正南) · 김지선(金志宣) · 방용석(方鏞錫) · 김준용(金俊
龍) · 한명희(韓明姬) · 양승화 · 차언년 · 김숙자 · 백다례(白多禮) · 박
재구 · 김호규(金虎圭) · 박준석(朴俊錫) · 이상도(李相道) · 김해윤(金
海允) · 김형광(金炯光) · 김강희(金康熙) · 허동욱(許東煜) 그리고 유감
스럽게도 이름을 잊어버린 다른 많은 분들이 도움을 주었다. 그들은 내
가 노동계급투쟁의 깊은 인간적 측면을 이해하도록 도와주었고 정부 ·
언론매체 · 노동문제전문가 · 노조 등에서 만들어진 한국 노사관계에 관
한 많은 자료들을 어떻게 읽고 이해해야 하는가를 가르쳐주었다. 지난
수년간 그들과 이야기를 나누면서 나는 그들이 얼마나 지성적이고 진실
하며 존엄한 사람들인가 그리고 한국의 공장뿐 아니라 한국사회 전체가
이들, 존경받아 마땅한 사람들에게 얼마나 불공평하고 정의롭지 못했는
가를 느끼지 않을 수 없었다. 나는 진정으로 이들 노동자들이 이 책을 읽
고 조금의 만족이라도 느낄 수 있기를 바란다. 그것이 그들이 내게 가르
쳐준 많은 것들에 대한 작은 보답이 될 수 있을 것이라고 생각한다.

　이 연구과정에서 나는 또 1980년대 민주노동운동에 적극적으로 참여
했던 몇몇 학생 출신 노동자들을 만나는 행운을 누렸다. 그들은 박동(朴
東) · 이선주(李仙株) · 심상정(沈相奵) · 엄인희 · 정광필(鄭光弼) · 노
회찬(魯會燦) · 김호규(金虎圭) · 이수경(李秀卿) · 정주은(鄭珠銀) 등이
다. 그들은 내가 만난 사람들 가운데 가장 용기있고 헌신적인 사람들이
며, 평등하고 정의롭고 민주적인 사회를 실현하기 위해 더 안락하고 풍
요로운 삶을 포기한 사람들이다. 특히 현재 민주노동당에서 중요한 여러
역할들을 맡고 있는 노회찬에게 감사드린다. 그는 나에게 활동가조직에
관한 유익한 정보를 제공해주고 자신의 견해 또한 솔직히 말해주었다.
또한 김호규와 이수경은 울산의 현대노동자 아파트 단지 내 자신들의
집에 나를 묵게 해주어 노동자 가족의 생활을 가까이서 볼 수 있는 기회

를 주었고, 또 좋은 동료들을 소개해주었다. 그들의 동료들 역시 친절하게 경험을 공유하게 해주었다.

나의 연구에 결정적으로 도움이 된 것은 노조·교회단체·활동가집단이 만들어낸 많은 양의 자료였다. 이런 자료가 없었다면 아마 나는 이 작업을 시작하지 못했을 것이다. 이런 많은 노동관련 자료를 모아 정리하고 출판한 사람들에게 감사한다. 또한 연구에 큰 도움을 준 것은 노동운동 현장에 깊숙이 참여하면서 한국 노동운동의 현황을 분석한 노동전문가들의 글인데, 이 글들 가운데 일부는 익명 또는 가명으로 씌어진 것이었다. 한국의 노동운동에 대해서 훌륭한 연구를 한 학자들 가운데 몇 사람에게서 개인적으로 또는 그들의 글을 통하여 특별한 도움을 받았다. 최장집(崔章集) 교수는 초고에 논평을 해주었고, 자신의 출판되지 않은 논문들을 제공했으며, 내 연구의 가치를 확인해주었다. 김동춘(金東椿)·임영일(林榮一)·송호근(宋虎根)·신광영(申光榮)·박준식(朴濬植)은 최근 그들이 쓴 책을 보내주었는데 그 책들은 1987년 이후 한국 노동운동의 추세를 한층 깊이있게 이해하는 데 많은 도움이 되었다. 김형기(金炯基)와 임호(林皓)의 책도 마찬가지로 큰 도움이 되었다. 이들 모두는 민주화운동이 활발하던 1980년대가 생산해낸, 사고가 깊고 우수하며 정의심 강한 학자들 세대를 대표하고 있다. 나는 이들 한국의 젊은 사회학자들을 대단히 자랑스럽게 생각한다.

여러 동료들이 이 책의 일부를 읽고 논평해주었다. 그들은 라비 팔랏(Ravi Palat)·아리프 딜릭(Arif Dirlik)·앨빈 쏘(Alvin So)·존 리(John Lie)·김은미·장경섭·조너선 골드버그-힐러(Jonathan Goldberg-Hiller)·프레드릭 데요(Frederic Deyo)·구오빈 양(Guobin Yang)·엘리자베스 페리(Elizabeth Perry)·앤드류 고든(Andrew Gordon)·아끼라 스즈끼(Akira Suzuki)·리처드 보이드(Richard Boyd)·탁윙 노(Tak-Wing Ngo)·낸씨 에이벌먼(Nancy Abelman)·엘리자베스 라무뢰

(Elisabeth Lamoureux)이다. 또한 코넬대학 출판부에서 의뢰한 익명의 논평자들이 보낸 훌륭한 논평에 감사드리고, 또다른 기회에 유익한 논평을 해준 두 명의 논평자에게도 감사한다. 그리고 1999년 봄학기 나의 사회계층론 수업을 들으면서 이 책의 초고를 읽고 비판해준 하와이대학 사회학과 대학원생들에게 고마움을 전한다. 특히 이 책에 사용된 표와 그래프를 컴퓨터로 작성해주고 몇몇 장에 대한 비판을 해준 히 시젠(He Shi-jen)에게 고마움을 표하고 싶다. 또한 고혜진·스텔라 호오카노 (Stella Hookano)·제인 김(Jane Kim)이 초고의 일부를 읽고 편집과 관련된 도움을 주었다.

이 책을 쓰는 데 필요한 연구를 하면서 여러 기관으로부터 재정적인 도움을 받았다. 하와이대학 한국학연구소, 한국학술진흥재단, 동서문화 쎈터, 아시아연구기금에 감사한다. 또한 하와이대학 해밀턴 도서관에 보관된 적지 않은 노동관련 자료가 연구에 도움이 됐다. 이런 자료 수집에 열성을 보여준 한국분야 도서관원 전경미에게 감사드린다. 무엇보다도, 나를 초청해서 멋진 한 해를 보내게 해준 '네덜란드 인문사회과학 고등연구소'에 감사를 드린다. 1998~99년 그곳에 머무는 동안 나는 이 책의 초고를 마무리하고, 이론적인 부분을 정리할 수 있었다. 네덜란드에서 만난 좋은 사람들 가운데 한 사람은 위의 단체에서 발행하는 잡지 NIAS 의 편집인인 앤 씸프슨(Ann Simpson)이었다. 그녀는 내가 미국으로 돌아온 이후에도 책을 쓰는 데 도움을 주었다.

이 책의 주제에 특별한 관심을 가지지 않은 몇사람도 이런저런 방식으로 나에게 도움을 주었다. 전경자는 박노해의 시를 영어로 번역해주었고, 제니퍼 리(Jennifer Lee)는 나의 요청으로 「늙은 노동자의 노래」를 번역해주었다. 정희남은 산업지역 지도를 그려주었다. 이 책에 실린 여러 사진의 전재를 허용해준 중앙일보사에 감사드린다. 중앙일보사는 내가 미국으로 유학오기 전에 사회부 기자로 근무하던 곳이라 감회가 깊다. 또한 출판된 책에 수록된 사회사진연구소의 사진을 사용하게 해준 동광출판사에 감사하고, 고(故) 오윤(吳潤)의 판화 두 점을 사용하게 해준 오윤의 누이 오숙희에게도 감사를 드린다. 코넬대학 출판부 편집자 로저 헤이든(Roger Haydon)은 특별한 감사를 받을 만한 사람이다. 그는 한국 노동계급에 관한 나의 연구에 오랫동안 관심을 가졌고 이 책이 출판되는 데 꾸준하고도 열정적인 지원을 했다. 일처리가 빠른데다가 예의와 판단력, 유머감각을 겸비한 그는 함께 일하기에 더없이 훌륭한 편집자였다. 또한 훌륭하고 꼼꼼한 교정을 해준 코넬대학 출판부의 줄리 니머(Julie Nemer)에게 감사드리며, 편집과정을 아주 순조롭고 현명하게 다루어준 앤지 로메오-홀(Ange Romeo-Hall)에게도 감사드린다.

마지막으로 아내와 두 딸이 보여준 깊은 사랑과 정신적 지원에 대해 진심으로 고마운 마음을 전하고 싶다. 무척 오랜 시간을 끌어온 이 책의 집필이 끝나고서야 우리 가족이 나 못지않게 기뻐하는 것을 알겠다.

이 자리를 빌려서 내 어머니와 이제 고인이 된 아버지가 아들에게 보여주신 무한한 사랑과 헌신에 감사를 드리고 싶다. 그리고 이 책에서 묘사한 대부분의 여공들처럼, 동생의 교육을 위해 대학진학을 포기한 나의 누님께 따뜻한 감사를 드린다. 나는 이 책에 필요한 많은 영감을 부모님께 받았다. 근면한 성격과 자기희생, 다른 사람들에 대한 애정, 깊은 인내심, 더 잘살아보기 위해 끊임없이 노력하는 정신, 그리고 학교교육을 제대로 받지 못한 데 대한 깊은 한(恨) 등은 내가 연구한 한국 노동자들의 삶을 관통해온 동일한 주제들이다. 이 책을 나의 어머니와 아버지께 바친다.

차 례

일러두기

1. 외국의 인명은 현지 발음에 따라 우리말로 표기하고 괄호 안에 원어를 병기
   하되, 우리말로 굳어진 경우에는 관용을 존중하였다.
2. 우리말로 씌어진 인용문은 당시의 상황과 현장성을 살리는 의미에서 요즘 맞
   춤법과 다르더라도 참고한 원문을 그대로 옮겨적었다.
3. 인용문에서 옮긴이가 독자의 이해를 돕기 위해 첨가한 어구는 〔 〕로 묶었다.
4. 단체명은 최초로 등장할 경우 정식 명칭을 사용하고 이후에는 약칭을 사용
   했다.
5. 본문에 등장하는 인명은 확인과정을 거쳐 한자를 병기했으나 확인되지 않은
   경우에는 넣지 못했다. 확인되는 대로 반영할 것이다.

제1장 서론: 한국 노동계급의 형성

그리고 계급은 사람들이 (계승되거나 혹은 공유된) 공통의 경험에 의해 서로간에는 이해의 동일성을 그리고 그들과 이해가 다른 (또는 흔히 반대되는) 사람들에 대해서는 배타적인 이해의 동일성을 느끼고 분명히 파악할 때 생겨난다.

(Thompson 1963, 9면)

거대한 노동자투쟁이 폭발한 지 10년 후인 1997년 1월 한국의 노동자들은 그 전해 12월에 통과된 노동법에 반대하기 위해 대규모 총파업을 일으킴으로써 다시 한번 세계의 이목을 끌었다. 쟁점이 된 새 노동법은 고용주들에게 노동자를 해고하거나 임시직 노동자와 파업 대체노동자를 고용할 수 있는 권한을 강화해주는 한편 앞으로 몇년 동안 단일사업장에서 복수노조 결성을 금지하는 내용을 담고 있었다. 이 파업에는 약 300만명의 노동자들이 참여했고 자동차, 조선 및 기타 주요 산업에서 생산이 중단되었다. 또한 총파업으로 텔레비전 방송, 호텔 영업과 지하철 운행이 중단되었다. 신년 연휴와 추운 날씨 등의 불리한 조건에도 불구하고 3주 동안 지속된 파업은 노동자들의 높은 참여율과 대중적 지지를 이끌어냈다. 어쩔 수 없이 정부가 이미 통과된 노동법 개정에 동의함으로써 총파업은 1월 말에 막을 내렸다.

총파업은 1987년 파업열풍 이래 한국의 조직노동이 얼마나 성장했는가를 극적으로 보여준 좋은 예였다. 노사분규는 더이상 정치적 혼란기에 발생한 노동자들의 돌발적인 시위가 아니었다. 또한 노동자들은 단지 경제적인 이득을 얻거나 관리자들의 횡포에 대한 억눌린 분노를 표출하는 데에만 관심을 보이지 않았다. 그들은 개별 기업 수준의 관심사보다는 법적·제도적인 문제에, 그리고 단기적인 경제적 이익보다는 장기적인 직업안정에 더 관심을 가졌다. 총파업은 경제적 투쟁이라기보다는 정치적 투쟁이었고, 투쟁의 대상은 개별 자본가들이 아니라 국가였다.

1997년 1월 총파업의 핵심 쟁점이 고용안정이었기 때문에, 이 파업은 블루칼라 노동자들의 이해뿐 아니라 화이트칼라와 경영직 피고용자들의 이해까지 대변하면서 광범위한 대중적 지지를 받을 수 있었다. 한국의 노동조합은 다양한 직업에 종사하는 많은 사람들의 절대 관심사가 된 고용안정을 위해 투쟁함으로써 새로운 사회적 역할을 담당하였다. 즉 다양한 인구집단을 대표하고 널리 공유된 가치인 고용안정과 고용관계의 형평성을 지키는 역할을 담당하게 되었다.

파업은 결국 정책당국자들로부터 최소한의 양보만을 얻어내는 데 그쳤지만 이 총파업은 전세계에 한국 노동운동이 얼마나 투쟁적인가를 잘 보여준 계기였다. 주요 국제언론들은 이구동성으로 한국의 노동운동을 '투쟁적' '공격적' '전투적'이라고 묘사하였다. 『LA타임즈』는 한국의 노동운동에서 보이는 "열정과 분노는 세계적으로도 유명하다"고 표현했고 (1997. 1. 21), 『뉴욕타임즈』는 한국을 "만성적인 파업의 나라"로 묘사하였다(1997. 1. 17). 순종적이고 유순한 노동력을 지닌 나라라는 한국의 인상은 완전히 바뀌었다. 월든 벨로(Walden Bello)와 스테파니 로젠펠드(Stephanie Rosenfeld)가 지적한 것처럼, 한국의 노동계급은 "도전적이고, 타협하지 않으며, 열정적으로 계급의식을 발휘하던 19세기 유럽 노동계급의 모습을 연상시켰다"(Bello and Rosenfeld 1990, 23면).

이것은 실로 놀라운 발전이었다. 최근까지 한국의 노동자들은 동아시아 다른 나라들의 노동자처럼 근면하고, 잘 통제되어 있으며 복종적인 것으로 알려져왔다. 주지하다시피 한국의 빠른 경제성장은 근면한 노동력과 초기 25년 정도의 수출주도형 산업화기간 동안 유지된 높은 수준의 '산업평화'(industrial peace) 덕택에 이루어졌다. 1960년대 초부터 1980년대 중반까지 노사분규 횟수는 한해에 100건을 넘지 않았고, 대부분의 노동쟁의는 무단해고, 임금체불, 열악한 노동조건 같은 문제들을 대상으로 한 방어적인 투쟁이었다. 1976년에 발생해서 당시 일반에게도 잘 알려졌던 한 노동쟁의는 그 당시 노동자들의 취약한 위치를 잘 보여준다. 이 쟁의는 2,500명을 고용하고 있는 해태제과 여공들이 일으킨 것이었다. 해태제과 노동자들이 노동청에 제출한 탄원서는 다음과 같은 내용을 담고 있다.

1. 하루 12시간만 일하도록 해주십시요.

   우리는 매일 12시간 이상씩 일을 하고 있습니다. 하루 노동시간이 8시간인 것을 알고 있지만, 회사가 일이 바쁘다고 하니 12시간까지는 우리가 참고 일하겠읍니다. 그러나 12시간 이상은 너무 힘들어서 할 수가 없습니다.

2. 일주일에 하루씩만 쉴 수 있도록 해주십시요. 우리는 일주일에 하루씩 쉴 수 있다는 노동법상의 혜택을 못 받고 일을 하고 있습니다. 너무 힘들고 피곤해서 몸을 지탱할 수가 없읍니다. 이렇게 혹사를 시키면서도 종종 '곱배기' 노동을 시키고 있어 할 수 없이 18시간을 계속 일을 해야 하는 참기 어려운 정신적·육체적 고통을 당하고 있습니다. (손점순 1984, 20~21면)

한국의 노동자들이 극단적으로 장시간 노동을 한다는 것은 잘 알려진 사실이다. 1980년대에 한국의 노동자들은 세계에서 가장 긴 시간 동안 노동한 것으로 보고되고 있다. 이 탄원서가 지적하는 것처럼, 1970년대 노동집약적 부문에 고용된 많은 노동자들에게는 하루에 12시간 노동하는 것이 '희망사항'에 가까웠다. 이 시기 대부분의 노동자들이 장시간 노동의 고통을 묵묵히 참고 지낸 반면, 해태제과 노동자들은 용감하게도 노조를 조직하고 노동시간 단축을 위해 투쟁하였던 것이다. 1970년대 중반부터 이와 유사한 투쟁이 의류업계와 섬유업계, 그리고 다른 수출산업에서도 발생하기 시작했다. 그러나 1970년대의 한국 노동자들은 전반적으로 복종적이고 비정치적이었으며 조직되어 있지 않았다.

1996~97년 겨울의 총파업과 1976년 해태제과 노동자들의 투쟁은 단지 20년의 시차를 두고 일어났다. 이렇게 비교적 짧은 시간 동안 한국의 노동자들은 상당히 변했다. 1970년대에는 하루 10~12시간 노동을 정상적인 것으로 생각했고, 약간의 잔업수당만 받으면 기꺼이 15~18시간 노동을 하기도 했지만, 1990년대 후반 대규모 산업체에서 일하는 많은 생산직 노동자들은 8시간 노동을 정상적인 것으로 생각하며, 수당이 만족스럽지 않으면 연장근로를 거부했다. 1970년대에 임금이 고용주에 의해서 일방적으로 결정되었다면, 1990년대에는 자본과 노동 간의 심각한 협상에 의해서 임금이 결정되었다. 1970~80년대 노동쟁의가 주로 장시간 노동과 비인간적인 노동조건에 관한 것이었다면, 1990년대 노동운동은 고용을 보장하고 노동자들의 조직적 권력을 강화하는 데 초점을 맞추었다.

한국의 노사관계에 일어난 이러한 급격한 변화를 무엇으로 설명할 것인가? 무엇이 한때 유순했던 한국의 노동자들을 이렇게 빨리 전투적인 사회세력으로 등장하게 만들었는가? 어떻게 한국의 노동자들은 동아시아의 노동자들보다 강력하고 공격적인 노동운동을 발전시키는 데 성공하였는가? 이 책에서는 이러한 질문들에 대한 답을 찾고자 한다. 이 책은 한국의 1세대 산업노동자들이 어떻게 프롤레타리아트 노동세계에 적응하고 자신들의 새로운 노동경험을 이해하려고 노력했는가를 살펴본다.[1] 이 책은 노동자들이 극도로 착취적이고 억압적인 생산체제로부터 자신들을 보호하기 위한 자주적 노조의 결성을 위해 어떻게 투쟁하였는가를 보여준다. 또한 그들이 어떻게 노동자로서 새로운 집단적 정체성과 공유된 이해에 기초한 연대감을 발전시켰는가를 기술한다. 이 책의 중요한 목적은 한국의 노동자들이 어떻게 독특한 계급의식을 발전시켰고, 그 계급의식이 어떻게 다양한 형태의 조직적 · 문화적 · 제도적 활동으로 표현되었는지를 검토하는 것이다. 단적으로, 이 책은 한국 노동자들의 계급형성에 관한 연구이다. 또한 이 책은 기업가나 정책결정자의 관점에서가 아니라 노동자의 관점에서 본 한국 산업화과정의 연구이기도 하다.

한국의 경제발전에 관해서는 많은 책이 출간됐지만, 거의 대부분은 발전경제학자들의 관점에서 논의된 것이었다.[2] 이 많은 책들의 주된 관심사는 한국과 다른 동아시아 국가들이 어떻게 놀라운 경제성장을 이루어냈는지를 설명하는 데 있다. 1997년 경제위기는 동아시아 경제기적이라는 환상에 찬물을 끼얹는 것이었고, 학자들로 하여금 아시아 경제의 몰락 원인에 시선을 돌리게 했다. 그러나 한국은 모든 경제학자들이 예측했던 것보다 훨씬 빠르게 경제위기에서 벗어났기 때문에, 한국 경제의

1. 비록 1960년대가 한국에서 대규모 산업노동자가 등장한 최초의 시기는 아니었지만—임금노동자들은 1920년대 식민지시대에 대규모로 나타나기 시작했다—수출지향적 산업화가 대규모의 새로운 공장노동자 세대를 만들어냈고, 그들 대부분은 농촌에서 직접 충원되었으며 임금고용의 경험이 없었다. 이러한 점에서 이들 새로운 산업 프롤레타리아트를 한국 노동계급의 1세대라고 보아도 무방하다고 생각한다.
2. 예를 들어 Amsden 1989; Cho Soon 1994; Cole and Lyman 1971; Jones and Sakong 1980; Kuznets 1977; Sakong 1993; Song Byung-Nak 1990; Steinberg 1989; Woo Jung-en 1991; World Bank 1993.

성공에 관한 논쟁은 아마 계속될 것이다.

학문적 논쟁이 경제성장에 관한 것이건 금융위기에 관한 것이건, 기존의 문헌에서 찾아보기 힘든 것은 사람들에 관한, 즉 피와 땀으로 놀라운 경제성장을 이루어낸 수백만의 남녀 노동자들에 대한 진지한 관심이다. 동아시아의 기적에 관한 저서들은 발전국가 · 시장기제 · 경제성장을 촉진하는 각종 제도, 그리고 추상적인 유교문화의 역할에 대해 자주 언급하지만, 노동자와 그들의 구체적인 경험에 대해서는 거의 언급하지 않고 있다. 이것은 경제학자들이 경제성장에서 노동이 중요한 역할을 했다는 것을 모르기 때문은 결코 아니다. 그들도 동아시아 신흥공업국들에서 수출지향적 산업화의 성공은 저임금을 받으며 열심히 일한 노동자들에게 크게 의존한 것이라는 사실을 인정한다. 산업화 초기단계에서는 값싼 양질의 노동력을 풍부하게 소유하고 있는 것이 세계경제체제에서 비교우위를 확보할 수 있는 핵심적인 요소라는 것을 잘 알고 있다. 이러한 인식에도 불구하고, 발전경제학자들은 노동을 생산요소 혹은 비교우위의 요소 이상으로 보지 않는다. 그들이 관심을 갖고 있는 것은 노동하는 사람들의 인간적인 경험이 아니라 국가경쟁력의 토대로서 노동력의 임금과 생산성 수준이기 때문이다.

경제발전이 노동자들에게 끼치는 사회적 결과에 발전경제학자들이 관심을 보였을 경우에도 분석은 임금이나 소득 불평등에 한정된다. 동아시아 경제성장은 비교적 평등한 소득분배를 수반했고 그리하여 "평등을 수반한 성장"의 사례로 칭송되어왔다(World Bank 1993). 한국의 소득분배는 타이완(臺灣)이나 씽가포르만큼 합리적이지는 않지만, 다른 제3세계 국가들보다는 훨씬 양호했다. 한국 노동자들의 임금인상률은 세계에서 가장 높은 편이었고, 1980년대 이래 급속한 임금인상은 한국기업의 경쟁력을 크게 약화시켰다.

그렇다면 경제성장으로 큰 혜택을 받은 노동자들이 자신들의 생활수준을 놀랍게 향상시켜준 경제체제에 대해서 왜 그렇게 불만이 많았는지가 커다란 수수께끼로 남는다. 아마 개인들의 기대수준이 실질적인 경제적 향상을 능가할 때 생기는 이른바 '상대적 박탈감'이 중요한 역할을 했을지도 모른다. 그러나 더 중요한 요인은, 노동자들이 공장 안의 일상에서 겪어야 했던 극도의 착취적이고 비인간적인 노동조건이었을 것이다. 한국 노동자들의 깊은 분노와 적개심을 낳고 강력한 노동운동을 키워온 것은 뒤처진 소득보다는 잔인한 노동세계의 경험이었던 것이다.

동아시아 성장에 관한 연구들이 노동문제에 별로 관심을 기울이지 않은 이유는 이들 국가의 노동자들이 극히 수동적이고 복종적이었기 때문이라고 볼 수 있다. 한국·씽가포르·홍콩·타이완, 동아시아 4개국의 경우 노동은 수출지향적 산업화 훨씬 이전에 무력화되었고, 정치적으로 통제되었으며 급속한 수출산업화 기간 동안 엄격한 국가통제 하에 놓여 있었다. 이 점에서 동아시아와 남미는 큰 대조를 보인다. 남미의 노동은 이미 20세기 초에 정치적인 세력으로 등장했고, 여러 나라에서 국가 조합주의체제로 편입된 이후에도 노동세력이 정치체제의 전개과정에서 중요한 역할을 담당하였다. 루스 콜리어(Ruth Collier)와 데이비드 콜리어(David Collier)의 주장처럼(Collier and Collier 1991), 노동을 조합주의 틀로 규제한 구체적인 양식은 20세기 후반부 대부분의 남미 국가에서 정치발달 궤적을 결정지었다(Bergquist 1986 참조).

동아시아에서도 제2차 세계대전 직후 노동운동의 정치적 참여가 일어났지만, 좌파 노동운동은 강한 반공주의 국가의 등장으로 완전히 궤멸되었고, 또한 조직적·이념적 영향을 남기지 못했다. 콜리어 부부에 의하면, 남미에서는 정치엘리뜨들이 한편으로는 조직노동을 통제해야 하고 다른 한편으로는 영향력 있는 노동집단에서 정치적 지지를 얻어내야 하는 "이중적 딜레마"에 계속 놓여 있었다(Collier and Collier 1991, 48~50면). 동아시아에서는 이러한 딜레마가 전혀 존재하지 않았다. 노동은 항상 통제와 배제의 대상이었고, 주요한 정치적 동맹세력이나 선거 지지기반으로 고려되지 않았다. 동아시아 4개국 노동자들은 조직적 차원의 역사적 유산이나 정치세력들의 지원 없이, 원자화된 노동자로서 수출산업화에 흡수되었다. 그들은 한결같이 열심히 일했고, 고용주들에게 별로 큰 요구도 하지 않았으며 국가의 발전정책을 집행하는 데 심각한 도전을 제기하지도 않았다.

그러므로 동아시아 노동에 관한 저서들이 다루는 지배적인 주제는 노동의 순응과 조직적 취약성, 그리고 정치로부터의 배제이다. 동아시아 신흥공업국의 노동에 관해 출판된 유일한 비교연구에서 프레드릭 데요(Frederic Deyo)는 동아시아 노동에 관해서 다음과 같이 기술하고 있다. "조직노동은 국가의 정책과정에서 정치적으로 주변적이고 미미한 역할 이상을 하지 못했다. 단체교섭과정에서 노동조합들은 약자의 입장에서 고용주와 마주하였고, 파업에는 소수의 노동자들이 참가했을 뿐더러 으레 탄압받았으며, 경제적 정책과정에서 조직노동의 참여는 상징적인 수준을 벗어나지 못했다"(Deyo 1989, 3~4면). 또 그는 "급속하고 지속적인 산업화가 노동의 약한 정치적 지위를 변화시키지는 못했고" "지난 30년 동안 대규모 공장노동자들이 등장했음에도 불구하고 노동운동은 전반적으로 통제되고 의미없는 존재로 남아 있다"고 주장하였다(Deyo 1989, 4~5면).

이와 같이 동아시아 노동에 관한 연구의 주요 화두는 동아시아 노동의 수동성과 정치적 침묵이었다. 그러면 이런 동아시아 노동의 특성을 무엇으로 설명할 것인가? 데요는 동아시아의 순종적인 노동에 대해 잘 알려진 세 가지 설명을 제공한다(Deyo 1989, 5~6면). 가장 흔하게 언급되는 설명은 문화적인 것이다. 위계질서, 권위에 대한 존경, 협동, 근면, 가족주의를 강조하는 유교문화가 노동자들의 복종적인 태도와 경영자에 대한 협조를 촉진하고, 반면 노동자들간의 연대와 집단행동을 저지하는 역할을 하는 것은 잘 알려진 사실이다. 일본이나 동아시아 4개국의 기업가들이 의도적으로 유교적 전통을 활용하여 서구보다 노사갈등이 훨씬 적은 기업구조를 만든 것도 사실이다. 동아시아 조직에서 경영의 권위는 흔히 온정주의적이고 가부장제적인 형태를 띠며, 가족주의 이데올로기가 노동자들의 복종과 기업목표에 대한 헌신을 이끌어내기 위해서 자주 사용된 것도 사실이다.

두번째 설명은 경제적인 것이다. 동아시아 신흥공업국에서 급속한 경제성장은 일반 노동자들의 생활수준을 상당히 향상시켰다. 취업사정은 지속적으로 개선되었고, 임금수준도 크게 향상되었다. 노동조합과 집단행동이 탄압받았지만 생활수준의 실질적인 향상으로 노동자들은 집단행동을 통해 사회적 상승이동을 추구하는 데 관심이 없었다. 지속적으로 성장하는 경제와 확대되는 취업시장에서 노동자들은 개인적으로 경제적인 성취를 추구하였고, 노동조합 가입에 대한 관심은 줄어들었다. 특히 노동조합에 가입하는 것은 개인적으로 큰 위험이 뒤따르기 때문에 더욱 그러하였다.

세번째 설명은 국가의 역할을 강조한다. 잘 알려진 바처럼 한국·타이완·씽가포르의 국가조직은 예외적으로 강력하고, 다른 사회집단으로부터 자율적이다. 이 국가들은 광범위한 사회통제기구를 보유하고, 정치적·사회적 안정을 추구하기 위하여 기꺼이 이러한 기구들을 사용한다. 동아시아의 국가엘리뜨들은 경제성장을 정권 정당성을 확보하기 위한 주된 기반으로 삼아서, 자율적인 노동조직을 경제성장과 정치적 안정에 해(害)가 되는 것으로 보았다. 노동통제의 형태는 국가간에 차이를 보이지만, 동아시아 신흥공업국 모두는 공통적으로 노동조직과 노동운동에 엄격한 통제를 유지했다. 노조들은 국가와 기업에 의해서 통제되었고, 단체교섭의 범위는 심하게 제한되었으며 노동자들의 저항은 무자비하게 탄압받았다. 이렇게 억압적인 동아시아의 노동체제하에서 노동자들의 순종과 침묵은 놀라운 일이 못되며, 더욱이 그런 정치적 억압이 급속한 경제성장과 노동자들의 뚜렷한 생활수준 향상으로 보상될 때 노동자들의 순종과 침묵은 충분히 이해가 되는 현상인 것이다.

　이러한 경제적·문화적·정치적 설명들은 동아시아 4개국에 똑같이 적용되는 것이다. 그러나 데요도 지적하듯이, 한국의 노동자들은 다른 동아시아 국가의 노동자들에 비해서 착취적인 산업체제에 대해 좀더 완강하게 저항했고 또한 정부의 통제를 받는 공식적인 노조에 반대하여 자주적인 노조를 결성하기 위해 더욱 적극적이었다(Deyo 1989, 77~81면). 그 때문에 한국의 노동통제체제는 다른 동아시아 국가에 비해서 훨씬 불안정하고 더 많은 갈등을 불러일으켰다. 그러므로 흥미로운 질문은 왜 한국의 노동자들이 자신들의 산업경험에 대해서 훨씬 더 적극적으로 반응했는가 그리고 그들은 어떻게 다른 동아시아 신흥공업국들의 노동자들보다 더 강력한 노동운동을 발전시킬 수 있었는가 하는 것이다.

　이러한 질문에 만족스럽게 답하기 위해서는 체계적인 비교분석이 필요하지만, 이 책에서 서술하는 한국 노동자들의 투쟁은 비교연구적인 관점에서 왜 한국의 경험이 독특한 양상을 띠었는지를 설명하는 실마리를 제공할 수 있다.[3] 나의 연구는 한국의 경제와 정치 변동유형이 노동자들에게 산업체제에 대한 강한 불만과 분노를 자아내게 했고 또한 그들에게 지배적인 사회통제구조에 저항할 수 있는 조직적·담론적 자원을 제

---

3. 데요는 동아시아 4개국이 보여주는 노동운동의 강도 차이를 각국 노동계급의 구조적 차이로부터 설명한다. 그는 중화학공업이나 수입대체산업은 구조적으로 더 강하고 주로 남성 지배적인 노동력을 산출하는 경향이 있는 반면, 수출지향적·노동집약적 경공업은 구조적으로 취약하고 여성이 압도적인 노동력을 낳는 경향이 있다고 주장한다. 데요는 이런 '구조적 능력'으로 동아시아 노동운동의 일반적인 취약성과 동시에 동아시아 내 국가간의 차이도 설명한다. 그의 지적처럼 한국의 산업발전은 다른 동아시아 신흥공업국들보다 더 중화학공업 지향적이었고 지리적으로나 기업구조적으로 더 집중되어 있었다(Deyo 1989, 167~96면). 이 책과 나의 이전 논문(Koo Hagen 1989)은 이 점에 있어서 데요의 분석에 동의하지만, 나는 한국과 다른 동아시아 신흥공업국들 간의 차이를 설명하기 위해서는 정치적인 요인을 더 강조할 필요가 있음을 주장한다.

공했음을 보여준다. 전통적 문화나 국가의 억압처럼 노동의 복종을 만들어냈다고 여겨지는 문화적·정치적 요소들은 동시에 한국의 노동계급 운동을 촉진하는 역할도 했던 것이다. 이 연구의 주요 주제는 한국에서 문화와 정치가 밀접하게 상호작용해서 급속한 노동계급 형성을 촉진했다는 것이다.

한국 노동계급 형성의 특징적인 유형은 초기 유럽의 산업국가 경험과 비교할 때 더욱 분명해진다. 물론 20세기 후반의 한국과 19세기 유럽은 시간적으로뿐만 아니라 문화적·사회적·정치적 맥락에서도 매우 다르다. 그렇지만 한국과 유럽은 급속한 산업화와, 그 결과로 나타난 노동계급의 성장을 같이 경험하였다. 초기 유럽 노동계급 형성의 경험과 최근 한국의 경험을 비교해보는 것은 한국 노동계급 형성의 흥미로운 측면들을 포착하고, 이 과정이 제기하는 중요한 질문을 찾는 데 도움이 된다. 결국 현존하는 거의 모든 계급이론들은 유럽과 미국의 경험에서 도출되었기 때문에 이론적 성찰을 얻기 위해서도 비교적 관점에서 한국의 사례를 이 원형적인 사례들과 비교하는 것은 필요하다.

최근, E. P. 톰슨(E. P. Thompson)의 기념비적인 저작인 『영국 노동계급의 형성』(*The Making of the English Working Class*)에 영향을 받아서 19세기 유럽 계급형성에 관한 훌륭한 연구들이 많이 이루어졌다. 톰슨은 그의 책에서 구조적—환원주의적 혹은 결정론적 계급개념과 대조되는 역사주의적 혹은 구성주의적 관점을 확립했다. 19세기 영국 노동계급에 관한 노련한 연구에서, 그는 노동계급의 성향과 의식을 분명히 지닌 실체로서 영국 노동계급의 등장은 단순히 생산체제 내의 구조적 위치에 의해서 결정되지 않았음을 보여준다. 계급이 "역사적 현상"으로 이해되어야 한다는 것을 강조하면서, 톰슨은 "나는 계급을 '구조'(structure)라고 보지 않을 뿐만 아니라 어떤 '범주'(category)로도 보지 않는다. 나는 계급을 인간관계에서 실제로 발생하는 (그리고 발생해온 것이 입증되는) 현상으로 본다"고 말하고 있다(Thompson 1963, 9면). 톰슨의 계급개념은 구조적 조건에 의해서 계급이 수동적으로 만들어지는 것보다 인간 행위자의 역할, 즉 계급을 "만들어내는" 자아활동을 더 우선시한다. 그가 웅변하듯이 "계급은 자신들의 역사를 살아가는 사람들에 의해 정의되는 것이며, 궁극적으로 이것이 계급의 유일한 정의이다"(Thompson 1963, 11면).

톰슨의 역사주의적, 행위자 지향적 계급개념은 생산과정과 생산과정 밖에서 이루어지는 사람들의 "생생한 경험"에 영향을 미치는 문화와 사회제도의 역할을 강조한다. 사람들이 어떻게 자신들의 물질적 조건을 인식하고 해석하는지 그리고 그들이 어떻게 이런 조건에 반응하는지는 "전통, 가치체계, 관념 그리고 여러 제도적 형태 등으로 구체화되는" 문화적 요소들에 의해 영향을 받는다고 톰슨은 주장한다(Thompson 1963, 10면). 자주 인용되는 문구에서 톰슨은 이렇게 말한다.

> 계급은 사회적 · 문화적 형성(자주 제도적 형태를 갖게 되는)으로서, 추상적으로 혹은 고립되어 정의될 수 없고, 다른 계급과의 관계 속에서만 정의될 수 있는 것이다. 그리고 궁극적으로 그 정의는 시간을 매개로 해서—즉 행위와 반응, 변화와 갈등 속에서—이루어진다. 계급을 말할 때 우리는 동일한 일련의 이해와 사회적 경험, 전통, 가치체계를 공유하고, 계급으로 행동할 성향을 가지고 있고, 다른 집단의 사람들에 대한 자신들의 행동과 의식 속에서 자신들을 계급적인 방식으로 정의하는, 대단히 느슨하게 정의된 일단의 사람들을 생각한다. (Thompson 1966, 357면)

톰슨의 저작에 크게 영향을 받아 행해진 19세기 유럽 노동계급 형성에 관한 최근의 많은 연구들은 역사주의적 · 구성주의적 관점을 취하고 있다.[4] 이 연구들은 계급성향과 계급행동의 제도적 · 문화적 결정요인을 강조하는 심층역사적 설명을 중요시한다. 이런 역사적 설명들은 계급이해 (利害)가 당연한 일이 아니며, 즉 구조적 위치에 의해서 단순명료하게 결정되지 않으며, 계급이해가 정치적 행위로 표출되는 데는 제도적 · 정치적 과정이 변수로 작용한다는 점을 보여준다. 이 연구들은 대체로 "행위자들의 정체성과 이해관계의 인식은 유동적인 성격을 갖는 것이며 결국은 정치적 활동을 통하여, 즉 계급구조와 사회구조를 정치적 행위와 연결시키는 조직적 · 이데올로기적 기제를 통하여 구성되는 것으로 이해하는 대안적인 접근"을 제시한다(Aminzade 1993, 6면).

초기 유럽의 계급형성에 관해 이 연구들이 밝혀낸 몇가지 사실들은 한국 노동계급 형성 연구에 중요한 함의를 갖는다. 첫째는 장인(匠人)들과 장인문화, 장인조직이 수행한 역할이다. 19세기 유럽의 노동자 계급투쟁에서 주도적인 역할을 한 것은 공장노동자가 아니라 장인들이라는 점이 많은 연구에서 강조된다.[5] 프랑스와 영국에서, 그리고 정도는 덜하지만 독일에서도 장인들이 노동자투쟁에 필요한 지도력, 조직적 자원, 그리고 언어를 제공하면서 노동계급운동을 이끌었다. 톰슨이 관찰한 것처럼, "많은 도시에서 노동운동이 이념 · 조직 · 지도력을 제공받은 핵심적인 집단은 제화공 · 직공 · 마구(馬具) 제조인 · 서적판매상 · 인쇄공 · 건축노동자 · 소규모 상인 등이었다"(Thompson 1963, 193면). 윌리엄 쑤월 (William Sewell)도 "19세기 노동운동은 어두운 사탄을 연상시키는 공장에서가 아니라 장인공방에서 태어났다"고 주장했다(Sewell 1980, 1면).

왜 장인들이 노동운동에서 이처럼 중요한 역할을 담당했는가? 배링턴 무어(Barrington Moore)는 "장인들은 인간으로서의 권리를 박탈당하는

---

4. 예를 들어 Aminzade 1981; 1993; Biernacki 1995; Calhoun 1981; Hanagan 1989; Jones 1983; Moore 1978; Sewell 1980.
5. 예를 들어 Aminzade 1981; 1993; Biernacki 1995; Calhoun 1981; Hanagan 1989; Jones 1983; Moore 1978; Sewell 1980.

데 대해서 도덕적 분노를 느꼈다. 고대로부터 지켜온 권리의 상실이 그들 불만의 핵심이었다"고 설명한다(Moore 1978, 152면). 또한 쑤월도 장인들의 반응은 경제적이기보다는 사회적·도덕적이었으며, "장인들의 계급의식적 행동성향은 중세나 근대 초 도시의 집합적 길드체제에서 배운 노동에 대한 사회적 이해 때문이었다"고 주장한다(Sewell 1986, 53면). 장인들은 프롤레타리아화에 적극적으로 대항하기 위해 자신들의 공동체 문화로부터 물질적·사회적·조직적 자원을 끌어들였다.

19세기 프랑스와 영국에서 이루어진 계급형성이 한국의 계급형성에 갖는 두번째 측면의 함의는 1830년 프랑스혁명(7월혁명―옮긴이)의 영향, 특히 이 혁명의 이데올로기적·정치담론적 영향이다. 톰슨은 "1830년 프랑스혁명은 런던의 급진주의자들을 흥분시켰을 뿐만 아니라 멀리 떨어진 산업지역의 개혁주의적 노동운동가들을 자극하면서 많은 사람들에게 엄청난 영향을 미쳤다"고 주장한다(Thompson, 1963, 829면). 로늘드 아민제이드(Ronald Aminzade)는 프랑스혁명의 정치적·이데올로기적 영향은 "민주주의적 비전을 유럽 정치의 핵심"에 놓게 한 것이라고 주장했다(Aminzade 1993, 3면). 많은 학자들은 평등·자유·계약·개인주의와 시민권으로 대표되는 새로운 정치문화와 언어의 도입이 프랑스혁명이 끼친 가장 큰 영향력이라고 지적한다. 아이어러 카츠넬쓴(Ira Katznelson)은 "혁명은 노동자들이 계급을 인식하고 논의하는 방식을 근본적으로 변화시켰다. 혁명은 시민과 권리라는 새로운 범주를 만들어내고, 구체적인 계약과 주권의 새로운 의미를 확립했다. 그리고 정치적 정당성을 강조하는 새로운 어휘들을 낳았다"고 썼다(Katznelson 1986, 34면). 쑤월 역시 "1830년대 초의 정치변혁은 그 이후의 노동자운동이 발전하는데 토대가 되는 지적·언어적·조직적 공간을 만들었다. 이러한 변화는 최초로 계급의식적 담론과 제도적 관행을 확립했고 다음 세대의 노동자들에 의해서 더 정교하게 발전하게 됐다"고 주장한다(Sewell 1986,

64면).

계급정치 연구에서 강조된 계급형성에 관한 세번째의 중요한 이론적 인식은 계급조직과 계급행동을 결정짓는 데 있어서 정치제도, 특히 정당이 핵심적인 역할을 수행한다는 사실이다. 최근 연구들은 각 계층집단들이 자신들의 객관적 계급위치에 의해 미리 결정된 정치적 역할을 자동적으로 수행하지 않는다는 점을 지적한다.[6] 그 대신, 정치적 정체성과 소속은 정당과 국가의 역할에 의해 크게 좌우되는 정치적 과정에 의해서 만들어진다. 톰슨의 연구는 정당은 물론 다양한 정치집단들이 어떻게 노동계급의 정치적 성향과 집합적 정체성 발달에 기여했는지를 기술하고 있다. 아민제이드의 프랑스 계급정치 연구는 "19세기 중엽 공화당이 노동자들의 집합적 행위능력을 키우고, 특정 형태의 정치적 참여를 촉진해 노동계급 형성에 결정적인 역할을 했다"고 주장한다(Aminzade 1993, 14면). 유럽과 미국의 정당들은 계급집단들의 유동적인 정치적 정체성을 결정하는 데 조금씩 다른 역할을 하였지만, 대체로 초기 노동계급운동에 중요한 조직적 자원을 제공하였다.[7]

초기 유럽의 경험과 비교하여, 한국 노동계급은 극히 호의적이지 않은 문화적 · 정치적 환경 속에서 태어났다. 유럽에서 노동계급 형성을 촉진하는 데 중요한 작용을 한 것으로 알려진 여러가지 문화적 · 제도적 요소들이 한국에는 없었다. 먼저 한국의 노동계급은 강한 장인문화의 전통을 갖지 못했다는 점을 지적하는 것이 중요하다. 전통 한국사회에서 장인생산은 미미했을 뿐만 아니라 장인들은 유교체제에서 매우 낮은 지위를 차지했다. 실제로 많은 장인들은 조선시대에 궁궐과 양반들이 사용하

---

6. 카츠넬쓴은 다층적인 계급형성 과정에서 가장 문제가 되는 고리는 계급성향을 계급행동으로 변화시키는 것이고, 이러한 핵심적인 국면에서 정치제도가 결정적인 역할을 한다고 주장한다 (Katznelson 1986).
7. Hobsbawm 1984; Katznelson 1986; Kocka 1986; Zolberg 1986.

는 종이 · 필묵 · 옷감 · 사치품을 생산하기 위해 노비들에서 충원되었다. 그리하여 한국 산업노동자들은 문화적 · 조직적 유산 없이 프롤레타리아트화를 경험하였다. 공동체문화도, 장인적 자긍심도, 자율성과 독자성을 중시하는 문화도 없었다. 단적으로 말해 긍정적인 자아정체성을 형성하기 위한 토대가 되는 문화적 · 제도적 기반이 없었다.

과거의 역사가 노동자들에게 남겨준 것은 자영농 이외의 육체노동을 하는 사람들에게 부여된 경멸적인 신분이었다. 이와 같이, 한국의 초기 프롤레타리아트는 집합체적 규범과 공동체문화 없이 원자화되고 뿌리 뽑힌 노동자들로서 산업생산체제에 흡수되었다. 다른 한편, 19세기 말 이래 한국 사회가 경험한 극심한 사회적 · 정치적 변화는 한국인들에게 적응력과 유연성을 키워주었고 그리하여 한국의 노동자들이 산업 임금노동에 훨씬 더 쉽게 적응할 수 있도록 만들었다. 노동자들은 지적인 순발력, 열심히 일하는 습관, 낮은 기대수준을 가지고, 또한 가족이나 친족 이외의 집단적 정체감을 결여한 채 산업노동에 입문하였다.

한국의 정치적 · 이데올로기적 · 담론적 환경은 문화적인 요소들보다 노동계급 형성에 더욱 비우호적이었다. 한반도는 제2차 세계대전의 종전 이래 냉전의 중심에 놓여 있었다. 종전 직후 한국의 정치적 혼란은 서로 적대적인 두 국가의 등장과 남한에서 좌파세력의 완전한 파괴로 귀결되었다(Cumings 1981). 국가 형성과정에서 (1945년 8월 일본 식민지 지배로부터 해방된 직후에 등장한) 전투적인 좌파 노조들은 새로운 세대의 한국 공장노동자들에게 노동자운동을 건설할 수 있는 조직적 기반을 남겨놓지 못한 채 우익세력과 미군정에 의해서 완전하게 파괴되었다. 초기 냉전 경험이 미래의 노동계급운동에 남겨놓은 것은 오직 불행한 유산뿐이었다. 노동운동을 공산주의 사주에 의한 행동으로 단정하거나 친공적인 행동으로 의심받을 수 있는 노동운동에 참여하는 것을 기피하는 경향도 그 유산의 일부라고 하겠다. 혹독한 냉전환경에서 반공주의는 항상 지배적인 이데올로기였다.[8] 반공주의는 정부가 정치적 자유와 시민적 권리를 억압하는 일을 쉽게 정당화해주었고 노동운동과 재야운동을 통제하는 강력한 수단으로 사용되었다. 또한 이러한 정치적 환경으로 노동계는 정당의 지지를 받지 못하게 되었다. 심지어 1990년대 말까지, 한국의 어느 정당도 공산주의에 동조적이라고 낙인찍히는 것을 두려워하여 친노동적인 태도를 취하거나 노동계급운동에 조직적 지원을 하려 하지 않았다.

한국 노동자들이 자신들의 산업경험을 인식하는 데 영향을 끼친 지배적인 언어는 민족주의·가족주의·화합·국가안보 등 국가에 의해서 제공된 것이다. 국가는 경제발전을 '조국 근대화'라는 국가적 목표의 관점에서, 즉 적대적인 북한 공산주의와 다른 국가들로부터 한국을 보호하기 위해 국력을 신장하는 프로젝트로 정의하였다. 국가는 투쟁적인 노조를 산업평화를 파괴하고 국가의 경제발전 과정에 해를 끼치는 존재로 규정하고, 노동자들의 부지런한 노동과 희생을 애국적인 행위로 칭송하였다. 공장노동자들은 산업전사, 산업의 역군, 수출의 기수로 불렸다. 산업전사라는 명칭은 국가가 산업노동자들의 정체성을 나라의 영광을 위하여 기꺼이 자신을 희생하면서, 외국 경쟁자들과의 경제전쟁에 참여하고 있는 군인들로 정의하려는 의도를 대변한다. 또한 노사관계는 상호신뢰와 전체를 위한 개인적 희생을 강조하는 가족관계와 자주 동일시되었다. "근로자를 가족처럼, 공장일을 내 일같이"라는 국가가 만든 구호는 한국의 공장 어디에서나 들을 수 있었고 전국의 거의 모든 공장 정문에 게시되었다. 또한 정부는 관영 교육 프로그램을 통하여 전통적인 유교윤리인 근면·충성·노사화합을 전파했다.

이와 같이 한국 노동계급운동이 극단적으로 적대적인 문화적·정치

---

8. 이에 대한 훌륭한 분석은 Choi Jang Jip 1989를 참조.

적 환경 속에서 발전해왔다는 것은 분명하다. 문화적·정치적 요소들이 함께 노동자들의 정체성 발달을 가로막았던 것이다. 노동자들은 미천하고, 경멸할 만한 대상으로 무시당했고, 그들은 한국사회의 문화로부터 집단적 정체성의 언어나 조직을 전수받지 못했다. 1980년대 중반까지 한국의 공장노동자들은 극히 냉소적인 '공순이' 혹은 '공돌이'라는 이름으로 불렸다. 정치적·이데올로기적 환경 또한 노동자들이 그들의 직업적 이해에 기초하여 동질성을 찾는 것을 가로막았다. 앨버트 허쉬먼(Albert Hirschman)의 대단히 유용한 용어를 사용한다면, 이러한 환경에서 한국 노동자들의 지배적인 성향이 "목소리 내기"(voice)보다는 "이탈"(exit)이었다는 것은 자연스러운 현상이었다(Hirschman 1971). 그들은 되도록 빨리 비참한 공장세계에서 벗어나고자 했고, 공장노동자라는 창피한 신분을 벗어버리고자 했다. 이런 문화적·사회적 환경 속에서 그들 자신을 노동자로 혹은 노동계급의 성원으로 동일시하는 것은 지극히 어려운 일이었다.

그러므로 한국 노동계급 형성 연구에서 답해야 하는 중요한 질문은 어떻게 공장 노동자들이 공순이·공돌이처럼 노동자를 경멸하는 문화적인 이미지와 국가가 강제한 산업전사라는 타의적 정체성을 극복하고 노동자로서 자신들의 집단적인 정체성을 발전시키게 되었느냐는 것이다. 이 연구의 주요 가정(假定)은 문화와 정치가 노동계급의 정체성 발달을 억제하고 왜곡하는 한국 같은 사회에서 노동계급의 정체성은 훨씬 더 문제가 된다는 것이다. 그러므로 이 연구에서 분석하려는 핵심적인 질문은 다음과 같다. 한국의 노동자들이 어떻게 문화적·정치적 장애를 극복하고 강력한 노동자 정체성을 만들어냈는가? 어떤 구조적·인구학적 조건들이 이러한 과정을 촉진했는가? 노동자들로 하여금 그처럼 놀라운 용기와 열정으로 가부장제적 권위에 도전하게 만든 공장 내의 실존적 경험은 구체적으로 어떤 것이었는가? 노동자들은 새로운 집단적 정체성과 정치의식을 만들어내기 위해서 어디서 문화적 · 조직적 자원을 이끌어냈는가?

이 책은 지난 30년간의 급속한 산업화 기간 동안에 진행된 한국 노동자들의 노동계급운동과 집합적 정체성의 발달을 기술한다. 한국 노동계급 형성에서 1980년대는 특히 중요한 시기였다. 이 문제들을 연구하면서 나는 한국 노동계급 형성이 1980년대 말이나 심지어 1990년대 말에 완결되었다고 가정하지 않는다. 계급형성을 "사회구조 내에서 자신의 위치를 스스로 의식하고, 사회적 영향력을 행사하기 위한 의지와 능력을 갖고 있는, 비교적 응집력 있는 노동계급의 등장"이라고 이해할 때 (Katznelson 1986, 11면), 이는 끝없이 계속되는 과정이며, 계급형성이 이루어졌느냐 이루어지지 않았느냐 하는 질문은 중요하지 않다고 나는 생각한다. 위르겐 코카(Jürgen Kocka)의 주장처럼, "계급은 항상 형성 또는 소멸의 과정 속에 또는 진화나 퇴화의 과정 속에 있다"(Kocka 1986, 283면)는 점을 인식하는 것이 중요하다. 확실한 것은 1980년대에 한국 노동자들의 집단적 정체성(collective identity)과 계급의식에서 유의미한 변화가 나타났다는 점, 그리고 이러한 변화는 노동운동의 형태에서뿐만 아니라, 노동자들이 사용하는 언어와 참여하는 문화활동에서도 드러났다는 점이다. 요컨대 나는 한국 노동계급의 형성과정에서 중요한 변화는 1980년대에 이루어졌으며, 이는 1970년대부터 시작된 변화들이 누적된 결과라고 본다.

내 연구에 사용된 주요 소재들은 한국 노동자들과 노동운동가들이 만들어낸 풍부한 자료들이다. 다행스럽게도, 1980년대 한국의 활발하고 대단히 정치화된 노동운동은 노동자투쟁의 발달에 관해 많은 자료들을 생산했다. 이 많은 자료들은 한국 노동운동에 직 · 간접으로 관여해온 지식인과 반체제운동가들에 의해서 씌어졌다. 1970년대 후반부터 학생운동가들과 재야지식인들이 현장 노동운동과 밀접하게 연계를 맺기 시작했고, 그들은 주로 노동운동의 전개와 노동자들에 대한 고용주와 국가의 탄압에 대해 많은 글을 썼다. 이와 동시에, 공장노동자들 스스로 수기 · 시 · 희곡 · 투쟁사례보고서 등의 형태로 많은 자료를 남겼다. 다행스럽게도 1980년대에는 흩어져 있던 노동자들의 글을 모아서 수기집이나 보고서로 간행한 몇몇 소규모 출판사들이 있었고, 그 덕분에 노동자들이 쓴 글들이 인쇄된 형태로 많이 남아 있다.[9]

나는 이 연구를 위해 지난 10여년간 공장노동자 · 노조활동가 · 노동문제전문가들과 많은 비공식 면접을 했다. 한국의 노동투쟁과 계급형성에 관한 나의 이해는 이러한 면접과 그들이 쓴 글을 읽고 생각하는 과정을 통해 서서히 깊어졌다. 이 연구에서 나는 또한 1980년대 민주노조운동에 가담한 한국의 지식인들이 쓴 글들도 광범위하게 활용했다. 그들의 분석은 활동가들의 관점을 대변하고, 때로 분석적 목적이라기보다는 실천적 목적에서 씌어져서 초점이 좁게 맞추어진 경향이 있다. 그럼에도 불구하고, 그들의 저작은 한국 노동계급 형성을 연구하는 사람들에게 값진 정보와 통찰력 있는 관찰을 제공한다.

한국 노동운동에 관한 국내의 풍부한 자료와는 달리, 이 주제에 관한 영어문헌은 아주 희소하다. 영어문헌으로는 데요의 비교연구(Deyo 1989) 이외에 현대 한국 노동운동만을 집중적으로 다루고 있는 책은 세 권뿐이다. 첫번째 책은 최장집(崔章集)의 저서(Choi Jang Jip 1989)로 1960년대부터 1970년대 말까지 조합주의적 노동통제체제의 진화에 대해 권위있는 분석을 제시하고 있다. 두번째 책은 한국에서 노동자들을 대상으로 하는 선교사업에 깊게 관여한 전직 미국선교사 죠지 오글이 쓴 책(Ogle 1990)으로 군사권위주의정권 하에서 한국 노동자들이 겪은 고초를 직접

---

9. 예를 들어 김경숙 외 1986; 석정남 1984; 송효순 1982; 유동우 1984; 이달혁 외 1985; 장남수 1984; 전점석 1985.

체험을 통해서 생생하게 그리고 있다. 세번째는 김승경의 책(Kim Seung-kyung 1997)으로 전자산업체에서 근무했던 자신의 경험을 토대로 1980년대 말 마산수출자유지역에서 있었던 여성 공장노동자들의 투쟁을 기술하고 있다. 그외에 한국이나 동아시아 신흥공업국의 경제발전 연구의 한 부분으로 한국의 노동탄압과 노동투쟁을 다루고 있는 책이 몇권 있기는 하지만, 그 책들의 초점은 항상 한국 노동의 특정 부분에 한정되어 있고, 대체로 분석의 깊이가 부족하다.[10] 그리고 최근 한국 노동에 관한 서너편의 박사논문이 미국과 다른 나라에서 씌어졌다.[11] 그것들을 모두 합쳐도 한국 노동에 관한 문헌들은 한국 경제발전에 관한 문헌 가운데 아주 작은 부분만을 차지할 뿐이다.

동아시아 노동에 관한 일반적인 인식과는 달리, 한국 노동운동에 대한 문헌의 지배적인 경향은 한국에서 전개된 치열한 노동자투쟁을 당연한 것으로 간주하고 있다. 특히 한국인들이 쓴 글들의 경우에 더욱 그러한데 그들 대부분은 노동운동가나 사회운동단체와 긴밀한 관계를 가지고 있던 사람들이었다. 매일매일의 삶에서 공장노동자들이 겪는 엄청난 착취와 학대를 잘 알고 있던 이들 지식인들에게 노동자들이 보여준 계급적대감과 집합적 행위는 당연하고도 자연스러운 것으로 보였을 것임에 틀림없다. 그리하여 대부분의 한국 분석가들이 쓴 저작들은 주로 극단적인 노동착취와 노동운동에 대한 국가의 무자비한 탄압을 강조하는 데 관심을 기울였다. 그들의 저작은 기층노동자들의 자주노조운동을 국가의 억압적 노동정책과 정부통제를 받는 공식노조가 노동자들을 대표하지 못하는 데서 비롯된 당연한 결과로 여기는 경향이 있다. 그러므로 이러한 문헌에서 나타나는 이론적 접근은 계급이 자본주의적 생산관계구

---

10. 예를 들어 Bello and Rosenfeld 1990 ; Hart-Landsberg 1993 ; Kearney 1991.
11. 예를 들어 Cho Soon-Kyoung 1987 ; Kim Yong Cheol 1994 ; Lee Eun-Jin 1989 ;
    Lee Jeong Taik 1987 ; Suh Doowon 1998.

조로부터 다소 자동적으로 형성되는 것으로 이해하는 환원주의적 혹은 본질주의적 가정이다.

나는 이러한 환원주의적 혹은 본질주의적 관점이 한국사회를 포함한 다른 사회의 노동계급운동 발달을 연구하는 데 적절하지 않다고 생각한다. 다른 동아시아 신흥공업국들에서 이루어진 비슷한 형태의 자본주의 산업화는 같은 정도의 노동착취와 억압에도 불구하고 동일한 종류의 계급반응을 낳지는 않았다. 우리는 이러한 사실을 통하여 공유된 계급정체성에 기초한 계급행위가 국가 주도의 자본주의 발달에 의해서 자연적으로 나타나는 것이 아니라는 것을 알 수 있다. 계급형성에 관한 비교연구적인 관점이나 최신 이론들은 계급정체성과 계급의식의 발달을 극히 복합적인 현상으로, 즉 여러가지 요인들이 노동자들의 경험과 의식 사이에서 어떤 매개역할을 하는가에 따라서 이루어질 수도 있고 이루어지지 않을 수도 있는 비결정적인 현상으로 이해해야 한다고 제시한다. 이것이 우리가 앞에서 살펴본 유럽과 미국의 계급형성에 관한 문헌들이 제시하고 있는 가장 중요한 논점이라고 할 수 있다.

이 책에서는 한국 노동자들의 높은 투쟁력과 정치의식의 궁극적인 원천이 공장 내의 비인간적이고 전제적인 작업관계라는 것을 보여준다. 한국의 공장노동자들은 전제주의적 경영에 대해서 예리한 불의의식을 느꼈고 강한 분노를 키워왔다. 또한 공장노동자들은 관리자와 지역사회의 다른 사람들이 보여준 경멸적 태도에 심한 마음의 상처를 받아왔다. 이처럼 한국 노동자들의 불만과 분노는 단지 저임금과 열악한 작업환경만이 아니라 다양한 억압요인들로부터 기인한 것이었는데, 이런 점은 특히 여성노동자들의 경우에 더욱 그러했다. 그들은 경제적으로 착취당했을 뿐만 아니라 문화적·상징적으로 억압당했다. 그리하여 한국 공장의 경우, 계급착취·여성억압·신분종속이 결합되어서 전제적인 경영에 대한 노동자들의 강렬한 좌절감과 분노를 만들어냈다. 그러므로 한국 노동자들의 반응은 대단히 감정적이고 도덕적인 성격을 띠었다. 1970년대 간헐적으로 폭발한 노동자들의 저항은 공장 내에서 경제적인 조건을 개선하기 위한 합리적 노력이라기보다는 자신들의 경험에 대한 문화적 반응에서 발생한 것이라고 볼 수 있다. 그들이 가장 절실하게 요구했던 것은 임금인상이나 작업환경의 개선보다도 인간적인 대우와 사회적 정의였다. 이러한 점에서 우리는 한국의 노동자와 초기 유럽의 노동자들 사이에 일종의 유사성을 발견할 수 있다. 두 경우 모두 정의에 대한 도덕적 감정이 프롤레타리아트 경험에 대한 노동자들의 반응을 규정짓는 데 결정적인 역할을 했다(Moore 1978; Thompson 1963).

한국에서 1960~70년대 일어난 노동투쟁은 수적으로 적었고, 대체로 조직되어 있지 않았으며 자연발생적이고 방어적이었다. 이 시기의 노동투쟁은 대체로 강한 집단적 정체성이나 연대의식에 의해 뒷받침되지 못했고, 쉽게 진압될 수 있었다. 그렇지만 1970년대 중반 이후 두 가지 중요한 변화가 노동계급의 정체성과 의식을 발전시키는 데 크게 이바지했다. 첫째는 구조적 변화였다. 공장노동자의 급속한 양적 증대와 소수의 산업단지를 중심으로 한(점차 중화학공업을 중심으로 한) 노동자들의 공간적 집중이 중요한 변화였다. 둘째는 산업영역 외부에서 일어나서, 1970년대 말부터 현장의 노동투쟁과 결합되기 시작한 활발한 사회운동과 정치운동들이다. 이 두가지 변화는 한국 노동자들에게 새로운 집합적 정체성과 계급의식을 발전시키기 위한 문화적·조직적 자원뿐만 아니라 구조적·공간적 역량을 크게 증대해주었다.

급속하고 압축적이며 집중적인 한국 산업화의 유형은 한국의 급속한 계급형성과 많은 관계가 있다. 1960년대 초에 시작된 수출지향적 산업화는 1970년대에 더욱 가속되었다. 이 기간 동안 노동계급은 크게 확대되었을 뿐만 아니라, 공간적 집중도 더욱 심해졌다. 거의 대부분의 제조업체들이 대도시와 몇몇 공업단지, 그리고 서울 주변과 해안을 따라서 새롭게 등장한 산업도시에 위치했다. 이러한 도시 중심의 산업화는 필연적으로 대규모 농촌인구의 이동을 야기했다. 한국에서 이농(離農)은 귀농(歸農)의 의사가 없는 영구이농이 대부분이었다. 그리하여 공간적으로 집중된 한국의 산업화는 남은 생애 동안 도시 임금노동자로 살 완전노동자들로 구성된 노동계급 사회를 공업지대에 형성했다. 노동계급 형성에 관한 저술들은 서구와 아시아 대부분의 사회에서 결집된 노동계급 사회의 형성이 노동계급투쟁에 중요한 자원을 제공했음을 보여준다.[12] 한국에서도 1970년대에 이루어진 대단히 집중적인 산업화의 결과로 1980년대 초반부터 이와 유사한 과정이 시작되었다.

또다른 그리고 어쩌면 아마도 더 중요한 변화가 산업 외부에서 일어났다. 1970년대 중반 이후부터 대단히 정치화된 지식인집단이 산업현장의 저항운동과 결합된 것이 그것인데, 특히 두 집단이 현장 노동투쟁을 지원하는 데 중요한 역할을 담당했다. 첫째는 남미의 해방신학과 같은 진보적 신학에 영향을 받은 교회단체들이었다. 이들 기독교단체들은 국제적인 네트워크와 상대적으로 안전한 그들의 정치적·이데올로기적 위치를 활용하여 노동운동가들에게 지도(指導)와 피난처를 제공해주었다. 그들은 또한 노동자들이 자신들의 경험을 서로 나누고 상호간의 정체성과 연대감을 증진할 수 있는 노동자야학과 소모임활동을 조직하였다. 한국에서 노조의식은 이런 소모임활동을 통해서 처음 생겨났고, 최초의 현장 노조활동가들도 이런 활동을 통해서 탄생했다. 중요한 사실은 이들 노조활동가의 대부분이 의류·섬유·전자산업에서 일하는 여성노동자들로 구성되었고, 그들이 1970년대 후반부터 1980년대 전반까지 현장 노동운동을 이끌었다는 점이다. 그 결과, 한국 노동운동에서 가장 흥미로운 점 가운데 하나는 경공업 여성노동자들이 보여준 특이한 역할이다.

12. Calhoun 1981 ; Gutman 1977 ; Hanagan 1989 ; Perry 1993.

여성들이 왜 한국 노동운동에서 그렇게 중요한 역할을 했는가 하는 것
은 이 책에서 탐구할 중요한 질문이다.

1980년대 초부터는 교회집단이 담당했던 역할을 학생들이 대신하기
시작했다. 학생들은 한국 근대정치사에서 대단히 적극적인 역할을 담당
했고 1961년부터 30여년에 걸친 군사독재 기간 동안 가장 활성화되고
정치화된 집단으로 기능했다. 민주화를 위한 학생운동은 1970년대 중반
산업영역으로 확산됐고, 1980년대 초에는 많은 학생들이 노동자들의
의식을 제고(提高)하고 독립적인 노조의 조직화를 돕기 위하여 공장으
로 들어갔다. 학생출신 노동자들은 많은 노동쟁의에 관여함으로써 노사
갈등을 정치화하고 노동자들의 정치의식을 날카롭게 하는 데 도움을 주
었다.

한국 노동계급운동은 또한 민중운동이라고 불리는 사회운동의 진전
에 크게 도움을 받았다. 민중운동은 1970년대 중반에 시작되어 1980년
대 전반부에는 지배적인 지적 경향이 되었다. 이 광범위한 민중주의운동
은 재야지식인과 학생들에 의해서 주도되었으며, 권위주의정권과 경제
적 불의에 반대하는 노동자 · 농민 · 도시빈민 · 진보적인 지식인 사이의
계급동맹을 목적으로 하고 있었다.[13] 이 운동은 동시에 정치적 · 사회
적 · 문화적 운동이었으며, 민주주의, 분배적 정의, 민족문화의 정체성과
역사에서 민중의 역할을 강조하는 민중주의적 사상을 내세웠다. 민중운
동은 민중의 관점에서 한국 역사를 재해석하고, 한국의 토착문화를 재
생산함으로써 새로운 정치언어와 문화활동을 도입하였다. 새로운 언어
와 문화활동은 노동자들의 정치의식을 높였고, 그들로 하여금 새로운
시각에서 사회와 역사 속에서의 노동자들의 역할을 보게 함으로써 긍정
적인 노동자 정체성을 형성하는 데 기여하였다. 내적인 문화자원이 부족

13. Abelmann 1996; Koo Hagen 1993; Wells 1995 참조.

했고 강력한 권위주의 국가에 직면하고 있던 한국의 노동자들은 시민사
회 내의 활발한 사회운동과 정치운동으로부터 이념적 · 정치적 · 조직적
지원을 받을 수 있었다.

다른 동아시아 신흥공업국들과 비교해서 한국 노동운동에서 가장 흥
미로운 점 가운데 하나는 노동자들의 민주노조운동과 학생 · 지식인 ·
교회지도자 · 재야정치인 들이 주도한 민주화운동 간에 긴밀한 연계가
형성되었다는 점이다. 무엇이 이 두 수준의 투쟁을, 즉 현장 수준의 투쟁
과 정치 수준의 투쟁을 긴밀하게 연계했는가? 나는 그 답이 한국 후발
산업화의 경제적 · 정치적 · 사회적 과정을 결정지은 주된 요인으로 작
용한 국가의 역할에 있다고 생각한다. 개입주의적인 한국의 국가는 여러
가지 중요한 방식으로 노사관계와 노사갈등에 영향을 미쳤다. 첫째, 국
가의 발전전략이 기업 내의 노사관계에 직접적인 영향을 미쳤다. 박정희
(朴正熙) 정권은 균형성장보다는 고속성장 정책을 채택하였고, 경제적
업적으로 정권의 정당성을 찾고자 하였다. 성장 위주의 정책에 기반을
둔 정치 · 경제는 자본가들 사이에서 문어발식 축적 전략을 부추겼다. 자
본가들의 주요 관심사는 새로운 이익이 창출되는 투자기회를 포착하고
국가가 배분하는 융자를 이용하여 사업을 확장하는 데 있었다. 결과적으
로 특히 1980년대 중반까지 노동력 공급이 충분하게 이루어졌기 때문
에, 대부분의 한국 자본가들에게 헌신적이고 생산적인 노동력을 발전시
키는 것은 2차적인 관심사였다.

국가는 현장 노사관계에 더 직접적으로 영향을 끼쳤다. 1970~80년대
에 한국 정부는 노골적으로 친자본적 · 반노동적 태도로 노사관계에 접
근했다. 정부는 경영자측이 관습적으로 노동법을 위반하는 것은 묵인하
면서도, 노동쟁의 조짐을 탄압하는 데는 신속하고 무자비했다. 심한 노
동권 유린에 대해 정부의 보호를 요청하는 노동자들의 호소는 무시당한
반면 노동조합 결성을 막기 위한 기업의 정부 개입 요청은 적극적인 호

응을 받았다. 자연적으로 노동자 의식의 정치화가 촉진되었다. 국가권력의 자본가계급적 성격을 인식하는 것이 너무나 쉬웠고, 특히 노동자들이 자주노조 결성의 중요성에 대한 초보적인 인식을 확립한 이후에는 더욱 그러했다.

한국의 노동체제는 흔히 조합주의체제라고 기술되지만, 실제적으로는 정교한 조합주의체제보다는 조야(粗野)한 억압적 통제에 토대를 두었다. 공식적으로 인정된 노조를 통해서 노동자 이해를 대표하도록 허용하는 대부분의 조합주의체제와는 달리, 한국 정부는 노동자를 조직되지 않은 상태로 유지하려 노력하였고, 정부의 노동담당기관을 통해서보다는 공안조직을 통해서 노동운동을 통제하는 데 우선적으로 관심을 가졌다. 예를 들어, 집권당이 지역 노동조합 내부 깊숙이 침투하는 등 노동의 효과적 통제를 위하여 많은 예방적 조치들을 취한 타이완과는 달리 한국 정부는 노동운동을 통제하기 위해 안보이데올로기를 동원하면서 위협과 처벌에 주로 의존했다(신광영 1994). 이러한 배제적 노동통제 방법—노조활동가를 해고하고 다른 사업장에 취업하지 못하도록 블랙리스트에 올리는 방식—은 노조활동가들을 산업현장에서 몰아내고 의도하지 않게 그들을 정치운동가 및 급진적인 학생들과 긴밀한 연계를 맺게 함으로써 골수 노조운동가집단을 만들어냈다.

그리하여 한국에서 문화와 정치는 동아시아 발전에 관한 문헌들에서 흔히 언급되는 역할로서가 아니라, 즉 노동자들을 순종하고 침묵하게 하는 요소로서가 아니라, 노동자 저항과 의식 고양의 원천으로서 한국 노동계급 형성에서 중대한 역할을 담당하였다. 노동계급운동에 관한 나의 논의는 문화와 정치권력이 노동자 정체성과 의식을 억압함과 동시에 촉진하는 역할을 했음을 보여준다. 한국 문화의 전근대적 요소들이 경영자의 가부장제적 권위를 강화하고 노동자들 사이에 집단적 정체성 형성에 장애요인으로 작용했다면, 과거에 대해 재구성된 역사적 기억과 민중문화는 노동자들의 저항적 정체성을 촉진하는 데 핵심적인 문화적 도구가 되었다.[14] 또한 억압적인 국가정책은 사회운동의 정치적 공간과 조직적 자원(資源)을 제약하였지만 국가의 이런 행위는 동시에 노사갈등을 정치화하고 노동투쟁과 민주화운동 간의 밀접한 관계를 촉진하는 데 결정적인 역할을 하였다. 한국에서 노동투쟁과 계급의식의 급속한 성장을 촉진한 것은 바로 노동현장과 시민사회에서의 문화와 정치의 모순적 효과라고 하겠다. 이러한 방식으로 급속한 산업화를 겪은 한국에서 계급갈등의 변증법적 현상은 문화와 정치의 변증법적 과정과 아주 밀접하게 연관되어 발전하였다.

이후의 장들에서 나는 한국의 노동자들이 어떻게 공장에서 자신들의 상황을 개선하기 위해서 투쟁했고, 이러한 투쟁을 통해서 그들이 어떻게 새로운 집합적 정체성과 계급의식을 발전시켰는가를 다룬다. 제2장은 1960년대 초에 시작된 한국 산업변화의 성격을 기술하고 노동계급 형성의 구조적 조건을 서술한다. 한국의 수출지향적 산업화는 예외적으로 빠르고 압축적이며 또한 지리적으로 집중적인 발전유형으로 특징지어져왔다. 이 장은 이러한 경제적 변화가 가져온 프롤레타리아트화의 유형과 새롭게 등장한 프롤레타리아트의 사회적·인구학적 특성을 검토한다.

제3장은 공장 안에서 노동자들이 겪은 생생한 경험에 더욱더 가깝게 다가간다. 이 장은 노동자들의 일기와 수기에 기초하여, 1970~80년대 한국의 전형적인 공장에서 어떻게 노동과정이 조직되고, 권위가 행사되었는가와 공장체제가 노동자들, 특히 여성노동자들에게 강요한 육체적·심리적 희생을 기술한다. 노동자들의 수기와 일기는 자본가들이 행사한 대단히 개인적이고 자의적인 권력에 대한 분노와 노동자들의 자긍

14. 낸씨 에이벌먼(Nancy Abelmann)은 1980년대 농민운동의 발전에서 역사적 기억과 "민중적 이미지 형성"의 중요성을 보여준다(Abelmann 1996).

심과 사회적 정체성에 끊임없이 가해지는 상징적 폭력에 대한 분노로 가득 차 있다. 이 장은 인간적 대우에 대한 노동자들의 끊임없는 외침이 단지 열악한 노동조건에 대한 반발이 아니라 기본적인 인간의 존엄성을 부정하는 전제적인 권위관계에 대한 반발이기도 했다는 것을 보여준다.

한국은 1960년대 초에 수출지향적 산업화를 시작했지만, 산업화 경험에 대한 집단적인 반응은 1970년대 초에나 나타나기 시작했다. 제4장의 주요 관심사는 섬유, 전자 및 기타 경공업에서 일하는 여성노동자들이 이끈 초기의 현장 자주노조운동에 관한 것이다. 여기서는 동일방직과 YH무역의 노조조직 투쟁사례에 초점을 맞추고 있는데, 두 사례는 여성노동자들이 보여준 놀라운 저항정신과 그들의 투쟁을 지원해준 외부단체, 특히 교회의 역할을 잘 보여준다. 이 장은 또한 어떻게 계급경험과 여성의 성적인 경험이 통합되어 젊은 여성노동자들로 하여금 한국의 노동계급운동에서 전위대 역할을 하게 했는지를 보여준다.

제5장은 1980년대 초반의 변화를 다룬다. 이 시기는 학생들이 노동운동에서 핵심적인 역할을 수행하기 시작하고 노동쟁의가 급속히 정치화되는 시기이다. 노학연대(勞學連帶)가 1980년대 학생운동의 지배적인 전략이 되었고 수천명의 대학생들이 학교를 떠나 노동자들의 정치의식을 제고하기 위하여 노동현장으로 들어갔다. 이 장은 이러한 일이 일어나게 된 배경과 그 함의를 논의한다.

제6장은 계급 형성과정의 변화를 연대기적으로 다루는 데서 한발 물러나, 산업경험에 대한 한국 노동자들의 반응에서 나타난 독특한 유형에 대해 논의한다. 이 분석은 문화와 권력이 어떻게 노동자들의 진정한 계급이해와 집단적 정체성에 대한 인식을 억제했는지 또 그럼에도 불구하고 노동자들은 어떻게 노동자로서의 공유된 정체성을 획득하면서 연대투쟁과 문화활동을 통해 집단적 의식을 표현하기 시작했는지를 밝힌다. 또한 이 장은 한국 문화의 독특한 개념들과 역사적 기억들이 어떻게 노

동자 정체성과 의식을 촉진했는가를 보여준다.

노동자의 정체성과 의식 그리고 인구학적 구성과 사회적 네트워크에서 일어난 변화의 누적은 1987년 노동자대투쟁이라는 폭발적인 노동쟁의로 표출되었다. 제7장은 한국 노동계급운동의 분수령이 된 이 사건의 전개를 기술하고 이 사건이 그 이후의 노사관계 발전에 미친 영향을 다룬다. 1987년 노동자봉기 이후 한국의 노동운동에는 중요한 변화들이 일어났다. 노동운동의 주된 행위자가 변했고——압도적인 비율을 차지했던 경공업 여성노동자로부터 중화학공업 남성노동자로의 변화——노동자투쟁의 목표와 주제에도 중요한 변화가 일어났다. 노동조합이 강화됨에 따라 노동자들의 시장 지위와 현장에서의 영향력이 눈에 띄게 개선되었고 따라서 노동자들의 집단적 정체성과 계급의식이 크게 발전하였다.

그러나 1980년대에 이루어진 노동의 진전은 1990년대에 와서 자본과 국가의 강력한 역공세에 직면하게 된다. 제8장은 민주화와 세계화 시대에 일어난 많은 흥미로운 변화들을 다룬다. 노동투쟁에 대응해서 세련된 경영전략이 도입되었고, 노동운동이 점차적으로 정치적·사회적 운동과 분리되기 시작했으며, 압도적으로 경제적 노조주의운동으로 변화하기 시작했다. 자본가들의 새로운 축적전략은 이전에 동질적이었던 노동계급의 산업간·부문간 분화를 촉진했고 따라서 계급정체성을 약화시켰다. 동시에 세계화에 따른 경제 구조조정으로 고용안정을 둘러싼 새로운 투쟁이 등장했다. 점차 한국의 노동투쟁과 노동운동은 이전의 권위주의적 자본주의체계에서 형성된 독특한 정치적·문화적 양식을 벗어나 다른 산업사회에서 지배적인 좀더 보편적인 노조운동의 유형으로 수렴되어갔다. 새로운 세기에 들어서며 한국의 노동계급은 계급의식적이고 정치적으로 조직된 계급이 될 것인가 아니면 협소하고, 특수한 경제적 이해에 사로잡힌 분해된 노동자집단들이 될 것인가 하는 기로에 놓여 있다.

제2장 산업화와 노동자의 출현

간다
울지 마라 간다
흰 고개 검은 고개 목마른 고개 넘어
팍팍한 서울길
몸팔러 간다

언제야 돌아오리란
언제야 웃음으로 화안히
꽃 피어 돌아오리란
댕기 풀 안쓰러운 약속도 없이
간다
울지 마라 간다

（「서울길」 부분, 김지하 1970）

　　한국에서 수출지향적 산업화를 촉진한 중요한 요소 중 하나는 강력한 조직노동이 없었다는 점이다. 한국 노동운동의 취약성은 유교문화적 전통 때문만은 아니었다. 한국의 노동운동은 일본의 식민지지배 기간 동안 그리고 해방 직후에 활발하게 일어났으며, 1940년대 후반의 노동운동이 1960~70년대 노동운동보다 더 강력하고 정치적이었다. 그러나 전후 일련의 지정학적 사건들은 당시의 강력한 좌파 노동운동을 완전히 무너뜨렸고, 그 이후의 노동배제적 산업화의 길을 열었다. 1960년대 초 수출지향적 산업화가 시작될 때쯤 한국의 노동은 완전히 힘을 잃었는데, 새 세대의 노동자들은 새로 전개되는 산업질서 속에서 적절한 위치를 확보하기 위한 조직적·문화적 자원이 부재한 상태에서 원자화된 노동자로 수출산업에 진입하게 되었다.

한국이 급속한 경제성장을 이룩할 수 있었던 것은 1960년대의 유리한 외적 경제조건과 함께 이러한 노동조건 덕택이었다고 볼 수 있다. 1960년대부터 한국은 칼 폴라니(Karl Polanyi)가 "거대한 전환"이라고 부른 (1957) 19세기 유럽의 변화에 비견할 만할 심대한 경제적·사회적 변화를 경험하였다. 급격한 산업화가 대규모 프롤레타리아트화를 수반하면서 수백만명의 농민과 그 자녀들을 도시 산업노동자로 만들었다. 유럽에서 1세기에 걸쳐서 이루어진 프롤레타리아트화에 버금가는 변화가 한 세대 안에 일어나면서 한국은 세계에서 가장 빠른 압축적 프롤레타리아트화를 경험하였다. 노동계급운동의 진화는 이러한 급속하고 지리적으로 집중된 프롤레타리아트화와 밀접하게 관련되어 있다.

이 장은 한국 노동운동의 역사적 경험을 간단하게 다루고, 한국 정치경제의 발달과 프롤레타리아트화 과정을 기술한다. 이 장은 한국 노동계급의 등장과 급변하는 사회 속에서 긍정적인 정체성을 찾기 위한 그들 투쟁의 역사적 배경과 구조적 맥락에 대한 기본적인 이해를 제공한다.

초기 노동의 무력화

현대 한국의 노동운동은 일제 식민지시대(1910~1945) 후반의 급속한 산업화와 같이 시작되었다. 일본의 조선 식민지정책은 비록 농산물 추출을 극대화하는 것이었지만, 일본 군대가 아시아 대륙으로 진출하면서 한반도에 산업기지를 확대할 필요가 생겼고, 군수품 조달방법의 일환으로 광업, 화학공업, 철도건설, 수력발전에 상당한 투자가 이루어졌다. 한국의 공장노동자 숫자는 1921년 49,000명에서 1925년 80,000명으로 그리고 1930년에는 102,000명으로 빠르게 증가하였다(김윤환 외 1978, 67면; 정진성 1984). 대다수 노동자들은 일본 고용주들에게 고용되었다(대규모 기업체들은 대부분 일본 자본가들의 소유였다).

　　조선의 노동운동은 1920년대 초에 등장했고, 일본 고용주와 경영자들에 대항해 빈번한 노사갈등이 생겨났다(Park Young-Ki 1979; 김윤환 · 김낙중 1970). 1930년대의 노동쟁의 수는 심지어 1960년대와 1970년대 노동쟁의 수를 능가하였다. 예를 들어, 1920년에는 4,599명의 노동자가 참가한 81건의 노동쟁의가 있었다. 1930년에는 그 숫자가 증가하여 18,972명의 노동자가 참가한 160건의 노동쟁의가 있었다. 일제시대 노동쟁의의 정점은 2천여명의 노동자가 참여하여 석달 동안이나 지속된 1929년의 원산총파업이었다. 그러나 식민지시대 노동운동은 단순한 경제적 투쟁만이 아니라 일제 식민지지배에 저항하는 독립운동의 일부였다. 물론 조선총독부는 이러한 정치적인 노동운동이 확산되는 것을 허용하지 않았기 때문에 1930년대 들어 노동운동을 강력하게 탄압하기 시작했다. 그 결과, 일제 말기 마지막 10년 동안 한국 노동운동은 공산주의운동과 밀접한 관계를 맺으면서 거의 지하운동으로 남아 있었다.

　　1945년 8월, 해방과 더불어 조선의 노동운동은 이전보다 더 강력한 조직과 지도력을 가지고 다시 등장했다. 해방 후 석달도 되지 않아, 조선노동조합전국평의회(전평)의 산하 조직으로 강력한 좌익노조들이 형성되었다. 전국적인 조직 결성 이전에 이미 한국 노동자들은 일본 자본가들이 남기고 간 기업을 인수하여 경영하면서 공장 수준에서 매우 적극적인 활동을 벌였다. 전평의 결성 이후 노동쟁의는 크게 증가하였고 경찰 및 미군정과의 잦은 충돌이 일어났다. 1945년 8월에서 1947년 3월 사이에 600,000여명이 참가한 2,388건의 노동자시위가 벌어졌다. 이 시기는 1987년 이전 한국의 노동사에서 노동쟁의가 가장 격렬한 시기였다(Park Young-Ki 1979; 김윤환 · 김낙중 1970 참조).

　　그러나 이렇게 강력한 노동운동은 오래 가지 못했다. 1946년 3월 미군정의 후원하에 우익집단이 새로운 노동조직인 대한노동조합총연합회(대한노총)를 결성하였다. 대한노총은 기층 노동자에게 뿌리를 두지 못한 조직이었으며, 노동자들의 복지증진에 관심이 없었다. 대한노총의 유일한 목적은 좌익노조에 대항하는 것 그리고 궁극적으로 전평을 파괴하는 것이었다. 좌파노조와 우파노조 사이에 격렬한 충돌이 자주 발생했고, 결국 전평은 경찰과 우익노조 그리고 미군정청의 합작에 의해 파괴되었다. 좌파 노조운동이 가장 치명적인 타격을 받은 것은 1947년 1월의 대규모 철도파업이었다. 이 파업과정에서 좌익집단과 우익집단 사이에 유혈충돌이 벌어졌고 공산주의 노조지도자들 수백명이 죽거나 처형당했으며 또 수천명이 수감됨으로써 조직이 말살되었다. 1947년 3월 미군정은 조선공산당(朝鮮共産黨)을 불법화했고, 이 조치로 이미 약화된 공산주의 노조운동은 막을 내렸다. 이렇게 해서 남한에서 활발한 노조운동의 첫 시기는 끝이 났다.

제1공화국이 성립된 이후의 12년(1948~60)은 한국 노동운동이 가장 저조했던 시기이다. 남북분단(1948)과 한국전쟁(1950~53), 그리고 그 뒤를 이은 극심한 반공분위기 등 일련의 사건들은 한국 노동운동에 극히 적대적인 환경을 조성했다. 이승만(李承晚)정권 하에서 대한노총은 급속하게 부패한 노조지도자들의 아성(牙城)으로 전락했고, 이승만정권의 권력기반 강화를 위한 정치적 도구로 변했다. 그리고 1955년에는 공식적으로 자유당(自由黨)에 통합되어 여당의 부속조직이 되었다. 일반 조합원들과 단절된 상태로 대한노총은 노동자들의 복지증진보다는 이승만정권을 지지하는 정치집회를 조직하는 데 더 적극적인 역할을 하였다.

이승만정권은 1960년 4월 부정선거에 항의해 폭발한 학생봉기로 무너졌고, 1960~61년까지 1년간 지속된 장면(張勉)정권 하에서 노동쟁의와 노동운동은 다시 부활하였다. 노동쟁의는 1957년에 45건, 1959년에 95건, 그리고 1960년에는 227건으로 크게 증가하였고, 많은 노동쟁의가 거리시위의 형태를 띠었다. 무려 315개의 신규 노조가 결성되었고, 노동자들은 15~50%의 임금인상을 얻어냈다. 대한노총은 일반 조합원들로부터 심각한 규탄을 받았고, 새로 건설된 독립노조인 전국노동조합협의회(전국노협)로부터 도전을 받았다.[1] 1960년 11월 새 노동지도부가 대한노총과 전국노협을 통합하여 새로운 전국조직인 한국노동조합총연맹(한국노총)을 출범시켰다. 이 시기 특히 중요한 발전은 좌파적 화이트칼라 노조인 교원노조가 등장한 점이다. 교원노조는 교육과정에 대한 국가의 이념적 통제에 도전하고, 통일문제에 관해서도 전향적인 태도를 취했다. 이 시기의 노동운동은, 특히 급진적 교원노조운동은, 전평 노동운동의 좌파적 유산을 부활시키는 듯했다.

그러나 잠깐 동안의 이런 노동운동 부활은 1961년 5월 박정희(朴正熙)가 이끄는 군사쿠데타로 막을 내렸다. 한국 노동운동은 새롭게 등장한 강력한 국가와 새로운 경제적 환경에서 재출발해야 했다. 새로 시작해야 하는 한국 노동운동에 남겨진 역사적 유산은 대체로 부정적인 것이었다. 정부기관은 국가안보를 빌미로 쉽게 노동운동을 탄압할 수 있었고, 노동자들은 노동운동에 참여함으로써 받을 수 있는 정치적 처벌에 대해 심한 두려움을 갖게 됐다. 해방 이후의 노동운동은 다음 세대 노동자들에게 자랑스러운 전통이 아니라 잊혀져야 할 나쁜 기억으로 존재하게 되었다. 실제로 한국의 노동운동은 해방 직후 노동운동의 위험한 전통을 부정하고 그와 단절함으로써 존재할 수 있게 되었다.

수출지향적 산업화와 노동체제

군사혁명위원회가 권력을 장악한 후 가장 먼저 한 일은 노동조직을 재

1. 전국노협은 1959년 대한노총에 반대하는 일단의 독립적인 노동지도자들에 의해 결성되었다. 1950년대말 극도로 열악한 경제적 상황과 고용 불안의 증가로 노동운동의 폭발 가능성이 눈에 띄게 증가했다. 그러나 공식적인 노조는 이러한 문제들에 대해서 완전히 눈을 감았다.

편하는 것이었다. 군사정권은 한국노총을 해체하고, 노동운동가들을 체포했으며 노동쟁의를 금지했다. 3개월 후에 새로 만들어진 중앙정보부(KCIA)는 일단의 노동지도부를 선발하고 그들로 하여금 다시 새로운 한국노동조합총연맹(한국노총)을 결성〔복원〕하게 하였다. 새로운 노동조합은 산업별로 조직되었고, 국가조합주의 형태를 띠어 공식적으로 인정된 노조가 배타적인 대표권을 갖도록 하였다. 그러나 실제로는 산별노조가 효과적인 노동조직으로 기능하도록 허용하지 않았다. 단지 산업 내에서 지역노조들 사이에 약한 횡적 연계만이 존재했고, 거의 모든 단체교섭은 개별 기업단위에서 이루어졌다. 법적으로 이들 기업단위 조직들은 유니온 숍(union shop)으로 조직되었으나 실제적으로는 노조가입이 강요되거나 장려되지도 않았다(Choi Jang Jip 1989).

또한 군사정권은 기존 노동법의 중요한 부분을 개정하였다. 기존의 한국 노동법은 1953년 이승만정권 하에서 만들어졌다. 이 법은 1935년에 만들어진 미국의 와그너법(Wagner Act)을 모델로 한 것으로, 최초의 한국 노동조합법은 조직노동에 대해서 비교적 자유주의적이고, 다원주의적인 지향을 가지고 있었다. 한국의 노동법과 헌법은 노동자들의 단결권·단체교섭권·단체행동권의 노동3권을 보장하였다. 이 법률에 따르면 노동자들은 최소한의 정부 간섭 하에 노조를 조직하고, 단체교섭에 참여할 수 있는 자유가 허용되었다. 또한 노조가 정치활동에 참여하는 것도 허용되었다. 물론 조직노동에 대한 이승만정권의 실제 행동은 이러한 법률의 정신과는 배치되는 것이었다. 한국전쟁 직후의 참혹한 경제적·지정학적 조건 하에서, 자유로운 노동법이 있다고 해서 강력한 노동운동이 생길 수는 없었다.

그러나 이승만정권의 몰락에 뒤따른 활발한 사회운동과 점차 정치화된 노동운동을 경험한 후 권력을 장악한 박정희는, 조직노동의 잠재적인 위협을 분명히 보았고, 따라서 노동자들의 법적 권리를 제약하고 조직

노동과 정치집단들 간의 연계를 방지하고자 하였다. 1963년 노동조합법 12조 수정안은 노동조합이 조합원들로부터 정치자금을 모금하거나, 노조기금을 정치적 목적에 사용할 수 없게 규정하였다. 그와 더불어 노조의 조직과 단체교섭을 어렵게 만드는 많은 조항들이 노동법에 첨가되었고, 노사관계에 정부가 개입할 수 있는 범위를 확대했다. 그럼에도 불구하고 노동3권은 다른 노동보호 조치들과 함께 유지되었다. 이후의 노동관계법과 비교해서 이 시기의 노동법은 비교적 자유주의적이고 민주적이었다. 이 시기 박정희정권이 노동조합과 노동관계법을 재조직하려 한 주된 동기는 경제적인 것이기보다 정치적인 것이었다. 즉 조직노동을 탈정치화하고 정치적 반대세력과의 연계를 단절시키고자 한 것이었다. 곧 수백만 노동자들의 생활여건을 근본적으로 변화시키게 될 외향적 산업화를 촉진하는 데 필요한 새로운 노동체제가 성립되었다. 한국 노동계급운동은 이 새로운 노동체제 하에서, 그리고 세계시장을 지향한 산업화라는 새로운 여건 하에서, 새롭게 시작하게 되었다.[2]

초기 2, 3년간의 수입대체적 산업정책 노력이 성공하지 못하자 박정희정권은 미국의 강력한 조정을 받고 몇차례 정책 실책을 겪은 후 외부지향적·수출지향적 산업화를 주된 발전전략으로 채택하였다. 이 경제발전전략은 현명한 선택이었다고 하겠다. 1963년 8,700달러에 불과하던 수출이 1970년에는 8억 3,500만 달러로 급증하였고, 이 시기 국민총생산(GNP)도 매년 10% 정도의 증가세를 보였다. 제조업의 성장률은 매년 거의 19%에 달하였다. 경제구조가 엄청나게 변화하기 시작했고, 사람들의 생활방식에서도 심대한 변화가 이루어지기 시작했다. 도시 임금노동자의 수가 1960년 130만명에서 1966년 210만명으로, 1970년에는 340만명으로 늘어났다(서관모 1987, 169면). 노사분규는 낮은 수준에 머물러 있

2. Choi Jang Jip 1989; 신광영 1994; 장명국 1985; 조승혁 1988.

었지만, 이러한 경제구조의 변화에 따라서 노동운동도 점차 공공부문에서 수출제조업 부문으로 옮겨갔다.

제조업 생산과 수출에서 눈부신 성장이 이루어진 이후, 한국경제는 1960년대 말 심각한 외환부족을 겪게 되고 외국 투자업체들의 도산이 확산되면서 최초의 심각한 위기를 맞았다. 해고, 임금체불, 공장폐쇄가 발생하고 그에 따라 잦은 노동쟁의가 일어났다. 이러한 경제위기에 대응해서 박정희정권은 외국자본의 투자환경과 국내기업의 재무구조를 개선하기 위한 몇가지 예외적 조치를 취하였다. 이 조치 가운데 한 가지 핵심적인 요소는 억압적 노동정책이었다. 1970년 1월, 박정희정권은 '외국인투자기업의 노동조합 및 노동쟁의 조정에 관한 임시특례법'을 제정 공포하였다. 이 법은 외국 투자기업의 파업을 금지할 뿐 아니라 다른 부문에서의 노사분규에 대응하기 위한 다양한 억제조치들을 도입하였다. 이런 움직임은 반대세력을 막기 위한 권위주의 정권의 정치적 필요 때문만이 아니라 수출지향적 산업화 전략상의 필요에 따른 것으로, 박정희정권의 노동정책에서 일대 전환점을 이루었다.

박정희정권에 대한 정치적인 반대는 1960년대 말 경제위기로 강화되었다. 1971년 대통령선거에서 박정희는 모든 행정조직과 자금을 동원하고도 간신히 야당 후보인 김대중(金大中)을 물리칠 수 있었다. 이 시기는 국제정치 무대에서 큰 변화가 일어난 때였다. 1971년 미국 닉슨(R. M. Nixon) 대통령의 중국 방문은 냉전체제가 해체되고 있음을 의미하는 것이었으며, 주한미군의 부분철수는 한국 정치지도자들에게 큰 우려를 야기했다. 이러한 경제적·정치적 도전에 대해 박정희는 단호하게 대처하였다. 1971년 12월 박정희는 국가비상사태를 선포하고 동시에 '국가보위에 관한 특별조치법'을 선포하였다. 국가안보를 위한 특별조치들은 헌법에 의해서 보장된 노동3권 가운데 단체교섭권과 단체행동권 두 가지를 정지시켰다. 노동자들의 노조결성권은 새로 도입된 정부의 많은 행정제

재 아래에서만 허용되었고, 기업주와 교섭하는 데 있어서 노동자들의 유일하고도 효과적 무기인 단체행동권은 법적으로 박탈되었다. 1972년 3월 정부는 '국가비상사태하의 단체교섭에 관한 조치권 등 업무처리 요령'이라는 또다른 억압적인 조치를 발표했다. 이 조치는 공공의 이익에 속하는 기업의 범위를 확대하고 이들 기업에서 노조활동을 금지했다. 또한 산업별 수준의 노조활동에도 제약을 가했다. 이러한 모든 특별조치들의 절정으로 나타난 것이 1972년 10월 유신체제라 불리는 한국판 관료적 권위주의의 성립이었다. 유신헌법(維新憲法)은 모든 정치적 공간을 폐쇄하고 박정희에게 무제한의 행정권을 소유한 종신 대통령직을 부여했다.

이와 같이 극히 비민주적인 조치는 표면상으로는 반정권 정치활동을 일시적으로 제거하였지만, 박정희가 항시 안고 있던 정치적 정당성의 문제를 악화시켰고 정치적 저항을 고조시켰다. 예전과 마찬가지로 박정희는 경제적 업적으로 대중적 불만을 무마하고 정치적 정당성을 확보하고자 했다. 1973년 박정희는 대통령 기자회견에서 10년 안에 "100억불 수출, 1,000불 국민소득, '마이카' 시대"를 달성하겠다는 매력적인 약속을 국민에게 제시했다(이 약속은 1979년 그가 암살되기 직전에 거의 달성된 셈이었다). 동시에 그는 중화학공업 발전을 위한 야심찬 새 계획을 발표하였다. 이와같은 산업선진화 계획을 실현하기 위해서 정부는 6개의 전략산업(철강 · 전자 · 석유화학 · 조선 · 기계 · 비철금속)을 선정하고 국가보조를 받는 정책자금을 이들 산업부문에 집중투자했다. 중화학공업은 초기 몇년 동안의 구조적 문제로 애로가 있었으나, 1973년 석유파동 이후 세계경제가 호전됨에 따라 1970년대 중반부터 성과를 보이기 시작했다. 한국은 중동지역의 붐 덕분에 대규모 건설 프로젝트를 수주하였고, 쉽고 유리한 조건으로 대출을 받아서 엄청난 혜택을 누렸다. 또한 베트남전에 참전하면서 한국경제는 큰 이익을 누렸다. 베트남에 파병된 한국 병사들이 보내는 송금 이외에도, 한국 기업들은 미국으로부터 수익이 많은 계약들을 수주했고 미국시장에 수출하는 데 있어 특혜를 받게 되었다.

1971~80년 사이에 한국경제는 연평균 7.8%의 경제성장을 이룩하였고, 제조업 부문의 성장은 14.8%에 달하였다. 1인당 GNP도 1971년 289달러에서 1980년 1,592달러로 급증하였다(Economic Planning Board 1990). 또한 이런 급속한 경제성장으로 한국의 기업들, 특히 (가족 소유의) 재벌회사들은 엄청난 규모로 성장했다. 재벌그룹들은 1970년대 후반기 중화학공업에 적극적으로 참여함으로써, 그리고 종합상사를 통해 수출과 수입에서 독점권을 행사함으로써, 또한 땅투기와 다른 상업투자를 통해서 엄청난 규모의 자본축적을 할 수 있었다. 1970년대 말 재벌기업들은 한국경제에서 지배적인 위치를 공고화했다. 재벌집단들로의 자본집중은 점점 심화되어 1980년에는 30대 재벌기업이 전체 상품수출의 36%를 차지하였고, 전체 고용자의 22.4%를 고용할 정도로 성장하였다(이규억·이성순 1985, 97면).

급속한 산업화기간 동안 한국에서 진행된 자본축적의 지배적인 성격과 그것이 노동조건에 미치는 영향을 이해하기 위하여 우리는 두 가지 핵심적인 자본축적 기제를 고려해야 하는데 이 두 기제는 모두 국가에 의해서 통제된 것이었다. 첫째는 국내 금융기관을 통해 금융대출을 할당하는 것이다. 한국의 경제발전을 연구하는 많은 사람들이 지적하는 것처럼, 신용대출의 선택적 배분은 정부가 기업을 통제하는 가장 중요한 수단이었다.[3] 박정희정권 기간 내내 국내 이자율은 시장가격보다 훨씬 낮았고, 인플레이션을 고려한다면 때로 마이너스 이자율을 보이기도 하

---

3. Amsden 1989; Cho Soon 1994; Jones and Sakong 1980; Kim Eun Mee 1997; Song Byung-Nak 1990; Woo Jung-en 1991.

였다. 외국 금융대출은 더욱더 낮았다. 그리하여 국내 은행대출이나 외국 신용을 얻는 것 자체가 주요한 이윤의 원천이었다. 두번째 기제는 투자자격의 할당으로, 특히 정부가 선정한 우선(優先) 프로젝트에 투자할 수 있는 기업체를 선정하는 것이었다(Kim Seok Ki 1987).

이 두 가지 기제는 서로 밀접하게 연계되어 있었다. 투자자격 선정을 받은 기업들은 정부가 관리하는 은행에서 낮은 금리의 대출을 받을 수 있었고, 대규모 대출을 받을 수 있는 기업들은 수익이 많은 신규투자 자격을 획득할 수 있었다. 1970년대 후반 전체 국내 대출의 반 이상이 국가가 선정한 중화학공업 우선투자 프로젝트에 참여한 기업들에게 우대금리의 "정책 대출"로 분배되었다. 이 두 가지 기제의 중심에는 한국 자본축적 과정에서 핵심적 요소로 작용한 국가권력이 자리잡고 있었다. 이전의 이승만정권과는 달리 박정희정권은 대출과 투자기회의 배분에서 기업체의 수출업적을 주요한 기준으로 삼았지만(Amsden 1989; Jones and Sakong 1980), 국가가 배분하는 특혜적 프로젝트에 누가 참여하는가는 의심의 여지없이 기업활동 능력만이 아니라 정치적 연줄에 달려 있었다.

이런 국가의 경제정책들은 한국 자본가들에게 양날의 축적전략을 추구하게 하였다. 한편으로는 제조업 부문의 생산적인 투자를 그리고 다른 한편으로는 투기적 투자, 특히 부동산 투자를 동시에 추구한 것이었다(Han Do-Hyun 1993; Jung Hee-Nam 1993; Kim Seok Ki 1987). 한국의 지대 추구(Rent seeking)는, 특히 토지 투기와 사채업에서의 거대이윤 추구는 광범위하게 나타났고, 대자본이 이러한 영역에서 가장 활발하게 움직였다는 것은 한국 전문가들 사이에서는 공공연한 비밀이었다. 대기업의 땅투기가 너무 심해서 박정희와 후계자들은 재벌집단의 토지 소유를 제한하는 조치를 내려야 했고, 때로 재벌들이 구입한 땅을 강제로 팔게 하였지만 한번도 효과를 보지 못했다(Jung Hee-Nam 1993). 이러한 투자환경은 대부분의 기업체들이 대단히 불량한 재무구조를 갖게 만들었다. 한국

기업들은 많은 빚을 지게 되었고, 재벌기업들은 특히 많은 빚을 졌다. 1970~80년대 한국 기업들의 지배적인 사업전략은 수출시장과 연결된 채 급속하게 변화하는 경제에서 가장 전망이 좋은 사업부문으로 빠르게 이동하는 것이었고, 국가의 산업정책은 이러한 기업전략을 부추겼다.

이러한 한국형 자본축적 유형은 제조업부문의 노사관계 형성에 중요한 영향을 미쳤다. 한국 기업주의 주요 관심사가 시장에서 수익전망이 좋은 투자대상을 발견해서 외부 자금을 동원하여 경쟁회사보다 빠르게 시장으로 진출하는 것이었기 때문에, 기업들은 안정적이고 헌신적인 노동력을 유지하려고 노력하거나 혹은 높은 임금이나 다른 동기부여를 통하여 노동자들의 기술과 생산성을 계발하는 데 별로 관심을 보이지 않았다. 한국의 자본가들은 저임금 노동력을 착취하여 이윤을 극대화하는 데는 관심을 쏟았지만, 1980년대 말까지도 기업복지를 증진하는 데는 최소한만을 투자했다. 그들은 노동력을 훈련시키는 데에도 별로 투자하지 않았다. 대신에 국가가 국영 공업고등학교와 기술학교를 통하여 노동력의 훈련과 기술향상에 기본적인 역할을 담당했다(You Jong-Il 1995; 송호근 1994).

한국의 자본가들이 인력개발을 등한시할 수 있었던 부분적인 이유는 상대적으로 풍부한 노동력 공급이 이루어졌기 때문이었는데 이러한 조건은 1980년대 초까지 지속되었다. 한국의 저명한 노동경제학자인 배무기(裵武基)는 한국에서 무제한적인 노동력 공급이 1970년대 중반에 끝났다고 주장했지만(Bai Moo Ki 1982), 대기업들은 1980년대 중반까지도 노동력을 충원하고 유지하는 데 어려움을 겪은 것 같지는 않다. 숙련노동자의 공급부족 현상이 1970년대 말에 일어나서 많은 대기업들이 숙련된 노동력의 확보를 위하여 다른 기업에서 숙련노동자나 기술자들을 스카우트하기 위해 경쟁했지만, 반(半)숙련노동자들에 관해서 보자면 1970년대 말까지 꽤 큰 규모의 유휴 노동력이 농촌지역에 남아 있었고,

여성인력이 산업예비군의 형태로 존재하고 있었다. 이 연구에서 검토한 민속학적인 자료들이 시사하는 바로도 1980년대 초반에 이르기까지 섬유와 전자산업에서 일하는 많은 노동자들의 주된 관심사는 고용안정이었고, 경영자들은 노동운동에 관여하는 노동자들을 위협하는 수단으로 해고하겠다는 말을 자주 했다. 1970~80년대 노동시장을 연구한 다른 사회학자들도 배무기의 분석에 동의하지 않고, 실질적인 노동력 부족사태는 1980년대 중반까지 나타나지 않았다고 주장한다(송호근 1991; 신광영 1994, 46면).

여하튼 한국에서는 국가의 발전전략과 노동시장의 조건들이 급속한 산업팽창을 촉진했지만, 이러한 조건들은 선진 노사관계 체계를 발전시키는 데 그리고 대다수 노동자들의 노동조건을 개선하는 데 중대한 장애물로 작용했다. 어떤 의미에서 박정희 시대는 자본가들의 천국이었다. 국제시장 환경이 좋았을 뿐만 아니라 발전지향적 국가는 완전하게 친자본적인 태도를 취하였다. 국가는 자본가들이 국가의 발전계획을 성공적으로 수행하는 동안 실제로 자본가들을 위해서 모든 것을 다 해주었다. 요컨대 정부의 산업정책이 조장한 팽창주의적인 자본축적 전략과 국가의 친자본·반노동 정책은 한국의 노사관계를 악화시켰고 무력한 노동자들 사이에 원한과 분노가 쌓이게 만들었다.

노동력의 프롤레타리아트화[4]

한국의 급속한 산업화는 경제구조를 질적으로 변화시켰고, 사람들이 일하고 생활을 영위하는 방식에 엄청난 변화를 가져왔다. 수출주도형 산업화가 시작되기 전인 1950년대 말 한국은 인구의 절대 다수가 농촌지역

4. 프롤레타리아트화(Proletarianization)는 노동력이 생산수단을 소유하지 못하고 자기의 노동력을 팔아서 생활해야 하는 위치에 놓이는 것 간단히 말해서 임금노동자가 되는 것을 의미한다(Koo Hagen 1990 참조).

「이별」(오윤 1996, 96면).

에 거주하고 GNP의 절반 정도가 농업생산에서 이루어지는 농업사회였다. 수출주도형 산업화의 진전으로 GNP에서 차지하는 농업의 비중은 1960년 39.9%에서 1980년 14.6%, 1990년 9.0%로 급격히 줄어들었다. GNP에서 3차산업이 차지하는 비중은 완만하게 증가하여 1960년 41.5%에서 1990년 46.3%로 증가한 반면, 제조업이 차지하는 비중은 1960년 18.6%에서, 1980년 41.4%, 1990년 44.7%로 급격히 증가하였다(표 2.1 참고).

이러한 한국경제의 구조적 변화는 부문간 대규모 노동력이동을 낳았다. 그래프 1에서 볼 수 있듯이, 1950년대 말 한국 전체 노동력의 4/5는 농업종사자들이었고, 이들의 대부분은 소규모 자영농이었다. 1970년 농업노동력은 전체 노동력의 절반으로 축소되었고, 1980년대 말에는 5명 가운데 단지 1명만이 농업에 남아 있게 되었다. 그리하여 산업전환이 시작된 지 30년이 지난 후 농민의 나라는 도시노동자의 나라로 바뀌었다.

부문	1960	1970	1980	1990
농업	39.9	31.1	14.6	9.0
공업	18.6	28.4	41.4	44.7
광업	2.3	1.3	1.4	0.5
제조업	12.1	19.1	29.6	28.9
건설	3.5	6.4	8.2	13.2
전기, 가스	0.7	1.6	2.1	2.1
써비스	41.5	40.5	44.0	46.3
전체(GDP)	100.0	100.0	100.0	100.0

＊ 참고: 부문 구분은 세계은행(1995)의 World Development Report에 제시된 세계은행의 방법에 기초하였다.

＊＊ 자료: 한국은행 『경제통계연감』, 1978; 1995; 국민계정, 1994.

그래프 1　산업별 노동력 분포율(%)

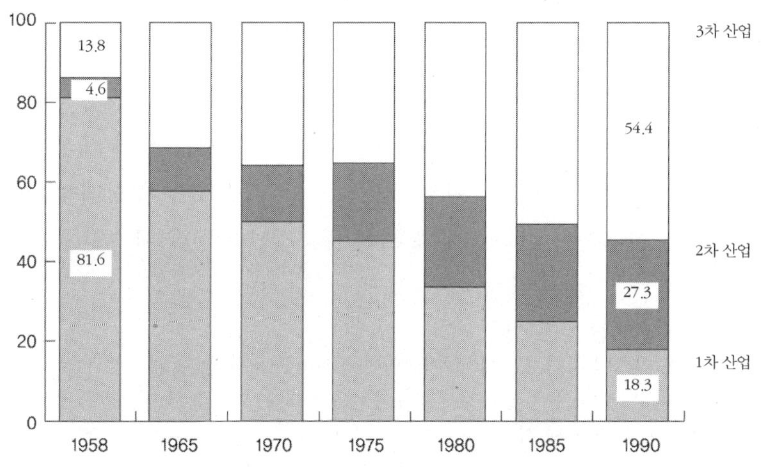

＊ 자료: 경제기획원 『경제활동 인구연보』, 1972; 1985.

＊＊ 통계청 『경제활동 인구연보』, 1990.

30년에 걸친 수출지향적 산업화로 한국사회가 경험한 산업변화의 규모는 유럽의 초기 산업화과정에서 한 세기에 걸쳐 일어난 변화와 대등한 것이었다.[5]

농업에서 2차산업과 3차산업으로의 대규모 노동력이동은 필연적으로 한국 노동력의 급격한 프롤레타리아트화를 초래했다(Koo Hagen 1990). 매년 수천명의 농민과 그 자녀들이 농촌지역을 떠나서 도시지역의 공업 노동자군에 가담하였다. 한국에서 프롤레타리아트화의 속도는 예외적으로 빨랐다. 1960년대 초 수출지향적 산업화 초기에 한국에는 약 200만명의 임금노동자들이 있었지만, 1980년대 중반에는 4배나 증가하여 800만명에 달하였다. 임금취득자의 비율은 1963년 전체 노동력의 31.5%를 차지하였지만, 1985년에는 54.2%로 증가하였다. 1980년대 중반 도시에서 일하는 사람 3명 가운데 2명이 임금취득자였다. 임금노동자의 증가율은 제조업에서 훨씬 더 빨라서, 제조업에서 임금취득자 수는 1963년부터 1985년까지 거의 20년 사이에 41만 7천명에서 310만명으로 7배나 증가하였다. 농업 부문의 임금노동자는 72만 5천명에서 43만 7천명으로 줄어든 반면, 상업과 써비스업에 종사하는 임금노동자는 130만명에서 450만명으로 3배 이상 증가하였다(표 2.2 참조).

한국뿐 아니라 다른 지역에서도 수출지향적 산업화전략은 주로 여성 노동력에 의존했다. 한국의 여성노동력은 농업과 비농업 부문에서, 절대적인 수와 상대적인 비율 모두가 크게 증가하였다. 1965년과 1980년 사

5. 1841년과 1961년 사이 영국에서 2차산업에 종사하는 노동력은 41%에서 44%로 완만하게 증가하였지만, 농업에 종사하는 노동력은 26%에서 7%로 줄어들었다. 프랑스에서도 1840년과 1962년 사이 2차산업 종사자가 25%에서 37%로 증가한 반면, 농업노동력은 53%에서 22%로 줄어들었다. 영국보다 뒤늦게 산업화를 경험한 독일에서는 1882년부터 1961년 사이에 2차산업 종사자의 비율이 32%에서 45%로 증가한 반면, 농업종사자의 비율은 50%에서 16%로 줄어들었다(Bairoch et al. 1968을 참조할 것).

표 2.2 산업부문별 임금노동자 증가

	1963	1970	1975	1980	1985	변화율 1985/1963
농업	725	743	677	551	437	0.6
	(30.0)	(19.6)	(14.1)	(8.5)	(5.4)	
제조업	417	995	1,782	2,475	3,146	7.5
	(17.3)	(26.3)	(37.1)	(38.2)	(38.9)	
써비스 및 상업	1,272	2,049	2,344	3,459	4,507	3.5
	(52.7)	(54.1)	(48.8)	(53.3)	(55.7)	
전체	2,414	3,787	4,803	6,485	8,090	3.4
	(100)	(100)	(100)	(100)	(100)	

* 참고: 단위는 1천명, 괄호 안은 전체 산업에서 해당부분이 차지하는 비율(%).
** 자료: 통계청 『경제활동 인구연보』, 1972; 1985.

이에 여성의 경제활동 참가율은 비농업부문에서 30.9%에서 36.1%로 증가했고, 농업부문에서는 41%에서 53%로 증가했다. 이 기간 동안 여성노동자들의 산업임금노동 부문으로의 진출은 극적으로 증가했다. 실제로 여성노동력의 프롤레타리아트화가 남성의 경우보다 더 빠르게 이루어졌다. 제조업에 고용된 남성노동자 수는 1963년 428,000명에서 1985년 2,147,000명으로 5배 증가한 반면, 여성노동자의 수는 182,000명에서 1,353,000명으로 7.4배 증가했다. 여성노동자 수의 증가는 수출주도형 산업화 초기부터 1970년대 중반까지 가장 현저했지만, 그 이후부터 둔화되기 시작했다. 1963년 제조업 부문 여성종사자는 182,000명이었지만, 1985년에는 1,400,000명으로 7배 이상 늘어났다. 이에 비해서 같은 기간 제조업 부문 남성종사자는 428,000명에서 2,100,000명으로, 5배에 못 미치는 증가를 보였다(Economic Planning Board 1974; 1984). 1963년 전체 생산직 노동자의 41%를 차지하던 여성노동자는 1976년 53%로 증가하였고, 그후 1985년에는 46%로 감소하였다(표 2.3 참조).

표 2.3　임금노동자 중 여성노동자의 비율(%)

	1963	1973	1976	1978	1985
전체 피고용자 중	37.9	46.7	48.5	45.5	42.0
생산직 노동자 중	41.0	50.7	53.0	49.6	46.3

* 자료: 서관모(1987, 105면).

** 원자료: 경제기획원『광공업 센서스 보고서』, 각년도.

여성노동자는 몇개의 경공업에 집중되었다. 여성노동자들은 섬유·의류·전자산업에서 절대 다수를 차지하였고, 금속·공작기계·운송장비 같은 중화학공업에서는 아주 적었다. 예를 들어, 1985년 여성노동자는 피복노동자의 88%, 섬유노동자의 77%, 전자산업노동자의 68%를 차지하였다(서관모 1987, 171면).

절대 다수의 여성 공장노동자들은 10대 말에서 20대 초의 미혼 반숙련노동자들이었다. 1966년에는 전체 여성 공장노동자의 약 90%가 29세 미만이었고, 절반 정도가 20세 미만이었다. 1980년에 10대 여성노동자의 숫자는 현저하게 줄어들었으나, 여전히 여성노동자들의 2/3는 29세 미만이었다. 여러가지 이유로 여성들은 결혼 후 공장생활을 계속할 수 없었다. 첫째, 높은 노동강도, 장시간의 노동과 초과근무가 기혼여성들이 공장에서 일하는 것을 어렵게 만들었다. 둘째, 더 중요한 요인은 기혼여성들에 대한 고용주의들의 차별적인 행동이었다. 여성노동자들이 하는 전형적인 일은 상대적으로 단순한 기술과 높은 노동규율을 요구하는 것이었기 때문에, 고용주들은 나이 든 노동자들을 임금비용을 줄이면서 새롭고 젊으며 다루기 쉬운 노동자들로 대체하는 것을 선호하였다.

그리하여 여성노동자들은 거의 대부분 농촌 출신에, 나이가 어리고, 미혼에, 학력이 낮으며, 가족부양의 책임을 떠맡고 있는, 대단히 동질적인 집단을 구성하였다. 또한 그들은 기술수준과 작업내용 면에서도 동질

표 2.4 기업규모에 따른 공장과 공장노동자의 분포

기업규모	공장				공장노동자			
	1959	1968	1978	1985	1959	1968	1978	1985
5~19명	78.7	77.9	57.9	58.0	32.7	22.0	7.5	10.3
20~99명	18.8	17.7	29.6	32.7	34.1	22.2	18.4	25.5
100~499명	2.3	3.7	10.3	7.9	21.3	24.5	30.1	28.0
500명 이상	0.2	0.8	2.2	1.4	11.9	31.3	43.9	36.3
전체	100.0	100.0	100.0	100.0	100.0	100.0	100.0	100.0

* 자료: 김형기(1988, 143면).

** 원자료: 경제기획원 『광공업 센서스 조사』, 각년도.

적이었다. 더욱이 그들은 몇개의 경공업 부문에 집중되어 있었고, 지리적으로도 집중되어 있었다. 이러한 인구학적 동질성과 공간적 집중이, 다음 장에서 보는 것처럼, 한국 여성노동자들을 적극적으로 노동운동에 참여하게 한 중요한 요인이 되었다.

한국 제조업의 상당부분과 생산노동자들의 다수는 대량생산 방식을 채택하고 있는 대규모 기업체에 속했다. 1959년 전체 생산노동자의 1/3이 100인 이상을 고용하는 기업체에 고용되었던 반면, 1985년에는 2/3의 공장노동자들이 100인 이상을 고용하는 기업체에 고용되었다(표 2.4 참조). 동시에 20명 미만을 고용하는 공장에서 일하는 노동자의 비율은 1959년 33%에서 1985년 10%로 줄어들었다. 섬유·의류·피혁산업에서 대규모 공장이 감소하고 재벌기업과 연결된 하청기업이 증가하면서 이러한 추세가 둔화되기 시작했지만, 1960년대와 1970년대에는 대규모 기업의 증가가 계속되었다.

자본의 집중은 한국 산업조직에서 이중구조를 초래했다. 한국경제의 핵심은 약 30개의 재벌에 의해서 대표되었다. 1970년대 중반부터 놀라운 속도로 재벌집단으로 자본이 집중되기 시작해서 1985년에는 10대 재벌집단이 전체 판매액의 30.2%와 전체 고용의 11.7%를 차지하기에 이르

표 2.5 제조업 판매와 고용에서 기업집단이 차지하는 비중의 변화

재벌기업	판매				고용			
집단	1977	1980	1985	1994	1977	1980	1985	1994
상위 5개	15.7	16.9	23.0	27.2	9.1	9.1	9.7	8.1
상위 10개	21.2	23.8	30.2	34.1	12.5	12.8	11.7	10.3
상위 20개	29.3	31.4	36.4	38.8	17.4	17.9	15.5	11.9
상위 30개	34.1	36.0	40.2	41.5	20.5	22.4	17.6	12.8

＊자료: Song Byung-Nak(1998, 115면).

렀고, 상위 30개 재벌집단이 전체 판매액의 40.2%와 전체 고용의 17.6%를 차지했다(표 2.5 참조).

이제 한국 프롤레타리아트의 부문별·인구학적 구성 변화를 살펴보기로 하자. 첫째, 산업임금노동자의 구성에서 부문별 구성의 변화가 일어났다. 이미 언급한 것처럼, 한국경제는 1970년대 중반 노동집약적인 경공업에서 중화학공업으로 전환했다. 이러한 변화는 제조업 노동력 구성의 변화를 동반했다. 그래프 2는 제조업 노동력의 구성 변화를 보여준다. 경공업에 종사하는 제조업 노동력의 비율은 1960년대 중반부터 1970년대 중반까지 약 60%로 지속되지만, 1980년대 중반 47%로 감소하였다. 동시에 중화학공업에 고용된 제조업 노동자들은 1973년 39%에서 1985년 53%로 증가하였다. 특히 기계·금속가공·기타 관련산업 부문에 종사하는 노동력은 같은 기간 동안 20%에서 31%로 증가하였다. 중화학공업에 종사하는 노동력은 대부분 남성이었기 때문에 이러한 부문 변화는 제조업에서 여성노동력이 상대적으로 감소하는 결과를 낳았다.

한국의 산업팽창과 연관된 또다른 중요한 변화는 한국 산업노동자들의 교육수준이 지속적으로 높아지는 것이었다. 한국 노동력의 평균학력은 국제수준과 비교해서 대단히 높은 수준이었다.[6] 1974년에 거의 47%의 생산직 노동자들이 중등교육을 이수했다. 한국 노동자들의 교육수준

그래프 2　경공업에 종사하는 제조업 노동자의 비율(%)

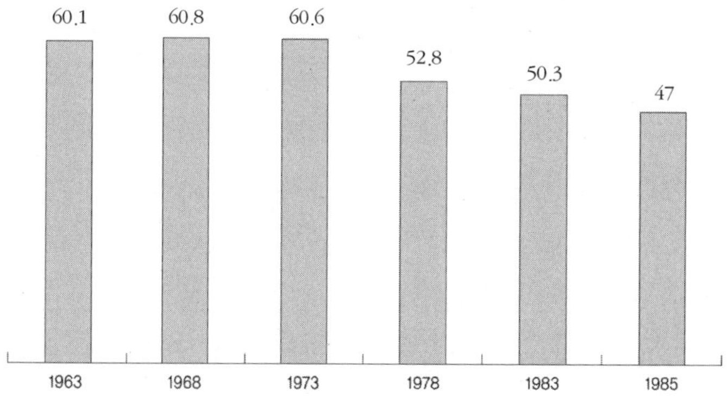

60.1　60.8　60.6　52.8　50.3　47

1963　1968　1973　1978　1983　1985

＊자료: 경제기획원『경제활동 인구연보』, 1972; 1985.

은 지속적으로 높아져서 1984년에는 69%의 생산직 노동자들이 중등교육을 이수했다(경제기획원 1974; 1984). 중화학공업 특히 대규모 재벌기업에 고용된 노동자들은 훨씬 더 학력이 높았다. 예를 들어, 1984년 기계산업에 종사하는 반숙련노동자의 59%와 숙련노동자의 90%가 고등학교를 마친 사람들이었다(김형기 1988, 355면).

농업 부문의 변화

다른 사회와 마찬가지로 한국의 초기 산업화단계는 필요한 노동력을 농촌지역의 잉여노동력에서 끌어왔다. 농촌의 빈곤으로 인한 노동력 유출과 도시 산업 부문의 노동력 유인이 복합적으로 작용해서 산업성장기 첫 기간 동안 농촌에서 도시로의 대규모 노동력이동을 야기하였다. 한 연구에 의하면, 1966~75년 사이에 약 510만명이 농촌에서 도시로 이주

6. 1982년 학령기(學齡期) 한국인 가운데 89%가 중학교에 다니고 있었다. 다른 나라의 통계를 보면, 브라질 39%, 멕시코 54%, 아르헨띠나 59%, 타이 29%, 필리핀 64%, 일본 92%, 미국 97%였다(World Bank 1985 참조).

표 2.6　농가구와 농촌인구의 감소

	농촌가구 (천호)	농촌가구비율 비율(%)	농촌인구 (천명)	농촌인구비율 비율(%)
1966	2,540	48.9	15,781	53.6
1970	2,483	42.4	14,422	44.7
1975	2,379	35.8	13,244	37.5
1980	2,155	27.0	10,827	28.4
1985	1,926	20.1	8,521	20.9
1990	1,745	15.4	6,459	15.1

* 자료: 농림수산부 『농림통계연보』; 『농업 센서스』, 각년도.

하였고, 1975~84년 사이에 또 590만명이 도시로 이주한 것으로 추정된다(이영기 1988).[7] 모두 합쳐서 약 1,100만명의 농촌인구가 수출주도형 산업화시기에 도시로 이주한 것인데, 이는 매년 4.7%의 농촌 인구가 농촌을 떠난 셈이 된다.

결과적으로 표 2.6에서 볼 수 있는 것처럼, 농가수는 급격하게 줄어들었다. 1967~87년 사이에 농가 총수는 2,587,000가구에서 1,871,000가구로 28% 줄어들었다. 이농인구의 꽤 많은 부분이 가족을 농촌에 남겨둔 단신이농자들이었기 때문에 실제 농가인구의 감소는 농가구통계가 보여주는 것보다 더 컸을 것이다. 예를 들어, 1975~85년의 10년 동안 농가구 수는 단지 19% 감소한 반면, 같은 기간 농촌인구는 36%나 감소하였다(이영기 1988). 이 기간 동안 평균 농가구 규모는 5.6명에서 4.4명으로 줄어들었다.

단신이농자의 대다수는 젊은 사람들이었고, 이농인구의 2/3가 30세 미만이었다. 결과적으로 농촌인구는 시간이 지날수록 현저하게 고령화되어서 1965년에 50세 이상의 농업종사자 비율은 18%에 불과하였으나,

---

7. 이동 규모에 관한 다른 연구는 약간 낮은 추정치를 보여준다(장상환 1988, 152면).

1985년에는 40%로 증가하였다(장상환 1988). 그리하여 1980년대 중반에 많은 농가는 한두명의 노인으로 이루어지게 되었고, 자녀들은 도시에서 거주하고 일하면서 가끔씩 고향의 부모를 찾아오는 상태였다. 1980년대 후반 농촌마을에서는 국경일 같은 때에 도시 어린이들이 부모와 함께 할머니 할아버지를 방문하는 경우를 제외하고는 어린이를 보는 일이 드물게 되었다. 농촌지역의 초등학교가 하나둘씩 폐교되었고 그렇지 않은 경우에도 극히 소수의 학생들로 유지되었다.

점차 농사일이 노인들의 몫이 되면서, 여성들이 농업노동에 참여하는 비율이 크게 증가하였다. 농업노동에 관한 노동통계는, 특히 여성 농업노동과 관련한 통계는 대체적으로 부정확하지만, 1965년에서 1985년 사이의 통계자료는 농업에서 여성의 경제활동 참가율이 38%에서 45%로 증가했다는 것을 보여준다(장상환 1988). 그리하여 한국의 경제발전이 여성노동력에 크게 의존했다는 증거는 명백하다. 여성노동력은 도시지역의 산업노동력의 수요를 충당했을 뿐만 아니라, 노동력이 줄어드는 농촌지역에서는 농사일을 담당하였기 때문이다.

이처럼 농촌에서 도시로 대규모의 인구를 이동하게 만든 핵심적인 기제는 정부의 농업정책이었다. 한국의 농업정책은 시기적으로 차이가 있다. 농민의 아들인 박정희는 초기에 대단히 친농업적인 태도를 지니고 있었고, 농민부채 탕감이나 농산물가격 안정 등 농민경제 개선을 위한 과감한 정책들을 실시했다(박진도 1988). 또한 1970년대 박정희정권은 '근면·자조·협동'을 통하여 농촌지역의 하부구조와 환경을 개선하고 농업생산성을 높이기 위해 새마을운동을 실시했다. 그러나 박정희정권의 농업정책의 기본적인 성격은 도시 임금노동자들의 식량비용을 줄이기 위하여 저곡가정책을 유지하는 것이었다. 1970년대 초의 몇년을 제외하고 농민들은 시장가격보다 훨씬 낮은 가격으로 쌀을 팔아야만 했다. 1960년대와 1970년대를 통하여 곡물가격은 시장가격의 85% 정도였다

표 2.7　경지 규모별 농업소득의 가계비 충족도(%)

	0.5 ha. 미만	0.5~1.0 ha.	1.0~1.5 ha.	1.5~2.0 ha.	2.0 ha. 이상	평균
1965	58.6	83.8	96.8	103.3	112.5	88.4
1974	78.4	114.8	135.4	159.1	159.3	124.4
1977	50.1	95.5	120.8	134.0	149.0	106.1
1981	41.9	84.7	105.7	114.8	130.7	92.5
1985	35.6	59.8	82.9	103.1	115.2	78.9

* 자료: 농림수산부『농가경제 조사결과 보고』, 각년도.

(정영일 1984).

한국의 농가경제 상태에 관한 통계는 산업화과정 동안 한국 농민들의 경제상황이 계속해서 악화되었음을 보여준다. 1970년대 중반 이후 점증하는 생산비용(비료 · 기계 등의 구입) 때문에 또는 소비재 가격의 상승과 교육비 지출의 증가로 빚을 진 농가구들이 계속 늘어났다.[8] 표 2.7에서 알 수 있듯이, 농가소득이 가구소비에서 차지하는 비중이 1970년대 초반부터 지속적으로 줄어들었다. 1974년 농촌가구 평균소득이 가구소비의 124%를 차지하였지만, 1981년에는 93%로 하락하였고, 1985년에는 더 하락하여 79%에 머물렀다. 1980년대에는 1헥타르 이하를 경작하는 농촌가구의 경우 농업소득은 농가의 생활비와 생산비의 절반에도 이르지 못했다. 단지 2헥타르 이상을 경작하는 농가만이 자급자족을 할 수 있는 소득을 농업에서 올렸다.

한국 농가의 소득이 낮은 중요한 이유는 농촌지역에서 농업 외 소득을 올릴 수 있는 기회가 부족했기 때문이었다. 즉 한국의 산업체들 거의 모

---

8. 1975년과 1986년 사이 농업 생산비용은 11배 증가한 반면, 농가수입은 6.3배 증가하였다. 이영기(1988), 197면 참조.

두가 도시지역에 위치했기 때문이었다.

1970년 농가소득의 1/4 정도가 농업 외 소득이었다(정영일 1984, 63면). 1983년 농업 외 소득의 비율은 1/3로 증가했지만, 농업 외 소득의 큰 부분(1983년 경우 농업 외 소득의 절반 정도)은 도시로 이주한 가족원이 보내주는 이전소득이 차지했다. 1980년대 농촌지역에서 비농업 부문 고용은 전체 농가구 수입의 아주 작은 부분(1983년 경우 14%)에 불과하였다. 따라서 한국 정부가 줄곧 국가의 주요 정책목표로 제시한 농촌산업화는 구호에 지나지 않았고 농촌경제를 개선하는 데 거의 역할을 하지 못했다는 것이 명백하다.

산업노동자들의 공간적 집중

계속되는 농촌경제의 하락과 농촌지역에서 농업 외 소득기회의 부재는 이농의 성격을 결정지었다. 다른 제3세계 국가들의 경우와 달리, 한국에서는 도시로 진출한 젊은이들이 도시에서 일자리를 찾은 후 다시 농촌으로 돌아오려 하지 않았다. 그들은 농촌에 살고 있는 부모들로부터 경제적인 지원을 받지도 않았다. 그들의 이주는 좋건 싫건 간에 농촌을 떠날 때 돌아올 의도나 돌아올 가능성이 없는 영구이농의 성격을 지녔다.

그러므로 도시의 공장노동자들은 농촌에서 왔건 도시에서 왔건 간에 임금노동에 완전하게 몸을 바친 산업노동력을 대표했다. 그들 가운데 아주 일부만을 개발도상국에서 흔히 발견되는 "반(半)프롤레타리아트"나 "파트타임 프롤레타리아트"로, 즉 농촌에 두고 온 가족과 밀접한 연계를 유지하면서 공장고용에 부분적으로만 얽매여 있는 사람들로 볼 수 있을 것이다.[9]

9. Gates 1979; Sen and Koo 1992; Shieh 1992; Wallerstein 1983.

지도1 한국의 공업단지

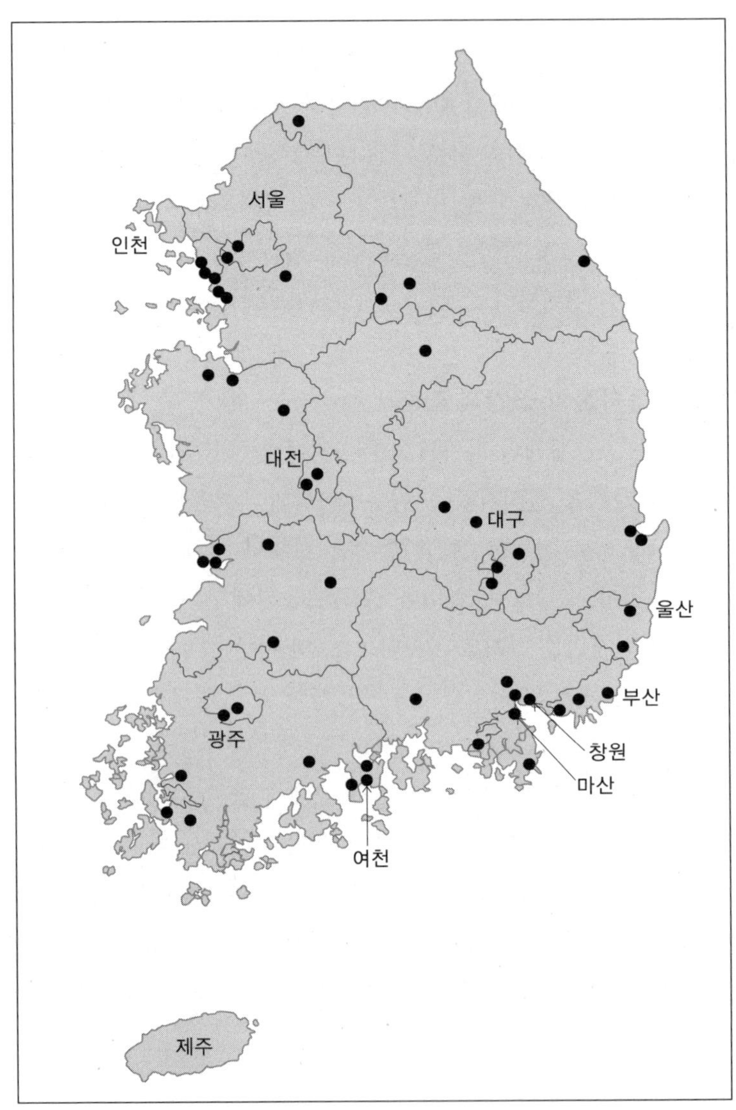

서울
인천
대전
대구
울산
부산
창원
마산
광주
여천
제주

이러한 점에서 한국의 프롤레타리아트화 유형은 타이완의 경우와 크게 다르다. 타이완에서는 지리적으로 분산된 산업화가 이루어져 농촌의 농업외적 소득기회가 컸고, 따라서 비교적 대규모의 파트타임 프롤레타리아트를 만들어냈다. 더욱이 수많은 소규모 가족형기업에 기반을 둔, 탈집중화된 타이완의 산업구조는 노동자들로 하여금 임금노동에서 자영업으로 쉽게 이동할 수 있게 했다. 그리하여, 타이완의 분산된 산업구조는 공장 임금노동에 대한 노동자들의 속박을 약화했다.

또한 한국에서는 이주노동자들의 출신 지역이 도시 프롤레타리아트 내에서 중요한 내적 분열을 야기하지 않았다. 예를 들어, 중국과는 달리 한국의 노동운동에서는 고향 정체성 혹은 "지역의 정치"가 별로 중요한 역할을 하지 않았다(Perry 1993).

한국 제조업에서는 지리적 집중이 대단히 뚜렷하게 나타났다. 산업개발이 농촌지역뿐만 아니라 중소도시에서도 이루어지지 않았고, 한반도 남서지역인 전라도와 동북지역인 강원도는 개발에서 완전히 소외되었다. 제조업의 대다수는 서울과 부산을 연결하는 축을 둘러싸고 대규모 도시지역에 위치해 있다(지도 1을 볼 것). 1984년 거의 과반수의 제조업 노동자들은 서울, 인천과 경기도의 주변도시를 포함하는 수도권에서 일했고, 다른 40%의 제조업 노동자들은 부산과 대구 두 도시를 포함하는 영남지역에서 일했다. 1970년대 중화학공업의 발달로 울산·마산·창원·구미·옥포 같은 새로운 산업도시가 영남지역을 중심으로 생겨났다. 이들 도시와 다른 지역에서도 제조업체 공장들은 대부분 산업지구 혹은 공업단지로 지정된 일부 지역에 집중되어 세워졌다. 예를 들어, 1980년대 중반 경인지역에 12개 공업단지가 있었고, 여기에 192,000명의 노동자가 고용되어 있었다(최창우 1987).

서울의 구로공단은 산업 집중의 대표적인 예이다. 구로공단은 거대도시 서울의 서남부에 위치한 작은 지역이다. 구로공단은 1970년대 초 주요 산업중심지의 하나로 발전하여 1984년 약 7만명의 노동자, 즉 서울 제조업 노동자의 1/3 정도가, 216개의 밀집된 공장에서 일했다. 자연스럽게 밀집된 공장조건이 기업간 노동력이동을 촉진했고 인근 공장에서 일하는 동료노동자들과의 접촉을 증대했다. 대다수 노동자들은 공장부근에서 작은 셋방을 얻어 살았고, 일부는 공장 기숙사에서 살았다. 1980년대 초에 시작된 연대투쟁을 가능하게 한 중요한 요인이 바로 구로공단에서 일하고 있는 노동자들 사이에서 발전된 긴밀한 사회적 네트워크였다.

결론

수출주도형 산업화전략에 바탕을 둔 한국의 급속한 경제성장은 두 가지 노동조건에 크게 덕을 보았다. 첫째는 양질의 풍부한 노동력 공급이었고, 둘째는 조직노동의 취약함이었다. 역사적 · 지정학적 사건들이 이런 상황을 만들어내는 데 중요한 역할을 했다. 한국의 노동운동은 일본의 식민지지배 기간 동안 그리고 식민지지배가 끝난 직후 활발하게 일어났다. 1940년대 후반의 노동운동은 1960~70년대보다 더 강력했고 또한 더 정치적인 성향을 띠었다. 그러나 이러한 강력한 좌파 노동운동은 파괴됐고 그 이후 노동배제적 발전궤적이 열렸다.

수출지향적 산업화과정에서 국가는 정치적인 수준에서나 작업장 수준에서 노동을 통제하는 데 지배적인 역할을 담당했다. 자본가들은 노동통제와 인력육성을 모두 국가에 의존했고, 성숙한 노사관계체제를 발전시키려는 노력을 전혀 하지 않았다. 산업화시기 한국의 노동통제체제를 국가조합주의 유형으로 간주할 수도 있지만, 실제로 한국의 노동통제유형은 유럽과 남미의 조합주의와 달리 노조에 대한 안보중심적 · 억압적 · 반조직적 접근에 크게 의존했다.

국가의 발전전략은 산업발전의 유형뿐 아니라 한국 산업체의 공간적·조직적 유형에 영향을 미쳤다. 노동계급 형성과 관련하여 한국의 산업화는 몇가지 중요한 특성을 보여주는데, 그것은 다음과 같다. 첫째는 산업화 속도의 신속함이다. 대규모의 이농을 수반하고 수백만명의 농촌 자녀들을 공업 임금노동자로 전환시킨 한국 산업화의 속도와 강도는 정말로 놀라운 것이었다.

두번째는 한국의 산업화가 농업부문을 희생시키고 도시중심으로 발달했다는 점이다. 도시에 편향된 산업화는 농촌에서 도시로의 노동력 이동을 가속화했고 농촌지역으로 되돌아갈 의도나 가능성이 없는 노동자들의 영구이농을 낳았다. 그리하여 새롭게 등장한 한국의 산업 프롤레타리아트는 대부분 산업 임금노동자로 여생을 보내게 된 사람들로 구성된 영구적인 산업노동자 계층에 해당하였다.

세번째 특성은 한국의 산업화 형태가 도시지역 내에서도 대단히 집중되었다는 점이다. 한국 제조업 활동은 몇개의 주요 도시에 집중되었고, 또 특정 도시 내에서도 몇개의 산업지역이나 공업단지에 집중되었다. 동시에 대다수 한국의 산업노동자들은 소규모의 가족기업이 아니라 대규모 기업체에 고용되었다. 이러한 한국 프롤레타리아트화의 지리적·조직적 집중형태는 노동계급의 지역공동체 발달과 기업체 울타리를 넘어선 노동자들간의 긴밀한 네트워크 발달을 촉진했다. 더 나아가, 이러한 공간적·조직적 조건들은 한국의 산업노동자들이 계급정체성과 연대의식을 발전시키는 데 기여하였다.

마지막으로 이러한 대규모 프롤레타리아트화로 등장한 한국의 노동계급은 인구학적 속성이나, 사회적 배경, 기술수준 면에서 대단히 높은 동질성을 나타냈다. 이것은 특히 노동집약적인 경공업에 종사하는 여성노동자들에서 더욱 그러하였다. 이들 노동자의 대다수는 가난한 농촌가정 출신의 젊은 여성들이었다. 또한 남성노동자들도 거의 대부분 농촌출신의 젊은이들이었다. 한국 수출산업의 포드주의적 대량생산체제는 또한 동일한 수준의 교육과 기술을 가진 반숙련노동자들을 생산해냈다. 이러한 산업노동력의 동질성은 한국경제의 산업고도화가 노동력의 내적 분화를 낳은 1980년대 중반까지 지속되었다.

이러한 한국 산업발전의 속성들은 한국의 노동계급이 하나의 결집된 계급으로서 형성되게 하는 중요한 구조적 조건을 제공했다. 계급형성이 구조적 조건의 단순한 산물은 분명히 아니지만, 한국 노동자들 사이에서 집합적 정체성과 계급의식이 비교적 빨리 발달한 것은 1960년대 이후 이렇게 빠른 속도로 그리고 대단히 집중된 형태로 산업화가 이루어진 데 크게 기인했다고 볼 수 있다.

> 사장님, 일이 너무 힘들어요. 작업장이 너무
> 추워요. 기계가 너무 빨리 돌아 다칠까 두
> 려워요. 감시하려고만 하지 말고 인간대접
> 을 해 주세요. 밥이 떡이네요. 잠 좀 자고 싶
> 어요. 일요일 날에는 쉬고 싶어요. 교회에
> 빠지지 않고 가고 싶어요. 책을 읽고 싶어
> 요. 먼지가 너무 많이 나요. 목에서 까만 핏
> 덩이가 나요. 팔이 떨어져 나갈 것처럼 힘
> 들어요. 신나 냄새 때문에 머리가 아파요.
> 발이 퉁퉁 부었어요. 못하겠어요. 쉬고 싶
> 어요. 쉬고 싶어요.
>
> (김경숙 외 1986, 183~84면)

손쉬운 적응

산업화 이전에서 산업화 이후로의 노동환경 전환은 작업장의 변화 이
상의 변화를 요구한다. 톰슨(E. P. Thompson)은 "노동환경 전환을 위해
서는 새로운 규율, 새로운 동기부여, 이러한 동기부여가 효과적으로 먹
혀들어가는 새로운 인간성격 등을 포함하는 작업습관의 근본적인 재구
성이 필요하다"고 쓰고 있다(Thompson 1967, 57면; Bendix 1956 참조). 초기
유럽과 미국 또는 일본의 산업가들이 공장노동자 첫 세대에게 새로운
작업습관을 심어주는 데 큰 어려움을 겪었던 데 반해, 전후 한국의 산업
가들은 그런 면에서 별로 어려움을 경험하지 못했다.[1]

---

1. 미국과 일본에서 산업노동자 첫세대가 경험한 적응문제에 대한 훌륭한 연구로는

한국에서는 1950년대 말에 이미 상당한 인구가 도시 임금노동의 경험을 가지고 있었다. 또한 한국전쟁 전후로 나타난 높은 지리적 이동과 사회적 혼란이 한국사람들의 사회적 정향(定向)을 변화시켰다. 그리하여 한국의 노동력은 1950년까지도 주로 농민이었지만, 그들은 전통적인 문화에 깊숙이 젖어 있는 단순한 전(前)산업적 노동력이 아니라 도시 생활양식에 상당히 익숙하고 적응력이 강하며 이동지향적인 노동력이었다.

더욱이, 두 가지 근대적인 제도가 한국의 산업노동력 형성에 큰 역할을 담당했다. 첫번째는 교육체제이다. 교육을 강조하는 유교문화의 유산과 이승만(李承晩)정권의 상당한 교육투자 덕택에 한국 인구의 평균적인 교육수준은 국제기준에서 볼 때 꽤 높은 편이었다. 그리하여 1960년대 초에 제조업 신규채용자들 모두가 실질적으로 초등학교 이상의 교육수준을 이수했다. 근대적인 서구의 교육제도가 산업노동자들을 준비시키는 가장 강력하고도 효과적인 기관임은 잘 알려진 사실인데, 노동자들은 학교에서 공식적인 권위에 대한 복종, 시간관념, 조직화된 작업일정과 지속적인 평가 등 관료적 환경 속에서 일하는 데 필요한 기본적인 행위습관을 배우게 된다.

두번째로 중요한 제도는 군대였는데, 한국의 모든 남성들은 법률에 의해서 군대에 복무해야 했다. 농촌에서 자라난 많은 남성들에게 군대복무는 최초로 근대적인 생활양식과 지속적으로 접할 수 있는 기회를 제공했다. 3년의 군대경험은 한국의 남성들이 엄격히 통제된 조직생활에 익숙해지도록 효과적인 사회화교육을 시켰다. 시간에 맞추어 하는 작업, 공식적인 권위에 대한 복종, 상사의 명령에 따르지 않았을 때에 뒤따르는 처벌과 심각하게 제한된 개인적 자유가 군대생활의 공통적인 요소들이다. 더욱이 엄격한 통제, 권위주의, 폭력 등의 요소는 1980년대 이전의

Gordon 1985; Gutman 1977; Tsurumi 1990 참조.

한국군대를 특히 강하게 지배했다. 그리하여 청년기의 오랜 군대생활은 한국 남성들이 그와 비슷한 형태로 통제되고 위계적인 산업조직에 익숙해지게 만드는 역할을 하였다.

그러나 아마도 한국 산업노동력 형성에서 앞의 두 가지 제도보다 더 중요한 것은 가족이라고 하겠다. 물론 가족은 근대적인 제도는 아니다. 또한 전통적이기만 한 제도도 아니다. 가족구조와 근대적인 작업조직이 반드시 모순되는 것은 아니다. 실제로 공장 내의 권위구조와 노사관계는 자주 가부장제적 가족구조를 반영하고 재생산했다. 다른 많은 신흥공업국처럼 한국에서도 자본가들은 의식적으로 기업에서 가부장제적인 권위관계를 재생산하고자 했고, 가족적 가치관에 호소해서 노동자들의 복종과 충성을 얻어내고자 했다.[2] 가부장제 이데올로기는 여성들을 저임금의 노동집약적 수출산업에서 가장 요구되는 노동력 유형인 순종적이고 복종적이며, 부지런하고 끈기있고 또한 노동자들의 시민권에 무감한 노동력으로 사회화하는 데 특히 중요한 역할을 했다. 그리하여 전통적인 가족체제는 수출산업을 위해서 바람직한 노동력이 생산되고 재생산되는 데 장애가 되기보다는 핵심적인 기제로 기능했다.

이러한 역사적·제도적 조건의 도움으로 한국 자본가들은 대규모 젊은 노동력을 농촌으로부터 확충하고 그들을 산업노동력으로 전환시키는 데 별 어려움을 겪지 않았다. 매년 수천명에 이르는 농촌의 자녀들이 공장으로 들어갔고 그들은 노동환경에 저항하거나 부적응의 문제를 보이지 않으면서 순조롭게 산업노동의 세계에 적응했다. 서구의 고용주들과는 달리, 한국의 고용주들은 피고용자의 규율 문제 혹은 전산업적인 작업습관에 대해서 불만을 보이지 않았다. 이와 마찬가지로 한국 노동자들은 장시간의 노동과 열악한 작업환경에 대해서 많은 글을 썼지만, 새

2. Heyzer 1988; Kung 1983; Lee Ching Kwan 1998; Salaff 1981; Wolf 1992.

로운 작업환경에 적응하는 어려움에 대해서는 거의 쓰지 않았다.[3] 대체로 한국의 프롤레타리아트화는 예외적으로 순탄하고 평화로운 과정이었다고 볼 수 있다.

공장에서의 장시간 노동과 힘든 일

한국 노동자들이 비교적 순조롭게 공장노동에 적응하긴 했으나, 그들이 공장에서 발견한 노동생활은 대단히 힘들고 비인간적인 것이었다. 힘든 일이 결코 새롭지 않은 사람들에게조차 공장노동의 강도와 시간은 기대했던 것 이상이었고, 너무 고통스러워 참기 힘들었다. 작업조건은 극단적으로 열악하고 위험했으며 작업관계는 대단히 권위주의적이고 위계적이었다.

한국의 제조업 노동시간은 극단적으로 길었고, 규제되지 않았다. 국제노동기구(ILO)가 만든 노동통계에 따르면, 한국은 1980년대 내내 세계에서 노동시간이 가장 긴 국가였다. 예를 들어, 1980년 제조업 주당 평균 노동시간은, 미국 39.7시간, 일본 38.8시간, 타이완 51시간인 것에 비해서, 한국은 53.1시간이었다(그래프 3 참조). 경제발전을 이룩하면서도 한국의 노동시간은 단축되지 않았고, 오히려 1980년대 말까지 노동시간은 꾸준히 증가하였다. 1970년 제조업 주당 평균 노동시간은 52.5시간이었는데 1980년에는 53.1시간으로 1986년에는 54.5시간으로 늘어났다. 노동시간은 1987년 노동자대투쟁 이후에야 비로소 줄어들기 시작했다.

비록 경공업의 노동시간이 중화학공업의 노동시간보다 약간 더 길었지만, 장시간 노동은 특정산업에 국한된 것이 아니었고 모든 산업에 공

---

3. 송효순은 공장생활의 첫날을 다음과 같이 그리고 있다. "나는 신기하기도 해서 시키는 대로 열심히 일했다. 그런대로 재미도 있었다. 열심히 일을 하다보면 퇴근시간인 6시가 금방 돌아오는 것만 같았다"(송효순 1982, 36면). 다른 노동자들도 비슷한 이야기를 쓰고 있다. 전점석(1985) 94면 참조.

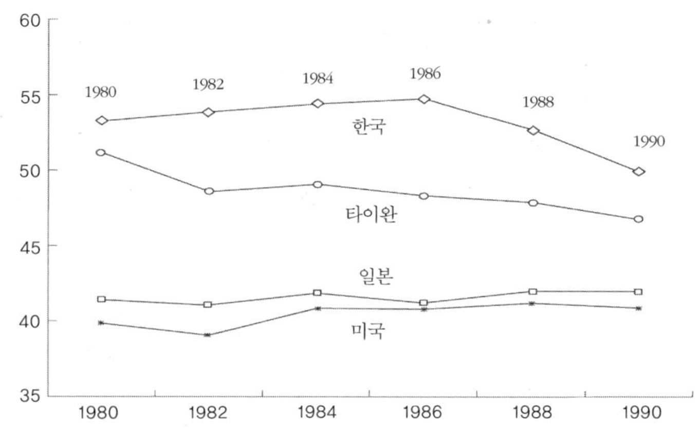

그래프 3 4개국 제조업 노동자의 주당 노동시간 비교

* 자료: 김형기(1988, 316면). ** 원자료: 노동부『매월 노동통계 조사보고서』, 각년도.

통적이었다(김형기 1988, 316면). 장시간 노동이 소규모 기업체에서만 흔한 것도 아니었다. 표 3.1이 보여주듯이, 노동시간은 기업규모에 관계없이 공통적으로 높았고, 차이가 있다면 대기업이 중소기업보다 오히려 약간 더 길었다는 것이다. 예를 들어, 1983년 현대자동차 반숙련노동자들의 정상적인 작업일정은 월요일부터 토요일까지 12시간 교대였고, 일요일에는 자주 초과노동을 해야 했다(Bae Kyuhan 1987, 23면). 남성과 여성 간의 주당 노동시간도 별로 차이가 없었다. 1978년 제조업 부문에서 평균 노동시간이 남성의 경우 53.2시간, 여성의 경우 52.7시간이었으나, 1980년에는 남성의 경우 52.8시간이었고, 여성의 경우는 53.5시간이었다(통계청 1991, 124~25면). 장시간 노동은 성·연령·산업·고용주형태·지위와 관계없이 한국의 모든 유형의 노동자들에게 공통적인 점이었다. 실제로 이런 노동통계는 한국 공장노동자들의 실제적인 노동시간, 특히 노동집약적인 제조업체에 고용된 노동자들의 실제 노동시간보다 낮게 측정하는 경향이 있다. 1970년대에 피복·섬유·음식가공 같은 노동집약적 부문에 종사하던 공장노동자들은 12시간 교대로 일했고, 또

표 3.1 기업규모와 성(性)에 따른 월간 제조업 노동시간

기업규모(직원수)	성	1977	1980	1984
10~29	전체	230.3	225.6	226.2
	남성	226.7	222.7	226.3
	여성	237.1	231.3	225.9
30~99	전체	235.4	236.8	244.5
	남성	233.5	235.7	241.4
	여성	237.7	238.0	248.4
100~299	전체	233.7	239.4	255.2
	남성	234.3	241.0	255.5
	여성	233.2	238.2	255.0
300~499	전체	–	233.6	253.1
	남성	–	232.7	258.1
	여성	–	234.5	249.1
500이상	전체	231.9	237.9	246.8
	남성	240.0	242.8	250.4
	여성	226.7	233.9	243.5

* 자료: 김형기(1988, 316면).
* 원자료: 노동부 『매월노동통계조사보고서』, 각년도.

급한 주문날짜를 맞추기 위하여 자주 초과노동을 강요당했다.

한국 공장에서 이루어진 노동착취의 잔인성은 1970년대 말부터 1980년대 중엽까지 씌어진 많은 노동자들의 일기 형태의 수기에 생생하게 묘사되어 있다. 이 수기들은 대부분 노동자야학에서 작문연습의 일부로 씌어졌거나 혹은 교회조직에서 이루어진 소집단활동의 일부로 씌어졌다.[4] 또한 이 기간 동안 노동자들이 쓴 시위문구나 진정서도 아주 유용한

---

4. 나는 이 연구에서 노동자수기를 광범위하게 사용한다. 이 수기들은 1970년대와 1980년대 초 일반 노동자들의 의식수준을 대변하지 않을 수도 있기 때문에 방법론적인 문제를 야기할 수 있다. 야학이나 교회가 후원하는 소집단활동에 참여하는 노동자들은

정보를 제공한다. 제1장에서 인용된, 식품가공업체의 끔찍한 노동조건에 관한 해태노동자들의 호소문을 다시 기억할 필요가 있다. 수출산업의 노동시간도 더 열악하지는 않았지만 비슷했다. 예를 들어, 프로스펙스라는 상표의 신발 수출제조업체로 잘 알려진 국제상사[5]의 노동조건은, 노동자 자신들의 말에 의하면 다음과 같다.

　　국제상사는 작업시간이 아침 7시 50분부터 저녁 6시 30분까지인데 이것은 형식상의 시간일 뿐이며 책임 작업량이라 하여 목표달성을 못하면 아침 조출과 연장근무가 허다하다. 철야만도 일주일에 2~5번 정도를 해야 하는데 가을에서 봄에 이르는 시기에는 월간 15회 이상의 철야를 강행하는 형편이다. 관리자들의 온갖 폭언도 가관이다. 하루에도 집합이 2~6번 정도 있는데 그럴때 마다 욕설과 잔소리를 들어야 한다. 어쩌다 몸이 아파 결근이라도 하게 되면 사무실에 불려가 폭행, 구타, 폭언등의 수모를 당한다. (『민주노동』[6] 제4호에 실린 글을 이태호 1986b, 125면에서 재인용)

한국 제조업자들이 공장노동자를 이렇게 장시간 일하게 만든 주요한

(이러한 활동에 참여하는 결과로서 또는 참여하기 이전에도) 일반 노동자들보다 교육에 대한 강한 열망을 가지고 있고, 사회적으로 더 의식적이라고 기대할 수 있다. 그러므로 그들의 수기는 일반 노동자들보다 더 높은 계급의식과 감수성을 반영할 수 있다. 이러한 이유로 나는 노동자 수기를 노동계급 전체의 계급정체성과 의식상태를 일반화하는 데 사용하려 하지 않는다. 그러나 하루의 일과와 작업조건을 묘사하고 관리사와 사회가 그들을 대우하는 방식에 대한 그들의 감정을 표현하는 데 있어서는 편견이 거의 없다고 믿는다. 나는 노동자들의 수기를 그들의 계급의식 수준을 평가하기 위해서가 아니라, 주로 그들의 경험을 들여다볼 목적으로 사용한다. 내가 그들의 계급감정의 표현을 인용할 때, 나의 관심은 계급적대의 정도나 강도보다는 담론 형태를 드러내는 데 있다.

5. 국제상사는 25,000명의 노동자를 고용하고 있는 국제그룹의 계열사였다.
6. 『민주노동』은 한국노동자복지협의회에서 발행하는 노동계 관련 소식지였다.

봉제공장에서 일하는 여성노동자들(중앙일보사 제공).

수단은 잔업이었다. 많은 공장에서 정상 근무시간(8~10시간)의 기본급이 너무 낮아서, 노동자들은 그들이 가져가는 임금을 높이기 위해서 어쩔 수 없이 잔업을 하였다. 1970년대와 1980년대 중반까지 제조업 육체노동자들은 임금의 1/5 정도를 잔업으로 벌었다(김형기 1988). 그러나 초과노동이 항상 정확하게 측정되고 그에 따른 추가임금을 제대로 지불받은 것은 아니기 때문에 이런 통계들은 거의 틀림없이 초과노동시간을 실제보다 적게 기록하였을 것이다. 실제로 이것이 1970~80년대 노동분규의 주된 이유 중의 하나였다. 한 예로 한국에서 가장 오래되고 가장 큰 의류업체 중 하나였던 경성방직 노동자들의 시위를 살펴보자. 1973년 경성방직 노동자들은 수년 동안 회사의 강요에 의해서 일한 추가 노동시간에 대한 임금지불을 요구하기 위해 조직적인 행동을 했다. 그들이 회사 사장에게 제출한 진정서는 다음과 같이 진술하고 있다.

1. 오래전부터 우리 근로자들은 출근시간 30분 전에 일을 시작하여 정시 퇴근보다 30분 더 일을 하도록 강요당하고 있습니다.

2. 휴일인 일요일에는 1시간 30분~2시간 일찍 출근하여 일을 하고 있습니다.

3. 토요일 밤 10시에 출근하여 철야작업을 한 후 아침 6시에 퇴근임에도 불구하고 7시까지 연장노동을 하고 있습니다.

이상과 같이 여러 시간 정상노동시간 이외의 근무를 함에도 불구하고 아직껏 한번도 잔업수당을 받아 보지 못했습니다. (한국기독교교회협의회 1984, 379~80면)

엄격히 말해서, 잔업은 자발적인 동시에 강제적이었다. 노동자의 관점에서 본다면, 특히 저임금산업에 종사하는 사람들에게 잔업은 임금을 높이기 위한 수단이 되었다. 많은 공장에서 노동자들은, 특히 불황기에는 잔업을 할당받기 위해 경쟁을 하기도 했다. 말할 필요도 없이, 이러한 상황은 십장(什長)에게 권력을 부여했고, 십장은 잔업 할당을 힘없는 노동자들을 통제하고 분할하기 위한 수단으로 사용했다. 노동자들은 잔업수당이 제대로 지불되고 육체적으로 견딜 수 있는 한 잔업을 환영하였다. 일부 노동자들은 잔업기회가 더 많은 공장을 선호하기조차 하였다.

그러나 잔업은 대개 자발적으로 이루어지지 않았고, 노동자들은 회사가 필요로 할 때 언제든지 잔업을 하도록 되어 있었다. 노동집약적인 부문에서 정규 교대와 잔업의 경계는 불분명했고, 잔업 할당과 수당은 십장의 자의적인 결정에 의존했다. 대부분 수출제조업체들에서 잔업량은 노동자들의 개인적인 바람이나 육체적 조건과 무관하게, 해외 구매자에 의해, 또는 하청기업의 경우, 모(母)기업의 주문량에 의해 결정되었다. 대부분의 공장에서 사용되는 잔업방식을 한 노동자는 잘 묘사했다.

계획성 없는 경영자들은 노동자의 수를 줄이고 늘이는 것을 쉽게 생각하고 또 실천에 옮긴다. 그들은 회사운영을 핑계로 감원은 시켜 놓고, 갑자기 주문이 쇄도할 때는 노동자들의 부담을 고려하지 않고 받아 놓는다. 결국 과도한 양의 생산은 노동자들에게는 채찍을 가해지는 계기가 된다. 이것이 잔업이라는 것이다. 적은 임금으로 생활하는 노동자는 어느 정도까지는 무리를 해서라도 잔업을 해서 수입을 늘이려는 것이 그들의 생리이다. 그러나 노동자는 기계가 아닌 인간이기 때문에 몸의 한계를 느끼는 것이다. (한국 기독교교회협의회 1984, 301면)

주문의 쇄도와 고용주의 욕심은 노동자들이 돈을 더 벌 수 있는 기회라기보다는 채찍으로 작용한다. 1970년대와 1980년대 초 많은 소규모 공장에서 잔업은 두세 시간 더 일하는 것이 아니라, 밤새고 일하는 것, 즉 24시간 계속해서 일하는 것을 의미했다. 한 노동자가 기록한 것처럼 "출하 날짜가 급하다고 3~4일 계속 철야작업을 시키는 일이 빈번하였으며, 여름날 30~40도를 오르내리는 현장에서 3~4일씩 곱배기 철야작업을 하고 나면 대여섯명이 집단으로 몸져 누울 수 밖에 없었는데, 몸이 아파도 돈이 없어 병원은 커녕 약도 한번 못사다 먹고 기숙사에 누워 천정만 쳐다 보고 있어야 했다"(이태호 1986b, 94면에서 재인용). 많은 소규모 공장에서 노동자들은 토요일 아침부터 일요일 아침까지 계속해서 일을 해야 했고, 그래서 일요일 하루를 잠으로 보내야 했다. 매주 쉬는 날이 없었다. 이런 가혹한 일정의 작업을 견디기 위해서 의류노동자들은 흔히 '타이밍'이라는 각성제를 복용했다. 한 의류공장 노동자는 "거진 현장사람들은 약을 안 먹는 사람이 없이 다 먹는다"고 쓰고 있다(이선영 · 김은숙 1985, 77면). 노동자들은 자신의 월급에서 각성제를 샀고 때때로 고용주가 각성제를 제공하기도 했다. 1970년대의 전형적인 회사인 방림방적에서 일하는 다른 노동자는 "3년 전 처음 입사했을 때에는, 타이밍 1알만 먹어도 졸음을 견뎌낼 수 있었으나, 지금에 와서는 2알로도 졸음을 견디기가 힘들다"고 호소했다(한국기독교교회협의회 1984, 552~53면).

재생산 문제

장시간의 고된 일, 잦은 밤샘작업과 일요일조차 쉬지 못하는 무휴일의 공장생활은 공장노동자들에게 여가시간을 주지 않았고, 가족이나 친지들을 만나볼 시간도 주지 않았다. 공장노동자가 된다는 것은 생계 유지에도 부족한 임금을 얻는 댓가로 사실상 자신의 생활 전부를 공장에 바치는 것을 의미했다. 그것은 노동자가 '인간다운 삶'을 희생하는 것을 의미했고, 근본적으로 사람을 기계나 농장의 동물처럼 만드는 것을 의미했다. 젖소는 적어도 밤에 잘 수가 있고 기계는 수리할 동안 쉴 수 있다는 점 때문에 공장노동자들은 자주 자신들을 젖소나 기계보다 더 못하다고 비유하곤 했다.

친구 중에 "밤에는 소도 쉬는데 우리는 철야로 일을 해야 한다"라고 말하는 것을 들었읍니다. 다 알다시피 우리는 하루 10~12시간은 보통 일하고 심지어는 철야까지도 밥 먹듯이 해야 합니다. 아침에 지친 몸을 간신히 일으켜 하루 종일 먼지 나고, 시끄럽고, 욕설이 난무하는 현장에서 시달리다 밤에 돌아오면, 축 늘어져서 닦을 기분도 밥 먹을 생각도 나지 않습니다. 매일매일 이런 생활을 반복해서 하다보니 '야! 기계보다도 못하구나' 하는 생각을 갖지 않을 수 없습니다. 이렇게 살다가 언제 쓰러질지도 모르겠구나! 하는 생각을 갖지 않을 수 없군요. (김경숙 외 1986, 154면)

하루에 10시간 내지 12시간을 공장에 바치고, 통근을 위해 혼잡한 버스에서 또 적지 않은 시간을 보내고 자주 초과 야간 교대작업을 해야 하는 노동자들은 그저 먹고 자는 일 이외에 다른 일을 할 시간이 없었다. 다른 노동자는 이렇게 썼다.

스물 네 시간 하루 중 깨어 있는 거의 대부분은 공장에서 보내야 했고, 나머지 시간의 밥을 먹는 일도, 양말 하나 빠는 것도, 하다못해 잠 자는 것조차도 모두가 내일 공장에 가기 위한 준비였다 (…) 우리들은 마치 돼지가 주인에게 자기 몸을 주기 위해 살찌우는 것과 같이, 일하기 위해 밥을 먹고 일하기 위해 잠을 잤다. (김경숙 외 1986, 43∼44면)

공장노동은 노동자들에게 여가시간을 주지 않을 뿐만 아니라, 휴식을 취하거나 자기유지에 필요한 최소한의 시간도 충분히 허락하지 않았다. 혹독한 공장노동은 너무나 큰 육체적 고통과 신체의 훼손을 가져왔으나 그 훼손을 치유할 시간은 충분하지 않았다. 이와 같이, 1987년 이전 한국의 공장노동에서 가장 잔인했던 점은 공장노동이 노동자들의 몸을 급속히 망가뜨린다는 것이었다. 한국 공장의 노동환경은 노동력 재생산에 필요한 최소한의 조건조차도 보장하지 못했다.

적어도 수출지향적 산업화 초기단계에서, 장시간 노동 못지않게 심각했던 한국 공장의 문제는 높은 산업재해율이었다. 표 3.2가 보여주듯이, 한국의 산업재해율은 초기산업화 시기부터 1980년대 중반까지 대단히 높았다. 예를 들어, 1978∼80년 동안 매년 126,250건의 산업재해가 발생했고, 127,641명의 노동자들이 피해를 입었다. 이 기간 동안 1,402명의 노동자들이 매년 작업장에서 사고로 죽었다. 다른 나라와 비교하면, 이러한 비율은 대단히 높은 수치였다. 1976년 한국의 산업재해율은 미국과 영국 산업재해율의 5배였고, 일본 산업재해율의 15배였다(한국여성유권자연맹 1980, 58면에서 재인용). 대부분의 산업재해는 노동자들의 부주의한 작업습관에 따른 결과가 아니라 노동자들이 위험한 작업환경에서 일하

표 3.2 산업재해율

연도	산업재해자수	사망자	사고건수	빈도율	사망률(만명당)
1970	37,752	639	35,389	15.5	8.2
1975	80,570	1,006	79,819	16.8	5.5
1980	113,375	1,273	112,111	11.1	3.4
1985	141,809	1,718	140,218	11.6	3.8
1990	132,896	2,236	126,966	6.7	3.0

* 빈도율=전체 사고건수/(연간 노동시간×총노동자수)×10,000
** 자료: 대한통계협회『한국의 사회지표』, 1991.

도록 강요당한 결과였다. 한국 제조업자들은 공장의 안전조치를 위한 투자를 거의 하지 않았다. 아마도 가장 악명 높은 사례는 울산의 현대중공업(현중)일 것이다. 조선소가 가동된 초기 3년간(1972~75) 2,000건 이상의 사고가 발생했으며, 이 사고들로 인해 83명의 조선공이 사망했다(한국기독교교회협의회 1984, 443면에서 재인용). 회사가 적절한 안전조치를 취했다면 많은 경우 이런 비극을 피할 수 있었을 것이다.

그뿐만이 아니라, 노동집약적 산업의 공장에서 일하는 그 자체가 장기적으로는 노동자들의 건강에 심각한 해를 끼치게 된다. 대부분의 공장노동자들은 기준치를 넘는 소음·먼지·열·가스 때문에 많은 직업병을 앓았다. 1975년 고려대학교 연구팀이 작업조건에 관한 조사를 실시한 결과 울산의 41개 제조업체의 250개 산업프로젝트 가운데 절반이 넘는 53.6%가 최저 안전기준을 위반했다는 것을 발견했다(한국기독교교회협의회 1984, 444면에서 재인용). 1977년 한국노총이 실시한 여성노동자들에 관한 다른 조사에서 '현재의 주된 걱정거리'에 관해 응답자의 35%가 건강과 관련된 문제라고 응답하여, 여성노동자들이 가장 걱정하는 것은 건강임을 보여주었다. 다른 걱정은 경제문제(30.6%), 직업안정(15.1%) 순이었다. 1983년 후속조사에서 응답자들이 가장 크게 걱정하는 문제는 경제적인 문제였지만(38.2%), 건강문제가 여전히 한국 여성노동자들이 걱정하는 주요한 문제라는 것(29.6%)이 다시 확인됐다(전년도가 불경기였기 때문에 경제문제가 가장 크게 대두되었던 것이다). 직업 안정(19.5%)도 3위를 차지했다.

조사에서 한국 여성노동자 세 명 가운데 한 명이 건강문제를 가장 주요한 관심사라고 응답한 사실은, 특히 응답자의 절대 다수가 17세에서 24세 사이의 젊은 여성들이라는 점을 감안하면, 한국에서 열악한 작업환경의 심각성을 보여준다. 가장 건강이 좋아야 할 연령기에 있던 이 여성들의 대부분이 가슴통증 · 소화불량 · 청각장애 · 시력감퇴 · 동상 · 피부질환 같은 건강문제로 고통받고 있었던 것이다. 직업과 관련된 질환이건 아니면 단지 휴식과 적절한 영양의 부족으로 인한 것이건 노동자들의 건강은 몇년간의 공장노동 이후에 급격히 악화되는 경향이 있었다. 한 고참 여성노동자가 어느날 어머니의 손에 끌려 공장에 오게 된 어린 여자를 만났을 때의 느낌을 적고 있다.

나이를 물어보니 15살. 어쩌면 내가 처음 직장생활했던 나이와 같다. 지금까지 16년, 그러나 남은 것은 무엇인가를 생각할 때 더욱 더 안스러워진다. 그 엄마는 몸이 아파서 어쩔 수 없이 어린 것을 공장에 넣어야 한다고 하시면서 근심에 찬 표정으로 말씀하셨다. 처음 직장에 발을 들여놓는 이 어린 것이 이곳 생활을 견디어 낼 수 있을까? 아무래도 어려울 것 같다는 생각이 든다. 어쩌면 아직 골병이 들지 않고 집에서 먹고 자고만 했으니까 영양이 남아서 우리보다 더 잘 견디어 낼 수도 있을 것도 같다만 해낼 수 있을 지 모르겠다. (김경숙 외 1986, 90~91면)

이런 노동자의 슬픈 글은 1960년대부터 1980년대까지 한국의 공장생활이 얼마나 잔인한 것이었는지를 보여주고 있다. 노동자들은 건강한 몸으로 공장에 들어가지만, 위험한 작업환경에서 하는 몇년간의 지독한 일은 노동자들의 몸을 급격히 망가뜨렸다. 몸이 점차 쇠약해질 뿐만 아니라, 노동자들은 자주 직업병을 얻거나 산업재해의 희생자가 되기도 했다. 그들이 공장을 떠날 때쯤에는, 그들의 젊음은 멀리 가버리고 공장생활에서 얻은 각종 질병을 가진 조로(早老)한 몸만 남게 된다. 노동자들은 흔히 "모든 기름이 우리의 몸에서 다 짜내졌을 때, 우리는 쓰레기같이 버려진다"고 한탄했다. 1970년대에서 1980년대까지 저임금의 노동집약적 산업 부문의 작업조건은 분명히 노동자들의 재생산을 위한 적절한 조건을 제공하지 못했다.

노동시장과 임금

그러면 왜 한국의 노동자들은 비인간적인 조건 하에서, 그렇게 많은 육체적 고통과 건강상의 피해를 겪어가면서까지 열심히 일을 했을까? 그들은 왜 장시간 잔업이라는 고용주의 부당한 요구에 순응했을까? 철야작업이나 일요일 근무를 거부할 수는 없었을까? 이론적으로 보면 그들은 모두 자유계약 임금노동자들이기 때문에 이런 것들을 거부할 수 있고, 또 간단히 사표를 던져버릴 수도 있었다. 실제로 많은 노동자들이 그렇게 했고, 그래서 한국 산업에서, 특히 경공업 부문에서는 직장 이직률(job turnover rate)이 대단히 높았다(표 3.3 참조). 예를 들어, 1980년 제조업의 월 이직률은 일본 1.2%, 타이완 3.4%, 미국 4.0%와 비교해서 훨씬 더 높은 5.6%였다(박덕제 1986). 이것은 한국의 평균적인 공장에서 거의 2/3의 노동력이 매년 교체된다는 것을 의미한다. 한국 산업에서 나타나는 높은 이직률은 대체로 낮은 임금과 열악한 노동조건 때문이었다.

그러나 1980년대 중반 이전의 한국 노동시장은 자주 일자리를 옮겨 경제적 조건을 개선하려는 노동자들에게 유리한 조건을 제공하지 않았다. 1980년대 초반까지 농촌지역의 대규모 잉여노동력이 수출품 제조산

표 3.3   입직률과 이직률

연도	전체 비농업		제조업	
	입직률	이직률	입직률	이직률
1975	4.40	3.70	5.20	4.40
1980	4.40	4.80	4.90	5.60
1985	3.70	3.90	4.30	4.50
1990	2.99	3.20	3.32	3.78

＊자료: 한국노동연구원 『분기별 노동동향』, 1994, 7권 3호.
＊원자료: 노동부 『매월노동통계조사보고서』, 각년도.

업에 새로운 노동력을 계속해서 공급했다. 수출주도형 산업화 초기 30년 동안 한국 노동시장의 성격에 대해서는 학자들간에 이견이 존재한다. 어떤 학자들은 노동력의 무제한적인 공급이 1970년대 중반에 종결되었다고 주장하고, 다른 학자들은 한국은 기술자와 숙련노동자를 제외하고는 1980년대 중반까지 노동력 부족을 겪지 않았다고 주장한다(Bai Moo-ki 1982; 송호근 1991, 85면). 그러나 공장노동자의 관점에서 보면 1960년대부터 1980년대까지 줄곧 취직이 힘든 상태였다. 1970년대와 1980년대 초 공장노동자들의 글을 보면, 노동자들이 가장 두려워하던 것이 해고이고 고용주가 노동자들을 위협할 때 즐겨 쓰던 말도 해고였다. 1970년대 중반 의류회사인 반도상사 노동자 보고서에 나타난 글을 보면 "그들의 목까지 차 있는 건의사항, 불만은 입밖에 내놓기가 무섭게 근로자에게는 사형선고와 같은 해고로 귀결지어진다. 이러한 사례는 과거나 현재나 마찬가지이다. 아마 모든 노동자들에게 해고의 위협이 없다면 폭발적으로 건의사항, 노동조건 개선투쟁이 속출할 것이다"(한국기독교교회협의회 1984, 301면). 1970년대 말과 1980년대 초 교회가 후원하는 노동자조직활동에 참여하는 노동자들을 위협하기 위해 관리자들은 자의적으로 노동자를 자주 해고했다. 이 시기에 수백명의 노조운동가들이 해고되었고, 공장 재취업이 금지되었으며, 그들의 복직문제는 1980년대 초 민주노조운동의 주된 과제였다.

반숙련노동자가 일자리를 구하는 것이 어려운 노동시장 조건에서, 고용주들은 노동조건을 개선하여 노동자들에게 동기를 부여하는 데 진지한 관심을 기울일 필요가 없었으며, 힘없는 노동자들은 경영자측에 대해 노사관계 개선을 위해 필요한 교섭력을 갖지 못했다. 자본과 노동 간의 권력 불균형은 1970~80년대 반숙련노동자들의 저임금과 직접적인 관계가 있다. 한국의 소득분배가 매우 양호한 것으로, 즉 한국이 급격한 경제성장과 균등한 분배의 대표적인 사례로서 경제학 문헌에 제시되고 있지만, 또 1980년대 이후 평균 임금인상률이 실제로 빠르게 상승했음에도 불구하고, 많은 한국 제조업 노동자들이 1970년대와 1980년대 초까지 생계유지수준 이하의 임금을 받은 것 또한 사실이다. 예를 들어, 1982년 한국 도시가구 월평균 지출은 248,977원이었고, 가구당 소득이 있는 사람은 평균 1.3명이었다(대한통계협회 1991, 90면). 그해 전체 제조업 종사자의 1/4 정도가 100,000원 이하의 월급을 받았다. 대략 8%의 남성노동자와 46%의 여성노동자들이 이런 범주에 속했다. 전체 제조업 노동자의 절반이 140,000원 이하의 월급을 받았고, 여기에 남성노동자의 22%, 여성노동자의 87%가 속했다. 한국노총의 계산에 따르면, 1970년대부터 1980년대 중반까지 제조업 평균임금은 생계비 수준의 50~60%에 불과하였다(지양사 편집부 1985, 53면).

한국 전체 임금분포에서 나타나는 양호한 모습과 대규모 저임금 노동자의 열악한 상황간에 커다란 격차가 생기는 이유는, 육체노동자와 비육체노동자, 남성노동자와 여성노동자, 교육수준이 다른 노동자들 사이에 존재하는 소득격차가 크기 때문이었다. 예를 들어, 1983년 제조업에 종사하는 육체노동자와 비육체노동자 간의 월평균소득은 각각 176,905원과 339,889원으로, 육체노동자는 비육체노동자 평균 임금의 52%에 해당하는 월급을 받았다(지양사 편집부 1985, 175면). 성별 소득격차는 더욱 컸다. 1980년 평균 여성 공장노동자는 평균 남성 공장노동자 월급의 42.9%를 받았다(95,692원 대 222,956원). 이 비율은 점차 개선되어 1985년 46.7%와 1990년 53.4%로 높아졌다(그래프 4 참조). 의심할 여지없이, 한국은 임금구조 면에서 성적 차별이 세계에서 가장 심한 사회중의 하나였다. 교육수준의 차이에 따른 임금격차도 이에 못지 않게 심각했다(그래프 5 참조). 1980년 중학교 이하를 마친 사람들과 고등학교를 마친 사람들은 각각 대학을 마친 사람들의 평균소득의 30%와 44% 정도의 소득을 받았다(대한통계협회 1991, 134면).

그리하여 1970~80년대 한국 노동자들의 평균 임금인상률이 놀랄 만큼 빨리 상승했음에도 불구하고, 그들이 임금과 소득분배에 대해 뿌리 깊은 불만을 가졌던 데는 충분한 이유가 있었다. 생계비 이하의 소득을 받던 노동자들의 대다수는 의류·섬유·신발·가죽제품과 식품가공업에 종사하는 여성들이었다. 그러나 또한 많은 남성들도 이런 산업과 다른 저임금산업에 고용되어 빈곤층 수준의 임금을 받고 있었다. 그리고 한국 노동자들이 경영자의 학대와 육체를 마모시키는 장시간의 잔업 부과에도 불구하고 무력한 상태에 머물러 있게 된 이유는 결국 저임금과 해고의 두려움이었다.

불리한 노동시장과 형편없는 임금 때문에 한국 노동자들의 공통적인 전략은 직장을 자주 바꾸는 것이었다. 1970~80년대의 경제성장으로 인해 새로운 일자리가 지속적으로 만들어지면서 노동시장은 대단히 유동적이었고 동적이었다. 이 시기 높은 이직률은 기업에 대한 노동자들의 헌신 부족을 보여주기도 하지만, 또한 고용주의 노동력에 대한 관심 부족을 보여주는 것이기도 하다. 이러한 상황은 1980년대 중반까지 지속된 비탄력적 노동시장 조건의 산물이라고 할 수 있다. 객관적으로 볼 때 흔히 한국 노동자들이 장시간 열심히 일한다는 칭찬이 많았지만 이것이 회사에 대한 노동자들의 높은 헌신을 반영하는 것이 아니라는 점은 분

그래프 4 남성노동자 대비 여성노동자의 임금수준

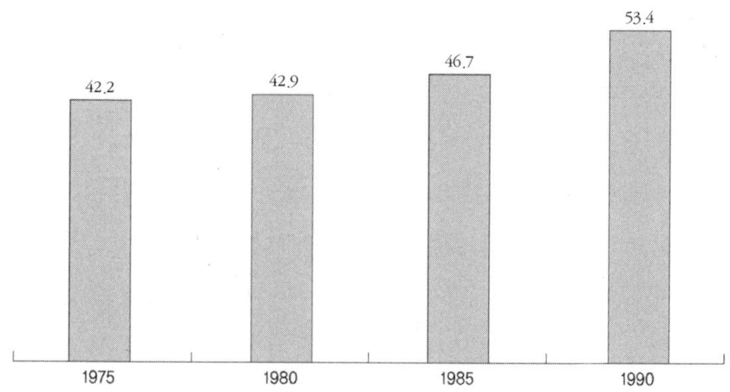

그래프 5 교육수준에 따른 임금 격차

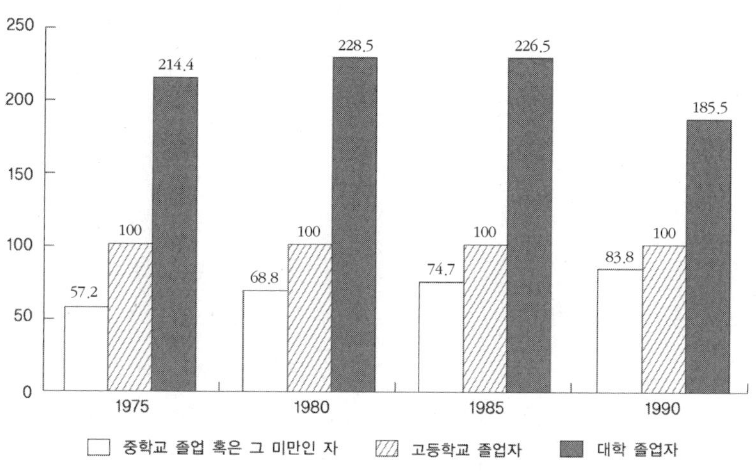

명하다. 로버트 코울(Robert Cole 1979)은 일본의 노동윤리 연구에서 일에 대한 헌신을 세 가지 형태로 구분하여 제시하는데, 회사와 관련된 헌신, 노동 그 자체와 관련된 헌신, 경제적 개선과 관련된 헌신이 그것이다. 그와 그의 동료 연구자들은 일본의 직업윤리를 노동자들의 회사에 대한 헌신 즉 "운명공동체"에 대한 소속감과 관련된 것으로 특징지었다(Abegglen 1958; Lincoln and Kalleberg 1990 참조). 그렇다면 한국 노동자들의 노동윤리는, 적어도 중소기업체에서 지배적인 노동윤리는, 일본의 노동윤리와는 질적으로 다른 것으로 보인다. 한국의 노동자들은 일본의 노동자들처럼, 어쩌면 그들보다 더 열심히 일했지만, 그것은 고용주나 일에 대한 헌신 때문이 아니라 주로 그들 자신의 경제적 지위를 개선하기 위한 욕구 때문이었다.

그러나 한국의 노동자들이 그렇게 열심히 일하면서 엄청난 고통과 학대를 참으려 한 것은 그들 자신을 위해서라기보다는 자기 가족을 위한 것이었다는 점을 인식하는 것이 중요하다. 노동자들이 권위구조에 복종하고 힘든 작업일정을 충실하게 수행하게 한 핵심적인 기제는 바로 가족이었다. 노동자들의 일기와 수기는 젊은 노동자들, 특히 여성노동자들이 강고한 가족윤리를 가지고 공장에 들어왔음을 잘 보여준다. 그들은 모두 가난한 가정에서 태어났고 으레 고향에 병든 부모와 부양해야 할 동생들이 있었다. 노동자 수기에는 노동자들을 농촌의 가족에 묶어두는 끈끈한 감정적 유대가 자주 표현된다. 한 노동자는 "너무 힘들고 괴로워서 야근을 하지 말까 생각하다가도 시골의 어머니와 동생들을 생각하면 내가 고생이 되더라도 참는 수밖에 없었다. 내가 열심히 일을 하면 동생들도 그만큼 열심히 공부를 하겠지 하고 위로를 하기도 했다"고 썼다(송효순 1982, 46면). 가족은 또한 힘든 일을 하는 데 힘과 인내의 원천이 되었다. "잠이 올 땐 몸져누워 계시는 아버지를 생각하고, 몸이 피곤해서 손이 느려지면 어린 동생들을 생각하면서 다시 두 주먹을 불끈 쥔다. 두 눈에는 빛이 난다"(김경숙 외 1986, 97면). 여기에서 우리는 한국 노동자들이 그렇게 열심히 일했던 진짜 요인은 강한 노동윤리나 일이나 회사에 대한 헌신이 아니라 깊이 새겨진 가족을 위한 자기희생의 윤리였음을 알 수 있다.

가부장제적 · 전제주의적 권위

1977년 한국노총이 전국 여성노동자들을 대상으로 실시한 설문조사는 흥미로운 결과를 보여준다. 이 조사보고서는 공장노동자들이 직장을 바꾸는 주된 이유가 임금이었다는 것을 확인해준다. 직장을 바꾼 사람들 가운데 46%가 임금이 너무 낮아서 직장을 떠났다고 대답했다. 다른 주된 이유는 관리자에 의한 비인간적 대우(12%), 공장폐쇄(10%), 일이 너무 힘들어서(9%) 등의 순서였다(한국노총 1978, 162면). 경제적인 요인이 분명히 중요한 것이었지만, 노동자들은 그에 못지않게 작업장에서 나타나는 노사관계의 질에 대해서 관심을 가졌다. 가장 이상적인 작업장에 대해서 기술하라는 질문을 받았을 때, 그들은 경제적인 요소보다 비경제적인 요소를 강조했다. 응답자의 48%가 인간적인 대접을 받는 직장을 언급하였으며, 응답자의 15%는 교육을 계속 받을 수 있는 직장을 꼽았고, 단지 응답자의 14%만이 높은 보수를 주는 직장이라고 대답했고, 11%는 미래 경력을 위해서 전망이 더 좋은 직업을 들었다.

한국 노동자들이 인간적인 대우를 그들이 이상적으로 생각하는 직장의 중요한 측면으로 간주했다는 사실은 1970년대 한국 기업에서 노사관계의 상태가 어떠했는지를 잘 말해준다. 인간적인 대접에 대한 절규는 여성인력이 지배적인 산업이나 소규모 사업체에 한정된 것은 아니었다. 그것은 한국의 산업화 초기단계에서 발견되는 일시적인 현상도 아니었다.

그렇다면 '인간적인 대접'은 무엇을 의미하는가? 물론 이것은 기계나 동물이 아니라 인간처럼 대접받는 것을 의미한다. 그리고 인간처럼 대접받는 존재는 최소한의 휴식과 여가시간을 필요로 하는, 사람으로서 존중받는 존재를 의미한다. 이것은 또한 자유롭고 자율적인 인간으로서, 그리고 다른 사람으로부터 최소한의 인간적 존엄을 인정받고 스스로를 존중할 수 있는 사람으로서 대접받는 것을 의미한다. 그러나 한국 공장생활의 실상은 자유롭고 자긍심을 가진 인간 존재로서 대접받고자 하는 노동자들의 기본적인 요구를 무참하게 짓밟는 것이었다.

한국 기업에서 노사관계의 중요한 특징은 육체노동자와 비육체노동자 간의 뚜렷한 구분이다. 비록 이러한 구분은 모든 사회에 존재하지만, 한국의 육체노동자와 사무직 노동자 사이의 지위 구분은 다른 사회보다 더 뚜렷하며, 심지어 똑같은 유교전통을 가지고 있는 다른 아시아 사회들과 비교해서도 그러하다. 예를 들어, 1985년 비육체노동 대비 육체노동의 임금비율은 한국이 55.6%, 일본이 67.4%, 타이완이 64.0%였다.[7]

육체노동자에 대한 한국의 이러한 임금차별은 육체노동과 비육체노동에 대한 사회의 깊은 편견을 반영했다. 한국의 문화적 전통은 전근대 사회에서 여러가지 형태의 비농업부문 육체노동을 노비가 담당했기 때문에, 또한 장인전통이 부재했기 때문에, 육체노동에 대한 경멸적인 태도를 깊이 간직하고 있다. 다른 사회의 경우 장인전통은 노동계급에게 좀더 존경할 만한 사회적 지위를 보장해주었다.[8] 한국의 수출주도형 산

---

7. 육체노동과 비육체노동의 임금격차는 1980년대 중반까지 컸지만, 그 이후 빠르게 줄어들어서 1990년대 중반에는 한국의 육체노동과 비육체노동의 임금격차가 일본이나 타이완보다 더 적어졌다. 이경희(1994)를 볼 것.
8. 조선시대(1392~1910)의 많은 장인 노동자들은 노비 출신이었고, 궁궐과 귀족이 소비하는 사치품 생산을 위해 정부에 의해서 고용되었다(송찬식 1973). 대조적으로 엘리자베스 페리(Elizabeth Perry)의 연구(Perry 1993)는 중국의 초기 노동운동에서 장인들이 중요한 역할을 했다는 것을 보여주고 있다.

업화 초기 20~30년 동안 공장노동은 비천하고 더럽고 무시받는 것으로 여겨졌다. 1970~80년대 공장노동자들은 공순이 혹은 공돌이라고 불렸다. 두 가지 명칭은 육체노동에 대한 사회의 경멸적인 태도를 보여주는 것으로, 노동자들에게 이전의 노비처럼 낮은 지위를 부여하는 것을 의미한다.

육체노동에 대한 사회의 이러한 경멸적 태도와 육체노동의 천한 지위는 자본주의 생산논리와 결합되어 노동자들에게 그렇게 많은 고통과 분노를 가져다주었고 그들이 말하는 비인간적인 대우의 토대가 되었다. 공장 안에서 노동자들은 끊임없이 관리자들이 소리치고 욕설을 해대고 야단치는 것을 겪어야만 했다. 그들은 자주 '무식한 것들'이라는 모욕적인 소리를 들어야 했고, 더 어린 기술자나 화이트칼라 노동자들로부터 반말을 듣기도 했다. 공장문을 들어서기 전에 노동자들은 저주스런 공장을 떠날 때까지 '자존심을 정문 밖에 버려두고' 들어가야 한다고 말했다.

한국 공장 내에서의 권위관계를 가장 잘 볼 수 있는 방법은 역시 많은 노동자들이 남겨놓은 통찰력 있는 글을 통해서이다. 그들이 다룬 지배적인 주제는 자연적으로 장시간의 힘든 노동과 일상적인 작업생활에서 경험하는 열악한 노사관계였다. 일상생활을 묘사한 노동자들의 수기는 고용주와 경영자가 행사하는 가부장적 권력과 이에 대한 자신들의 무력감과 분노를 생생하게 보여준다.

한 노동자가 그린 작은 공장에서의 하루 일과는 아마도 1970~80년대 한국 공장의 전형일 것이다.

오늘은 일찍 끝나려나! 나는 자꾸 시계만 본다. 그러나 시간이 흐를수록 작업은 끝날 줄을 모른다. 오늘도 철야하나 보다. 요즘 며칠동안 계속해서 철야만 한다. 우리 사장님은 퇴근할 무렵이면 항상 같은 말만 되풀이 하신다.

내가 여러분들을 철야시키는 건 여러분도 잘 되고 회사도 잘 되라고 하는 것이니 회사에 불평이나 불만이 있더라도 열심히 일하라. 젊었을 때 부지런히 돈을 벌어야 나중에 잘산다. (김경숙 외 1986, 144면)

노동자들의 동의도 필요없었고, 특별한 인쎈티브나 보상도 필요치 않았다. 고용주는 필요할 때 언제든지 노동자들에게 일을 시킬 수 있다고 믿었고, 노동자들이 육체적 조건이나 개인 사정과 관계없이 자신들의 요구에 따를 것으로 기대했다. 전통적인 가부장처럼, 고용주는 노동자들에게 절대적인 권력을 행사했고 노동자들에게서 완전한 복종과 충성을 기대했다.

한국 관리자들이 행사한 권력은, 특히 소규모기업에서는 온정주의적이라기보다는 전제적인 성격이 강했다. 한 여성이 피복공장에서의 권위양식에 대해서 묘사하였다. 정상적인 일과는 아침 8시 30분에 시작해서 저녁 8시 30분에 끝나는 것으로 되어 있었지만, 기숙사에 사는 노동자들은 저녁 8시 30분에 일을 끝낼 수 없었다. 어느날 한 노동자가 개인적인 일을 처리하기 위해서 저녁 8시 30분 퇴근을 특별히 요청했지만, 고용주로부터 차갑게 거절당했다. "야! 너만 볼 일이 있는 게 아니잖아. 저애들도 볼 일이 있을 거야. 알았어? 그러니 가서 빨리 뒷마무리나 다 해놓고 볼 일을 보든지 잠을 자든지 해"(이태호 1986b, 98면에서 재인용).

노동자들에 대한 전제적 통제는 업무와 노동시간에 한정된 것은 아니었다. 궁극적으로 노동자들에 대한 통제는 개인적 공간과 노동자의 몸에 대한 통제였다. 미셸 푸꼬(Michael Foucault) 개념(1979)의 사회 통제가 한국 공장체제에서 분명히 작동함을 볼 수 있다. 중소기업에서 일하든 대기업에서 일하든, 공장노동자들은 입는 옷에서부터 머리 모양, 개인적 관계 혹은 화장실 사용에 이르기까지 사적(私的)인 생활영역을 세세하게 통제당했다. 한국 공장노동자의 하루 일상에 관한 또다른 묘사가 있

다. 봉제공장의 노동자들은 정기적인 아침조회를 위해 집합했고, 거기에
서 차장은 "야, 니네들 앞으로 전화는 바꿔주지 않는다. 편지는 내 앞에
서 뜯어보고 내용을 읽은 다음 가지고 가도록 해라. 그 이유는 니네들이
설명을 안 해도 더 잘 알 것이다"라고 선언한다. 물론 노동자들은 그가
왜 그러는지 잘 알고 있었다. 노동자들을 기계처럼 쉬지 않고 일하게 만
들기 위해서였다. 노동자들이 여기저기서 수군대자, 차장은 "야! 누가 대
표로 말해봐"라고 소리쳤다. 그러나 아무도 일어나 이야기한 사람은 없
었다(이태호 1986b, 100면에서 재인용).

  이러한 전제적 권위는 주로 젊은 여공을 고용하고 있는 소규모 사업장
에서 더 쉽게 발견될 수 있었다. 그러나 규모가 크고 남성노동자들이 지
배적인 산업 부문의 권력관계도 이러한 형태에서 크게 벗어나지 않았다.
그곳에서 볼 수 있었던 것도 마찬가지로 권위주의적이고 가부장제적이
며 전제적인 산업권위였다. 피복과 방직업에서 일하는 여공과 다를 것
없이, 중화학공업의 남성노동자들도 고자세의 권위주의적 경영자들로
부터 경멸적인 대우를 받았다. 대부분의 대규모 제조업체에서 육체노동
자들은 공간적으로나 신분상으로 화이트칼라 노동자들과 뚜렷하게 격
리되었다. 그들은 다른 출입문을 사용하고, 식당에서도 다른 구역에서
밥을 먹고, 다른 식기를 사용했다. 회사 통근버스를 사용하는 특권은 화
이트칼라 노동자들에게만 국한되었고, 기계운전공은 나이를 불문하고
기술자나 경영자들과는 구분되는 옷을 입어야 했다. 노동자들의 개인적
공간과 신체에 대한 통제는 중소기업보다 대기업에서 오히려 더 심했다.
사적인 영역에 가해진 많은 제약들에 대한 노동자들의 축적된 분노가
1987년 여름에 폭발했다. 1987년 여름, 정치적 자유화가 노동자들에게
모처럼 공개적인 반항의 기회를 제공했다. 울산 현대그룹의 공장들에서
성난 노동자들이 경영전제주의에 반대해서 봉기했을 때, 그들의 최우선
요구사항 가운데 하나는 생산직 노동자에 대한 회사의 머리길이 규제를

폐지하라는 것이었다. 유사한 요구들이 대우(大宇)그룹과 다른 대규모 사업장 노동투쟁에서도 나타났다.

이와 관련해서 한국 산업체들이 군대조직을 본떠 만들어졌다는 점을 지적하는 것이 중요하다. 이러한 군대조직과 군대문화의 광범위한 영향력은 실로 지대한 것이었다. 물론 30여년 동안 국가 지배자가 군인 출신이었고, 많은 기업체의 최고경영자들이 군대에서 충원된 한국사회에서, 이것은 이해할 만한 현상이다. 또한 실제로 모든 조장과 감독들이 성인 사회화의 중요한 시기를 3년간의 의무적 군복무 기간 동안 경험하였다. 개발도상국가에서 군대는 가장 근대화되고 합리적인 조직을 대표하고, 그리하여 흔히 다른 사회조직의 모델이 되기도 한다. 그러므로 의식적으로 혹은 무의식적으로 한국의 기업가들은 기업을 군대조직처럼 권위주의적이고 위계적으로 조직하면서 군대의 조직구조와 권위모형을 채용했다.

실제로 산업조직과 군대조직 간의 유사성은 너무나 확연해서 연구자들은 국적과 연구대상이 되는 기업에 관계없이 두 조직체간의 유사점을 쉽게 발견하게 된다. 1983년 울산 현대공장에서 조사를 함께한 한국의 사회학자 배규한(裵圭漢)은 "내가 공장을 방문했을 때, 많은 것이 군대 복무기간의 내 경험을 연상시켰다"라고 말한다(Bae Kyuhan 1987, 37면). 그는 또한 다음과 같이 묘사하고 있다.

피고용자의 일상생활은 공장노동에 매여 있다. 노동자들은 회색 현대제복을 입고 하루 대부분을 공장에서 보낸다. 그들은 공장의 엄격한 규칙을 준수해야 한다. 예를 들어, 머리를 짧게 잘라야 한다. 그들의 지위는 왼쪽 주머니 위에 핀으로 달아논 명찰 모양에 의해서 드러난다. 그들은 큰 스피커에서 울려나오는 행진곡을 들으면서 아침 8시 20분 이전에 공장에 온다.

공장 정문에서 경비가 노동자들과 손님들의 출입을 통제한다. 노동자들은 2시간 일한 후 10분 휴식을 취한다. 그리고 12시에는 사원들의 직책에 따라 분리된 회사식당에서 점심을 먹는다. (Bae Kyuhan 1987, 37면)

미국의 인류학자인 로저 저넬리(Roger Janelli)도 10년 후 다른 대기업체를 묘사하면서 똑같은 관찰을 했다. 배규한과 같이 저넬리도 "한국의 회사에서 일하는 데 있어서 미국의 관료제나 한국의 촌락 또는 대학사회에 대한 나의 지식보다 군대경험이 여러모로 더 유용했다"고 말한다 (Janelli 1993, 226면). 그는 참여관찰을 통해서 군대조직을 빼닮은 조사대상 회사의 특성들을 훌륭하게 기술하고 있다.

각 부서의 게시판 위에는 그날 사무실 문을 잠그고 다음날 아침 문을 여는 담당 책임자 이름이 게시되어 있다. 복도 게시판에는 남성들 머리의 규정길이가 표시되어 있다. 여름 복장은 날씨와 관계없이 정해진 날짜부터 입는다. 태성 본부진의 매월 모임에서는 사장이 말하기 직전에 모두 일어나 머리를 숙여 인사를 하고, 힘찬 구령이 떨어지자 똑같이 쉬어자세를 한다. 국기에 대한 경례를 하는데 똑같은 모습으로 자리에서 일어나도록 명령을 받고 가슴에 손을 얹고 똑같이 내린다. 컴퓨터 씨스템에 관해서 소개를 하는 동안, 한 사람이 커다란 지휘봉을 오른쪽 어깨 위로 들고 있고, 가리킬 것이 없을 때는 차렷자세로 서 있다. 사가(社歌)는 4분의 4박자이다. 많은 부서의 과(課)들은 기능이나 제품라인 대신에 숫자에 의해서 지칭된다(예를 들어 2분대 3소대). (Janelli 1993, 225~26면)

또다른 미국 학자인 로버트 커르니(Robert Kearney)도 한국 기업의 군대식 경영방식을 강조하면서 이러한 현상은 놀랄 것이 못 된다고 한다. "사회의 많은 측면이 군대와 관련되어 있는 사회에서(혹은 대부분의 지도자들이 군인이었던 사회에서), 경제와 노사관계와 기업생활이 군대와 서로 무관할 수 있겠는가?"(Kearney 1991, 8면) 그가 지적하듯이, 군대조직이 산업조직에 미친 지배적인 영향력은 외형적인 수준에서 그치는 것이 아니라 더 깊숙이 침투하여 지배적인 권위관계와 조직문화 양식을 형성했다.

여기서 우리는 한국 군대조직이 비록 미국 군대조직을 모형으로 삼고 있지만, 이 조직체 문화의 특성은 두 가지 다른 강력한 역사적 요인들에 의해서 형성되었다는 점을 인식해야 한다. 하나는 일본군대의 유산인데, 많은 한국군 지휘관들이 식민지지배 기간 동안 일본군대에서 근무했다. 다른 하나는 한국전쟁의 영향으로, 한국전쟁 기간 동안 군대가 오늘날의 형태를 갖추었기 때문이다. 내 생각으로는 이 두 가지 역사적 요인들이 한국군을 미군에 비해서 뚜렷하게 더 권위주의적이고 통제적이며 폭력 지향적인 조직으로 만들었다. 개인들의 헌법적 권리에 대한 일상적인 무시, 비합리적인 요구와 힘든 규율의 강제, 상관의 명령에 대한 무조건적인 복종, 끊임없는 언어적·육체적 체벌 등은 한국 군조직의 뚜렷한 특징이라고 할 수 있다. 대체로 이와 똑같은 모습들이 한국 기업에서 재현되었다. 상사의 명령에 질문이나 변명을 하지 말고, "시키면 시키는 대로 하라"는 것이 군대조직과 기업체를 움직이는 지배적인 조직규범이었다.

이와 같이, 한국 산업권위의 지배적인 특징은 기술적 혹은 관료적이라기보다 전제적이고 개인적인 것이었다. 한국의 경영자들은 제대로 확립된 규칙이나 합리적 절차에 기초하여 권위를 행사하기보다는 자주 언어폭력과 신체적 폭력을 행사하면서 자의적이고 개인적인 방식으로 권력을 사용하는 경향이 있었다.[9] 거의 모든 한국의 기업체들이 개별 가족에

9. 디스페쉬 차크라바티(Dispesh Chakrabarty)는 20세기 초 인도에 평등과 개인주의라는 부르주아문화가 부재했다는 점과 인도에서 전자본주의적 관계의 존속이 노동투쟁의 양식과 노동조직에 영향을 미쳤다는 점을 강조하면서, 인도 노동계급에 대한 유사한 분석을 시도했다(Chakrabarty 1989). 이러한 점에서 후발 비서구사회들에서의 산

의해 소유되고 통제되었기 때문에, 이러한 권위구조는 더 촉진되었다. 기업의 창업주와 소유주로서 현대의 산업가부장들은 근대적인 관료주의 형태의 권위관계를 발전시키는 데 관심이 없었다. 가장 큰 규모의 기업에서조차 1980년대 초에 이르러서야 인사문제와 노사관계를 다루기 위해 전문화된 인사과(人事課)를 설치하였다는 것은 시사하는 바가 크다(송호근 1991, 116면). 분명히 한국의 산업가들은 눈부신 기업성장에 걸맞은 근대적인 노사관계체제를 발전시키는 데 대단히 느렸고 그러는 동안 한국의 산업노동자들은 작업현장에서 엄청난 육체적 · 상징적 학대를 받아야 했다.

결론

한국의 공장노동자들이 우리에게 남긴 많은 글을 통해서 우리는 그들이 초기 수출주도형 산업화기간 동안 얼마나 많은 육체적 · 심리적 고통을 겪었는가를 알 수 있었다. 비록 다른 나라에서도 초기 산업화단계에서 극심한 노동착취가 있었지만, 한국의 공장노동자들이 1970~80년대에 겪은 착취와 억압의 정도는 정말로 대단한 것이었다. 한국의 경우 작업현장에서 이루어진 노동착취와 학대는 여러 요소들에 의해서 강화되었다. 육체노동에 대한 멸시, 오랜 기간 동안 반숙련노동력의 무제한적인 공급, 가부장제 이데올로기의 힘, 기업조직에 스며든 군대식 기업문화, 그리고 무엇보다도 급속한 경제성장을 위하여 강력한 국가가 친자본적 · 반노동적 태도를 지속적으로 견지해온 한국의 정치 · 경제적 성격그 자체가 중요한 요소들이다. 이렇게 부정적인 역사적 · 문화적 · 정치적 요인들이 자본가들과의 관계에서 산업노동자들의 위치를 아주 약하게 만들었고, 오랜 기간 동안 한국 기업체에서 좀더 발전된 노사관계의

업적 권위는 초기 산업화에서 등장한 산업적 권위와 매우 다르다(Bendix 1956 참조).

발달을 가로막았다.

　큰 기업이건 작은 기업이건, 제조업체이건 판매업체이건 상관없이 한국 기업들에서 발견되는 지배적인 권위형태는 권위주의적이고 가부장제적인 것이었다. 한국의 산업가들과 경영자들은 합법성과 계약관계에 의거하여 권위를 행사한 것이 아니라, 대체로 문화적 전통에 기초하여 권위를 행사했다. 노동자들은 계약에 기초한 권리를 가진 노동력 판매자로서가 아니라 아동 혹은 과거의 하인처럼 인식되었다. 그러나 전통적인 가부장제적 권위와는 달리 한국 산업가부장의 권력은 상호의존 문화에 기초한 넓은 의미의 규범적 동의에 뿌리를 두고 있지 않았다. 전통적인 가부장들은 가구 구성원들에게 복종과 충성의 댓가로 보호와 보살핌을 제공해야 했지만, 이러한 상호적 관계는 대부분의 한국 산업체에서는 찾아보기 힘들었다. 노동자들은 관리자들에게 완전히 복종적이거나 공손해야 했지만, 경영자들은 노동자들에게 적절한 보호와 개인적인 관심을 제공하는 상호적인 의무에 얽매이지 않았다. 그리하여 한국산업에서 가부장적인 권위의 핵심은 온정주의적이라기보다는 전제적이었다고 보아야 한다. 비록 온정주의적인 수사(修辭)가 지속적으로 한국 기업들에서 사용되기는 했지만, 자본가나 정부가 이러한 말을 구체적으로 뒷받침할 만한 진지한 노력을 기울였다는 증거는 없다.

　1970년대 초부터 시작된 노동쟁의는 이 시기 대단히 착취적이고 부당한 산업생산체제에서 겪은 한국 노동자들의 경험에서 비롯한다. 노동자들의 좌절과 분노가 계속 커지는 동안, 그들은 이 불만을 표출하고 해결책을 찾을 수 있는 정당한 수단을 거부당했다. 노동통제를 유지하려는 국가의 지배적인 역할과 오랜 기간 지속된 유리한 노동시장의 조건 하에서 한국 고용주들은 직장에 만족하고 헌신할 수 있는 노동력을 만들어내야 할 특별한 필요를 느끼지 않았다. '가족 같은 공장체제'라는 허울 아래 분노로 가득 찬 노동력을 만들어내면서, 대단히 전제적이고 부당한 권위가 한국 산업체에서 행사되었다. 이후 전투적인 노동운동이 폭발하는 발판을 제공한 것은 바로 공장에서 축적된 노동자들의 쓰디쓴 경험이었다.

제4장 순교자, 여성노동자와 교회

1970년 11월 13일 서울 동부지역에 있는 의류상가지역인 평화시장에서 소규모 시위가 발생했다. 12명의 젊은 노동자들이 평화시장 피복노동자들의 작업조건 개선을 요구하는 구호를 외치고 있었다. 그들이 모인 직후 경찰과 시장경비원이 달려와서 시위를 해산시키고자 했다. 그러나 시위자들은 물러서지 않았다. 그들은 이 시위를 오랫동안 준비해왔고, 그들의 요구를 주장하기 위해 단호한 결심을 하였던 것이다. 이번이 그들의 첫번째 시위는 아니었다. 이전의 시위들은 그들의 요구대로 고용주들에게 작업조건 개선을 명령하겠다는 정부의 거짓 약속에 의해서 좌절되었다. 이 시위자들은 평화시장 봉제공장지역에서 일하는 12명의 젊은 재단사로 구성된 삼동회(三棟會)라는 작은 집단의 회원들이었다. 이 집단을 조직하고 또 시위를 조직한 사람은 22살의 젊은 재단사 전태일(全泰壹)이었다.

전태일은 의류상가지역의 열악한 노동조건에 대해 깊은 관심을 가지고 있었고, 약 2만명에 달하는 노동자들의 작업조건을 개선하기 위하여 많은 시간과 노력을 기울였다. 그는 의류상가지역 노동자들의 고통에 대한 관심을 호소하기 위해 노동청, 신문사, 대통령에게까지 탄원서를 보냈다. 당국에 평화시장의 비인간적인 작업환경에 대한 실증적 증거를 제시하기 위해 삼동회의 도움을 받아 설문조사까지 했으나, 그의 모든 노력은 허사가 되었다. 그의 탄원은 간단히 기각되고, 냉소를 받거나 허위 약속들을 받아냈을 뿐이었다. 결국 전태일은 극단적인 시위 이외에는 다른 방법이 없다는 비장한 결론에 다다랐다. 그는 11월 13일 시위를 준비하면서, 노동투쟁을 불러일으키기 위해 몰래 분신을 준비했다.

시장 경비대와 경찰의 경비망이 평화시장 일대를 삼엄하게 에워싼 가운데 전태일은 시장 입구의 골목으로 잠시 사라졌다. 그가 돌아왔을 때, 손에는 석유통이 들려 있었다. 갑자기 그는 자신의 몸에 석유를 뿌리고 불을 붙였다. 그의 몸은 즉시 화염으로 휩싸였다. 놀란 구경꾼들은 전태일이 불꽃 속에서 외치는 소리를 들었다. "근로기준법을 준수하라!" "우리는 기계가 아니다! 일요일은 쉬게 하라!" "노동자들을 혹사하지 말라!" 사람들은 그가 근로기준법 책자를 쥐고 있는 것을 보았다. 그 책자는 전태일이 수년 전 중고책방에서 발견하고 기뻐했던 책자였다. 왜냐하면 그는 노동관계법이 놀랍게도 양호한 노동조건과 노동자 임금을 규정하고 있음을 발견했기 때문이었다. 그는 열심히 노동법책을 읽었고 그 법에 희망을 걸었다. 정부당국이 고용주들로 하여금 근로기준법을 지키게 만들 것이라는 희망을 가지고 정부당국에 여러 통의 편지를 썼으나, 결국은 정부도 고용주도 이 법에 관심을 가지고 있지 않다는 것만을 깨달았다. 그의 동료들이 전태일의 몸에 붙은 불을 껐을 때, 그의 몸은 이미 검게 타버렸다. 의식이 거의 없는 상태에서 전태일은 동료들에게 "내 죽음을 헛되이 하지 말라!"고 호소했다. 그는 병원으로 옮겨졌고, 병원에서 그의 사랑하는 어머니, 이소선(李小仙)에게 마지막 말을 남겼다. "어머니…… 내가 못다 이룬 일을 어머니가 꼭 이루어 주십시오.” 그리고 마지막 숨을 쉬며, 다시 어머니에게 “어머니…… 배가…… 고파요”라고 말했다(전태일 1998, 20~21면).

여러 의미에서 전태일의 희생은 한국 노동계급 형성의 시작을 알리는 사건이었다. 그것은 수백만명의 노동자들, 그들의 가슴속에 저항과 반항의 정신을 심어주었고, 그때까지 집단적인 목표를 위해 노동자들을 고취하고 동원할 수 있는 성스러운 상징과 존경할 만한 전통이 없었던 한국의 노동계급에 강력한 상징을 제공했다. 이 사건은 또한 급속한 수출주도형 산업화과정이 만들어낸 노동문제가 산업영역에서 감추어진 상태로 남아 있는 것이 아니라 사회적 긴장과 갈등을 불러일으키는 폭발적인 요소가 된다는 사실도 보여주었다. 한국에서 산업노동자들이 사회적 갈등과 사회변혁의 핵심세력으로서 역사의 장에 들어선 것이다.

평화시장은 약 2만명의 젊은 노동자들이 고용되어 있는 그 중 약 90%가 14세에서 20세 사이의 여성노동자들이며, 의류판매점들과 소규모 봉제공장들이 뒤섞여 있는 4층 짜리 미로로 이루어진 작은 지역이었다. 노동자들은 햇빛이 들지 않고, 환기도 되지 않으며 천장이 1.2m 혹은 1.5m 이하인 비좁은 다락방에서 일했다. 하루 평균 14시간 일하도록 강요받았고, 한달 임금은 평균 3천원(1970년 기준) 미만이었다. 견습공이 전체 노동자의 반수 이상이었고, 그들의 임금은 정규미싱사의 1/5 수준(한달 3천원)에 불과했다. 견습공의 평균연령은 15세였으며, 저임금으로 그들은 제대로 먹지도 못했다(조영래 1991, 99~112면).

전태일은 이들 어린 여성견습공의 애처로운 상황에 대한 깊은 인간적 관심에서 투쟁을 시작했다. 어느날 그는 친구에게 다음과 같은 편지를 썼다. “보통 아침 출근은 8시 반 정도에 하네. 퇴근은 오후 10시부터 11시 반 사이일세. 어떤가, 너무 지루하다고 생각하지 않나. 여기에 문제가 있네. 시간을 따져보세. 하루에 몇 시간인가. 1日 14시간일세. 어떻게 어린 시다공들이 이런 장시간을 견뎌 내겠는가를"(전태일 1988, 122면). 그는 계속해서 "아무리 부한 환경에서 거부당한 사람들이지만 이 사람들도 체력에 한계가 있는 인간이 아닌가. 원섭아, 나는 재단사로써 이 사람들과 눈만 뜨면 같이 지내거던. 정말 여간 고역이 아니야. 이제 겨우 열 넷 살이 된 어린 아이가 아침부터 퇴근시간까지 그 힘에 겨운 작업량을 빨리 재(제) 시간에 못했(해)어 상관인 재봉사들에게 꾸중을 듣고, 점심시간이면 싸가지고 온 도시락을 코끼리가 비스케트를 먹는 정도의 양밖에 안될 거야"(123면). 그는 또한 사회의 불평등에 대해서 깊은 관심을 가지고 있었다. 그의 일기, 친구에게 보낸 편지, 그가 쓴 소설의 초고 모두는 그가 얼마나 나이 어린 공장여공들의 고통과 그를 둘러싼 사회적 불의에 괴로워했는지를 보여준다. "업주들은 한 끼 점심값에 2백 원을 쓰면서 어린 직공들은 하루 세 끼 밥값이 50원, 이건 인간으로서는 행할 수 없는 행위입니다(…) 왜 가장 청순하고 때묻지 않은 어린 소녀들이 때묻고 더러운 부한 자의 거름이 되어야 합니까? 사회의 현실입니까? 빈부의 법칙입니까?"(조영래 1991, 207면).

전태일을 저항하게 만든 끊임없는 노동착취와 엄청난 인간적 고통은 1970년대 제조업 부문의 노동집약적인 수출산업에서 계속 늘어나는 공장노동자들이 처한 지배적인 조건이었다. 그러나 고통받는 노동자들의 신음소리는 주류사회에 들리지 않았다. 1970년대 수출산업이 호황을 누리고 GNP와 생활수준이 급격하게 높아지면서, 수출주도형 산업화의 성공이 가시화되었다. 국가지도자들은 경제가 발전해나가는 데 만족하고 있었고, 경제성장의 속도를 높이는 데만 관심이 있었다. 노동자들의 불만과 저항은 단지 국가경제가 더 발전하면 해결될 수 있는 일시적인 방해물로만 취급되었다. 정치지도자들과 대다수 중간계층 사람들은 경제성장을 만들어내기 위해 공장 현장에서 어떤 일들이 벌어지고 있는지에 대해서 아무런 인식이 없었다.

전태일의 분신자살은 사회에 큰 충격을 던져주었다. 특히 지식인사회가 수출주도형 산업화의 어두운 면과 경제기적이라는 허울 아래 고통받고 있는 수백만명의 노동자들의 문제에 대해서 눈을 뜨는 계기가 되었다. 무엇보다도 그 사건은 학생들이 노동문제의 심각성을 인식하고 정치투쟁을 확대하여 경제정의 문제를 포괄해야 한다는 것을 인식하기 시작한 최초의 결정적인 계기가 되었다. 전태일의 장례식에 많은 학생들이 참석했고, 서울의 주요 대학에서 학생시위를 하거나 대학구내에서 전태일 추도식을 거행했다. 이와 같이 전태일의 비극적 죽음은 노동투쟁과 민주화를 위한 학생들의 정치투쟁 간에 핵심적인 연결고리를 제공했다.

그러나 조직적인 노동운동의 발전이 이루어지기에 1970년대는 아직 너무 이른 시기였다. 수출제조업 부문에 고용된 공장노동자수가 빠르게 증가했지만, 이들의 대부분은 시골에서 갓 올라온 신출내기 산업노동자들이었다. 그들은 새로운 노동환경에 적응하느라 정신이 없었으며, 노동의 어려움을 어느정도 당연한 것으로 여겼다. 착취와 학대가 극한 수준에 달했을 때, 노동자들의 누적된 고통과 분노가 격한 저항행위로 나타났고, 이 행위들은 자주 격렬하고 감정적이며 개인적인 행동으로 폭발했다. 전태일의 분신자살 이후 여러명의 다른 노동자들이 부당한 대우에 항의해서 자살을 기도했다. 실제로 분신자살 시도는 1970년대와 1980년대 한국 노동계급 투쟁에서 반복되었다(한국기독교교회협의회 1984, 85면). 때때로 노동자들은 밀린 임금이나 체불임금을 요구하기 위해, 혹은 관리자들의 육체적·언어적 학대를 규탄하기 위해 집단적으로 항의하기도 했다. 어떤 경우 항의하는 노동자들이 성난 군중으로 돌변하기도 했는데, 1974년 현대중공업의 조선소에서 3천여명의 노동자들이 회사가 새로운 하청체제를 도입하는 것에 격노해서 회사건물을 파괴하고 경영자들의 자동차와 회사기물을 불태운 사건이 그 좋은 예다. 그러나 이런 돌발적이고 개인주의적인 항의형태들은 그들이 기대한 회사의 변화를 가져오는 데는 별다른 효과가 없었다. 그러한 항의들은 일시적으로 대중의 동정만을 낳았고, 대부분 참여자들의 커다란 희생으로 끝을 맺었다.

자주노조를 위한 투쟁

그러나 노동자들이 점차 그들의 처지를 개선하기 위해서는 더 체계적이고 집단적인 노력이 중요하다는 것을 깨닫기 시작하면서, 1970년대 중반부터 또다른 흐름의 노동투쟁이 시작되었다. 경공업에 종사하고 있는 소수 선진그룹 노동자들의 의식 속에 서서히 노조의식이 형성되기 시작했고, 노동자들은 자주적으로 결성된 노동조합이 자신들의 처지를 개선할 수 있는 가장 효과적인 수단이라는 것을 인식하기 시작했다. 1970년대에 수출제조업 부문의 대다수 노동자들은 조직되지 않은 상태에 있었고, 노조가 있는 곳은 대부분 회사에 의해서 통제를 받고 있었다(Choi Jang Jip 1989, 146~72면; 조승혁 1988).

그러므로 1970년대에 시작된 노조조직 투쟁은 새로운 자주노조를 건설하거나 어용노조를 장악하여 진정으로 노동자를 대변하는 노조로 바꾸는 것을 목표로 하였다. 자주노조를 건설하기 위한 최초의 시도는 전태일이 노동계급운동을 위해서 자신을 희생시킨 바로 그곳에서 일어났다. 전태일의 분신 2주 후인 1970년 11월 27일 평화시장의 동료 노동자들은 이 지역에 고용돼 있는 2만명 이상의 봉제공장 노동자들을 대표하는 전국연합노동조합 청계피복지부라는 독자적 지역단위 노조를 결성했다.[1] 당시 전태일의 죽음으로 인해 대단히 동정적인 사회분위기가 조성되어 있었기 때문에 청계피복노조라는 자주적인 노조의 결성이 가능했다. 청계피복노조가 만들어졌을 때, 500여명의 적극적인 조합원이 가입했다. 노조지도부는 남성재단사로 구성되었지만, 이 산업지역의 특성상

---

1. 청계는 평화시장을 포괄하는 의류공장지역이다.

대부분의 일반조합원은 작은 봉제공장에서 일하는 여성노동자들이었다. 조직결성은 상대적으로 쉬웠지만, 노조의 길은 험난하고 고통스러운 것이었다. 청계피복노조는 끊임없이 감시를 받았고 노조지도자들은 위협과 구타를 당했을 뿐만 아니라 구속되기도 했다. 결국 청계피복노조는 1981년 강제로 폐쇄되었다. 그러나 전태일의 정신에서 태어난 청계피복노조원들은 1980년대 다시 노조를 세우기 위해 용기 있는 투쟁을 하면서 결코 압력과 협박에 굴하지 않았다. 여러모로 청계피복노조는 1970년대와 1980년대 중반까지 한국의 민주노조운동에서 지도적인 역할을 하였다. 전태일의 어머니 이소선은 아들의 마지막 유언에 따라서 상징적 지도자로서 또한 '모든 노동자들의 어머니'로서 청계피복노조 투쟁에서 내내 중요한 역할을 했다.

청계피복노조의 뒤를 이어 자주노조를 건설하기 위한 서너개의 주요한 투쟁이 1970년대에 발생하였다. 흥미롭게도 이런 노조건설 투쟁의 대다수는 여성들이 주도한 것이었다. 이 시기 잘 알려진 두 가지 사례는 1972년, 원풍모방과 동일방직이라는 두 개의 대규모 방직공장에서 일어났다. 두 공장의 여성노동자들은 회사노조를 장악하기 위해 쿠데타를 일으켰다. 원풍모방 노조활동가들은 1970년대 세워진 노조들 가운데 가장 강력한 노조를 건설하면서 자주노조의 모범적인 사례를 보여주었다. 회사와 남성이 지배하는 노조지도부와 서너차례 대결하면서 여성 노조활동가들은 1972년에 자신들의 후보(남성)를 노조대표로 선출하는 데 성공하였고, 부패한 노조 지도부를 추방하였다. 같은해 동일방직 여성노동자들도 노조선거에서 선거반란을 일으켜 최초의 여성 노조위원장과 여성 중심의 조합원 대의원팀을 선출하였다. 유사한 노조건설 투쟁이 1970년대 중반 반도상사 · 방림방적 · YH무역 · 동광섬유 · 크라운전자 · 시그네틱스(Signetics) · 콘트롤데이터(Control Data) 등 여성노동자가 다수인 경공업 사업장에서 발생했다.

교회와 민주노조운동

여성노동자들에 의해서 주도되었다는 점을 떠나서 노동운동의 초기 단계에서 가장 독특한 점은 노조활동가와 교회조직 간의 긴밀한 결합이었다. 거의 예외없이, 여성 노동운동가들은 진보적인 교회지도자들의 보호 아래 조직된 소그룹활동이나 노동자야학에 적극적으로 참여해왔던 사람들이다. 여기에서 그들은 노동조합의 중요성을 깨닫게 되고 노조를 조직하고 운영하는 방법에 대한 기본적인 교육을 받았다. 그리고 경영자 측으로부터 엄청난 보복적 억압을 불러일으키면서 투쟁이 시작될 때, 가장 적극적으로 참여하는 노동자들도 거의 예외없이 교회가 후원하는 의식화활동에 참여한 사람들이었다. 사전에 진보적인 교회조직들과 연계 없이 시작된 경우에도 노조투쟁이 진행되면서 노동활동가들은 때때로 교회조직들과 긴밀한 관계를 갖게 되곤 했다. 중소기업에 고용된 여성들이 주도한 1970년대 자주노조운동이 주로 수도권지역에서 일어났다는 사실은 이 지역에 노동지향적 교회활동이 집중되어 있었다는 점과 밀접하게 관련되어 있다.

두 교회조직이 1970년대 민주노조운동에서 핵심적인 역할을 담당했다. 가톨릭노동청년회(Jeunesse Ouvrière Chretienne, JOC)와 기독교집단인 도시산업선교회(Urban Industrial Missions, UIM)가 그 조직들이다. 두 조직은 모두 1950년대 말에 국제조직의 후원 아래 조직되었고, 1960년대 초에 노동자들을 대상으로 선교활동을 시작하였다.[2] 제2차 세계대전 당시 벨기에와 프랑스 노동사목의 사례에서 영감을 받아, 일단의 가톨릭, 침례교·장로교 성직자 들이 공장과 부두에서 일하는 사람들 속에서 목회를 시작하였다. 그들 가운데 일부는 공장에서 노동자로 일했고, 현장 경

---

2. Cho Hwa Soon 1988; Ogle 1990, 87면; 한국기독교교회협의회 1984, 94~107면.

험을 마친 후 '공장사목(司牧)'이 되었다. 도시산업선교회 목사들은 공업단지 부근에 교회를 세우고 그 지역의 노동자와 가난한 주민들을 위해서 헌신적으로 일했다.[3] 가톨릭노동청년회는 산업도시나 인근지역에서 청년들(노동자, 학생, 다른 가톨릭신자)을 모집하여 임금노동자들의 노동조건 개선을 돕기 위해 활동하였다. 1970년대 두 조직이 가장 활발하게 활동하면서 커다란 사회적 관심을 받았을 때, 그들의 활동은 주로 서울과 인천 주변 산업지역에 집중되었다. 그러나 가톨릭노동청년회의 활동지역은 조금 더 넓게 확산됐다.[4]

목사들은 처음에는 산업노동자와 고용주 들을 대상으로 기독교 복음을 전파하는 데 관심이 있었지만, 공장을 경험하면서 개인적인 영적 접근은 공허한 것이라는 사실과 공장노동자들의 조건 개선을 위해서는 노동자들의 집단적인 투쟁이 필요하다는 사실에 눈을 떴다. 그리하여 1960년대 말부터 가톨릭노동청년회와 도시산업선교회의 지도자들은 활동목표를 노동자들의 노조건설을 돕는 데 두었다. 그들은 노동법과 노조조직에 관한 교육프로그램을 운영하고, 산업노동자들의 사회의식을 높이기 위하여 다양한 문화활동과 사회활동을 후원하였다. 이러한 활동의 기본적인 목적은 현장의 자주노조운동을 이끌 수 있는 소규모의 핵심적인 노동운동가를 길러내는 일이었다(Cho Wha Soon 1988; Ogle 1990; 한국기독교교회협의회 1984).

노동자들의 연대와 계급의식 고취를 위해 교회가 후원한 가장 중요한 사업은 소그룹활동이었다. 근처 공장에서 선발된 6~8명의 노동자들은 샛별 · 소나무 · 청년클럽 · 승리 · 다이아몬드 · 소띠모임 등의 이름을

3. 이 시기 그 자신이 공장목사였던 죠지 오글(George Ogle)은 1960년대 공장과 부두에서 일했던 목사들의 수가 25명을 넘지 않았다고 보고했다(1990, 87면).
4. 1970년대 중반 가톨릭노동청년회는 전국적으로 수백명의 회원을 확보하고 있었다(한국기독교교회협의회 1984, 255면).

가진 소규모 비공식집단들을 결성했다. 회원들은 목사 혹은 교사들(대부분이 대학생들)의 지도 아래 정기적으로 만나서 다양한 레크리에이션 활동과 문화활동에 참여하였고 자신들의 공장생활과 현장의 문제들을 토론하였다. 이러한 그룹의 일부는 친구집단이나 레크리에이션집단 이상으로 발전하지 않았지만, 대부분의 소그룹들은 궁극적으로 노동자들이 더 예리한 계급인식을 얻고 노조의 중요성을 배우는 거점이 되었다. 1970년대 민주노조운동을 낳은 노조의식은 대개 소그룹활동의 산물이었다. 동일방직의 한 노동자가 쓴 것처럼, "이들 단체[도시산업선교회와 가톨릭노동청년회]가 실시한 소그룹운동과 교육프로그램은 같은 현장에서 일하는 노동자들 사이에 연대감을 형성하는 데 도움을 주었으며, 조합을 통해 노동자의 사회·경제적 지위를 향상시킬 수 있다는 새로운 의식각성을 촉발하였다"(동일방직복직투쟁위원회 1985, 33면). 이와 유사하게 원풍모방 노동자들도 "소모임 활동이란 노동조합을 강화하기 위한 수단이며 노동조합은 노동자들이 인간답게 살 수 있는 자유와 평등이 실현되는 사회를 건설하기 위해 없어서는 안될 필요한 조직이라는 사실을 인식하게 하는 것이다"라고 얘기했다(원풍모방해고노동자복직투쟁위원회 1988, 162~63면).

잘 알려진 원풍모방과 동일방직의 투쟁은 자주노조 건설을 위한 이 시기의 대표적인 투쟁이다. 원풍모방(서울에 위치) 여성노동자들은 '한국모방(원풍모방의 전신) 노조정상화 투쟁위원회'가 형성된 1972년에 투쟁을 시작하였다. 이러한 저항을 조직하는 데 핵심적인 역할을 담당한 사람들은 이전에 가톨릭교회와 밀접하게 결합되어 소그룹활동에 참여해온 여성노동자들이었다. 그들 중 일부는 '투사'가 되기 위해서 공개적인 선서를 했고, 향후 전개될 격렬한 투쟁을 위한 지도력을 제공했다. 그들의 첫번째 도전은 기존의 노조지도부를 새로운 지도부로 교체하는 일이었다. 여성노동자들은 1972년 노조 대의원 선거에서 은밀한 계획을 세위 놀랄 만한 승리를 거두었다. 선출된 42명의 현장대표 가운데 29명이 여성이었다. 그들은 또한 친경영적인 후보에 반대해서 자신들이 선택한 남성위원장(지동진)을 당선시키는 데 성공했다. 새로 탄생한 자주노조는 이듬해 엄청난 장애에 부딪혔지만, 두번째 노조위원장인 방용석(方鏞錫)의 지도력 아래 헌신적이고 단결력이 강한 노조간부들이 뭉쳐서 당시 한국에서 가장 강력하고 잘 조직된 노조를 건설하였다. 방용석은 1970년대 여성 중심의 노조운동에 참여한 용기있는 소수 남성 노동운동가 중의 한명이었다.[5] 원풍모방 노조는 1982년 전두환(全斗煥) 군사정권의 극심한 탄압과 남성노동자들과 여성노동자들을 이간시키는 회사측의 분열전략에 의해서 해체되었다.

원풍모방의 경우와 마찬가지로 동일방직(인천공장) 민주노조운동도 인천도시산업선교회에서 조화순(趙和順) 목사의 지도 아래 소그룹활동에 참여해온 일단의 여성노동자들에 의해서 주도되었다. 노동선교에 헌신한 여성 노동성직자인 조화순 목사는 1966년 동일방직에서 노동자로 잠시 일했었다. 1972년 동일방직의 소그룹 출신 여성노동자들은 은밀한 전략을 세워 한국 최초의 여성 노조위원장을 선출하는 데 성공하고 부패한 남성 노조대표진을 여성대표로 대체했다. 그 다음해 여성노조원과 남성노조원 사이에 극심한 투쟁이 일어났지만, 그럼에도 불구하고 여성들은 계속해서 세번 연이어 여성위원장을 선출하였다.

교회조직과 사전접촉이 없던 경우에도 민주노조운동가들은 투쟁과정에서 자주 교회조직이나 지식인집단에 도움을 청하게 되었다. 예를 들어, 1972년 크라운전자 노동자들이 노조를 조직하고 노동청에 노조인가

---

5. 1970년대, 여성들이 지배적인 기업인 삼원섬유에서 노조를 조직하기 위한 투쟁을 시작하고 주도한 남성노동자의 놀라운 이야기는 유동우(柳東佑, 1984) 참조. (방용석은 새천년민주당 국회의원을 거쳐 2002년 노동부장관이 되었다.—옮긴이)

신청서를 제출했을 때, 회사가 노동자들에게 압력을 가하여 많은 노동자들이 노조가입 신청을 철회하게 되고 노동청은 이것을 빌미로 크라운전자 노조의 설립승인을 거부했다. 노조건설 시도가 좌절되었을 뿐만 아니라, 노동자들은 노동청으로부터 매우 모욕적인 경고를 담은 통보를 받았다. "현 국가비상사태에서 법질서를 문란케 하고 사회적 혼란을 야기시키는 위법 내지 탈선행위를 자행함은 심히 유감된 처사로서 향후 유사한 사태가 재발되지 않도록 각별히 유의하기 바랍니다"(한국기독교교회협의회 1984, 159면). 이러한 장벽에 직면하여 크라운전자 노동자들은 외부에 도움을 청하기로 결정하였다. 그들은 도시산업선교회에 다음과 같은 편지를 썼다.

사회정의 실현과 산업평화를 위해서 수고하시고, 근로자의 권익옹호를 위해 불철주야 수고하시는 여러 목사님들과 신부님들께 감사를 드리며, 억울한 일을 당하고도 수많은 근로자가 공포에서 하소연할 곳조차 없는 이러한 비참한 상태에서 귀회에 협력을 요청합니다.

우리는 힘도 없고 권력도 없고 돈도 없습니다. 특히 우리 근로자의 단체인 노동조합을 조직하고서도 노동청과 회사로부터 사회를 혼란시키는 행위요, 불법적 행동이라는 이유로 거절당한 이 어처구니 없는 사실을 통찰하시사 우리도 대한의 백성이니 대한의 법이 정하는 대우를 받을수 있도록 적극 협력하여 주시기를 호소 합니다. (한국기독교교회협의회 1984, 159면)

그렇다면 노동자들은 왜 교회에 도움을 청했을까? 그 답은 간단하다. 노동자들이 다른 어느 곳에도 도움을 청할 수 없었기 때문이었다(한국기독교교회협의회 1984, 453면 참조). 한국노총 산하의 공식적인 노조들은 노동자들을 대표하는 본연의 임무를 포기했고, 유신독재체제 아래에서 국가의 조합주의적 노동통제 수단으로 전락했다.[6] 또한 근로기준법을 집행하도록 되어 있는 정부기관인 노동청은 노사분규를 방지하는 데 더 관심이 있었다. 다른 한편, 1970년대 공장노동자들은 극도로 열악한 작업장의 노동조건에 저항하기에는 너무 힘이 없었다. 그들은 외부의 도움을 필요로 했다. 결과적으로 산업노동자들은, 특히 많은 경공업의 중소기업체에서 일하는 여성들은, 경영측에 대응하기 위해 외부의 도움을 찾았고, 그들에게 동정적인 태도를 갖고 있던 두 집단, 즉 지식인과 기독교 교회조직을 발견했다(학생들은 1970년대 말까지 노동문제에 큰 관심을 기울이지 않았다). 노동문제에 대단히 동정적이지만 조직적으로 약한 지식인들과는 달리 교회조직은 국제적인 네트워크와 내부적인 조직구조 때문에 노동자들을 지원하기에 유리한 위치에 있었다. 더욱이 기독교의 국제적 위치 덕택에 교회조직들은 공산주의자로 몰아붙이는 국가의 이념공세로부터 지식인들이나 반체제인사들보다 비교적 더 안전했다. 비록 기독교 교회지도자들이 정보기관의 이념적 고발로부터 완전히 자유로운 것은 아니었지만—실제로 기독교 교회지도자들은 이념공세의 주된 표적이 되었고, 가톨릭노동청년회와 도시산업선교회의 많은 지도자들이 체포되어 고문당하고 수감되곤 하였다—그럼에도 불구하고 교회조직은 다른 집단보다 이념공세에 저항하기에 더 유리한 위치에 있었다. 진보적인 교회가 현장 노동운동에 적극적으로 개입함으로써 한국노총과 교회집단들 사이에 갈등이 커졌고, 교회집단들은 정부에 매수당한 공식 노조지도부를 신랄하게 비판하곤 했다.[7]

6. 그러나 한국노총이 항상 어용기관으로만 존재한 것은 아니었다. 한국노총 산하 일부 산별노조들은 1960년대와 1970년대 초 노동자들을 보호하기 위해서 일했고, 전국섬유노동조합의 보호하에 1970년대 일부 독립노조가 결성되었다. 그러나 1972년 유신 체제가 수립되고 나서 한국노총과 산별노조들은 정부의 꼭두각시 기관이 되었다(조승혁 1988).

7. 예를 들어, 진보적인 기독교지도자들의 모임인 '신구교노동문제공동협의회'는 1974년 한국노총을 격한 언어로 비판하는 성명서를 발표했다. "한국노총과 전국섬유노동조합

동일방직노조 투쟁

말할 필요도 없이, 1970년대 민주노조운동을 둘러싼 환경은 지극히 적대적이었다. 고용주는 자주노조를, 특히 외부조직과 연계된 것으로 의심받는 노조들을 인정하려 하지 않았고 모든 가능한 수단(괴롭힘, 위협, 매수, 정부가 통제하는 산별노조로부터의 도움)을 동원하여 자주노조의 설립이나 어용노조의 개혁시도를 막고자 했다. 노조결성을 막지 못했을 때, 회사측의 다음 전략은 독립노조를 어용노조로 바꾸는 것이었다. 이를 위해 흔히 사용한 방법은 여성중심의 민주노조를 파괴하기 위해 남성노동자들을 동원하는 것이었다. 그러므로 1970년대 민주노조운동은 남성노동자와 여성노동자 사이의 극렬한 투쟁으로 특징지어진다. 1970년대 서너 건의 중요한 노조투쟁 사례 가운데 가장 극적이고 전형적인 투쟁은 인천에 위치한 동일방직의 사례였다. 원풍모방·방림방적·동광섬유·삼원섬유·반도상사·크라운전자·시그네틱스·콘트롤데이터 같은, 여성이 지배적인 노동집약적 수출산업에서 일어난 투쟁들도 똑같이 중요하지만[8], 지면의 제약 때문에 나는 여기에서 동일방직 사례에만 초점을 맞춘다.[9]

은 노동자들의 기본권 보장을 위해 일하지 못할 바에는 즉각 해체하고 근로자를 착취하는 제2의 기구로 전락한 사실을 400만 근로자와 전국민 앞에 사죄하라!" 이에 대응해서 한국노총은 교회지도자들을 비난하는 성명서를 발표했다. "우리는 우리 노동단체에 침투하여 선량한 노동자들을 선동함으로써 건전한 노동운동의 방향을 흐리게 하고 조직의 분열과 노사간의 분규를 야기시키고 있는 지각없는 일부 종교인들의 맹성을 촉구하면서 만일 그들이 끝까지 그와 같은 행동을 계속할 때에는 우리의 조직력을 총동원하여 단호히 응징할 것을 전국의 60만 조직 노동자의 이름으로 경고한다"(원풍모방해고노동자복직투쟁위원회 1988, 97~98면).
8. 이들 기업체의 노조활동가들은 노조 조직화 투쟁에 관한 많은 기록을 출판하였는데, 가장 유용하고 찾아보기 쉬운 자료는 한국기독교교회협의회(1984)와 이태호(1986a)이다.

1970년대 말의 동일방직 노동자들(석정남 제공).

　이미 언급한 것처럼, 동일방직 노조지도부는 인천도시산업선교회의 소그룹활동에 참여해온 여성노동자들에 의해서 장악되었다. 그러나 민주노조의 길은 험난했다. 노조활동가들은 관리자에 의한 탄압, 푸대접과 매수 공세를 극복해야 했다. 그들은 초과작업을 부과받거나 가장 힘들고 더러운 자리로 배치되었으며, 성희롱을 당하기도 하고 아주 작은 잘못에도 심하게 욕을 먹었다. 또한 그들은 노조활동을 하지 않으면 승진을 시켜주고 추가보너스를 준다는 회사측 유혹을 물리쳐야 했다.

　이런 방법들은 동일방직 경영진이 노동자들이 노조에 참여하거나 도시산업선교회 소그룹활동에 참여하는 것을 막기 위해 사용한 예비적인

9. 이 설명은 Cho Hwa Soon 1988; 동일방직복직투쟁위원회 1985; 석정남 1984에 주로 근거하였다.

방법에 불과했다. 여성노동자들의 완강한 저항에 부딪치자 회사는 더욱더 부도덕한 전술을 사용하였다. 여성이 주축이 된 노조지도부를 파괴하고 노조를 다시 회사노조로 바꾸기 위해 그들은 남성노동자들을 동원했다. 1976년 7월 새로운 노조선거일이 결정되었을 때, 회사로부터 재정적 · 조직적 지원을 받는 일단의 남성노동자들은 현직 노조지도부를 밀어내기 위해 다른 남성노동자들을 매수하고, 수동적인 여성노동자에게 겁을 주어 여성지도부로부터 떨어뜨려놓으려 하였다. 이러한 남성노동자 집단의 지도자격인 고두영은 현직 노조위원장인 이영숙과 노조총무부장을 직권남용과 파업선동의 이유로 고발하여 구속시켰다. 7월 23일, 노조지도부와 23명의 여성대표를 불참시킨 상태에서 24명의 친경영대표들이 고두영을 새로운 노조위원장으로 선출하기 위해 급작스럽게 선거모임을 소집했다. 이런 사기(詐欺)선거가 진행되는 동안, 회사는 여성노동자들을 기숙사에 가두어 두고, 밖에서 출입문에 못을 박아버렸다. 그러나 성난 노동자들은 문을 부수고 깨진 창문으로 뛰쳐나와 노조강당으로 몰려들어갔다. 첫날 약 2백명의 노동자들이 농성파업에 참여하였다. 그 다음날에는 파업 참가자가 8백명으로 늘어났고, 공장 출입을 봉쇄당했기 때문에, 공장 밖에서도 3백명 이상의 노동자들이 파업에 참여했다. 회사는 전기와 수도를 끊고 화장실을 잠가버렸으며 음식물 반입을 막았다. 그럼에도 불구하고 노동자들은 동요하지 않고 파업을 계속하면서 구속된 노조위원장의 석방과 불법선거의 무효화를 주장하였다.

7월 25일 파업 3일째, 동일방직 노동자들은 세계노동운동 역사상 유례가 없는 놀랍고도 극적인 저항방식을 보여주었다. 그날 오후 수백명의 전투경찰이 공장 안으로 진입했다. 짙은 청색 복장을 하고 완전무장한 전투경찰의 모습은 위협적이었다(사진 참조). 일부 여성들은 무서워서 울음을 터뜨렸다. 전투경찰이 노동자들에게 다가오기 시작하자, 파업중인 여성들은 갑자기 옷을 벗기 시작했고, 거의 알몸의 상태에서 전투경찰

무시무시한 데모 진압경찰(사회사진연구소 1989, 155면).

앞에 섰다. 이들은 이 공포스러운 순간에 어느 노동자가 "벗고 있는 여자 몸엔 경찰 아니라 그 누구도 남자들은 손을 못 댄대"라고 다급하게 속삭인 소리를 듣고 이러한 행동을 했다고 보고했다(석정남 1984, 49면). 약 500~800명의 벗은 여성들은 놀란 경찰과 남성노동자들에 둘러싸여 서로를 껴안고 노조가를 불렀다. 그중 한사람이었던 석정남은 나중에 이 광경을 다음과 같이 수려한 문장으로 묘사하고 있다. "너무도 엄청난 폭력 앞에서 최후의 저항 수단으로 수치심도 두려움도 떨쳐 버린 돌발적인 행동이었다. 무장을 하고 방망이를 찬 기동대원들과 회사측 남자들에 의하여 완전 포위된 상태에서 알몸으로 꽁꽁 뭉쳤다. 강철인 듯 이보다 더 강하고 단단할 수 있을까? 누구 하나 감히 손을 댈 수가 없었다. 그것은 하나의 거대한 바위가 된 모습이요. 건드리기만 하면 터질 듯한 시한폭탄 같은 기세였기 때문이다"(1984, 49면). 이런 믿을 수 없는 광경에 직면해서 경찰들은 잠시 멍하니 서 있을 수밖에 없었다. 그러나 그 상황이 그리 오래가지는 않았다. 경찰들은 곧 여성들을 방망이로 때리고, 머리채를 잡아당기고, 땅으로 내던지고, 경찰차 안으로 집어던지면서 시위자들을 떼어놓기 시작했다. 경찰과 전투가 벌어지는 동안, 많은 여성들은 완전히 몸이 노출되었다. 그러나 후에 그들이 쓴 대로 그들은 아무런 부끄러움도 느끼지 않았다. 단지 분에 가득찬 눈물, 분노, 그리고 강한 동지애를 느낄 뿐이었다. 경찰이 72명의 여성들을 체포했지만, 200명의 다른 여성들이 벗은 몸으로 경찰차를 가로막았고, 일부는 맨발로 차를 쫓아 경찰서까지 갔다. 여러명의 여성이 심하게 상처를 입고 병원으로 실려갔고, 두명은 이후 정신질환에 걸렸다.

이러한 노동자들의 엄청난 희생은 곧바로 승리를 낳지는 않았지만, 적어도 회사에 매수된 남성노동자들이 노조를 장악하는 것을 막아냈다. 회사는 일반조합원들에게서 노조활동가를 분리하기 위한 다양한 분열전술을 계속 시도했고, 노조를 마비상태로 몰아넣으려 노력했다. 이러한 시도에 대항하기 위해, 노동자들은 전국단위 노동조합인 전국섬유노동조합(섬유노조)에 도움을 청했다. 그러나 놀랍게도 섬유노조는 못된 여우와 같은 짓을 했다. 섬유노조에서 파견한 대표는 회사측과 은밀한 교섭을 한 후에 노조측에게 화이트칼라 노동자들도 조합원으로 포함시킬 것을 조언하였다. 겉으로는 서로 싸우는 두 생산직 노동자집단을 화해시키기 위한 것이라지만, 실제로는 남성감독자들을 노조원으로 가입시켜 노조를 통제하려는 교묘한 술책이었다.

이런 일련의 사태를 겪으면서 노조지도부는 정부와 경영진측의 연합에 대항해서 싸우기에는 자신들이 너무 무력하다는 것을 뼈저리게 느끼게 되었다. 그들의 전략은 1970년대 노동자들이 공통적으로 택한 것이었다. 즉 경영진에게 압력을 가하기 위해 그들이 겪은 부당함을 사회에 널리 알리는 것이었다. 1977년 2월 동일방직 노동자들은 서울 도심 명동성당 문화쎈터에서 동일방직 사건을 폭로하기 위한 모임을 조직했다. 그들

은 그것을 '동일방직사건해부식'으로 이름붙이고 대중매체와 시민단체
들에게 초청장을 보냈다. 이 초청장에 후원단체로 기록된 단체는 도시산
업선교회(UIM)·가톨릭노동청년회(JOC)·교회여성연합회·한국기독
교교회협의회(KNCC)·한국천주교정의평화위원회(정평위) 등을 포함
한 12개 단체였다. 이 초청장에는 다음과 같은 글이 실려 있다.

> 사회의 냉대와 무시, 그리고 기업주의 채찍속에서도 사람답게 살아보려
> 고 울부짖는 우리 가난한 근로자들의 피맺힌 통곡을 들어주십시요 (…) 저
> 희는 인간답게 살고 싶으며 가난하고 무식하나마 정의와 민주주의를 노동
> 조합을 통해서 배웠읍니다. 양심을 지키고 불의에 굴복해서는 안됨을 알고
> 끝까지 싸우려는 저희가 잘못일까요?
> 현명하신 여러분의 판단이 듣고 싶읍니다. 힘찬 격려를 바랍니다. (동일방
> 직복직투쟁위원회 1985, 73~76면).

이번에는 노동자들의 승리였다. 예정된 해부식 이틀 전에 구속된 노조
지도자들이 석방됐고, 노동청은 회사에 새로운 노조위원장 선거를 지시
했다. 그리고 1977년 3월 31일 새로 실시된 선거에서 여성인 이총각(李總
角)이 위원장으로 선출되었다. 이것은 진정한 자주노조를 지키기 위해
힘들게 싸워온 여성노동자들의 짜릿한 승리였다. 그러나 이 승리를 오랫
동안 만끽할 수는 없었다. 반대세력이 노조지도부를 파괴하기 위한 공격
을 개시했고 회사는 모든 수단을 동원하여 노조에서 탈퇴하도록 노동자
들을 획책하면서 노조활동가들을 계속 탄압했다. 그리고 이러한 전술이
먹혀 들어가지 않자, 그들은 악랄하게도 노조지도부가 친공산주의 조직
의 앞잡이로 활동하고 있다고 이념적인 색칠을 하기 시작했다. 1978년 2
월 회사는 『도시산업선교회는 무엇을 노리나』라는 책자를 노동자들에게
배포하였다. 그 책자는 도시산업선교회를 종교단체라는 미명하에 국제

공산주의 조직으로부터 자금을 받아서 운영되는 조직이라고 주장했고, 이 선교회의 전형적인 활동방법은 분명히 공산주의 조직의 방법을 반영한 것이라고 주장했다. 1970년대 중반 이후 노동쟁의가 증대하면서, 국가는 노동지향적인 종교단체와 지식인에 대한 공격을 강화하기 시작했다. 노동자들을 도시산업선교회에 반대하도록 세뇌하는 동시에 친공산주의적 행동을 했다는 이유로 조화순 목사를 포함한 서너명의 도시산업선교회 사람들을 체포했다. 중앙정보부는 크리스찬아카데미와 고려대학교 노동문제연구소 사무실을 부수고 들어가서 서너명의 연구자들을 공산주의 이념을 전파한다는 명목으로 체포하였다. 이 두 단체는 1970년대에 노조활동가를 교육하고, 친노동적인 연구를 후원한 몇 안 되는 중요한 조직들이었다.

이러한 국가주도의 이념공세는 회사측에게 노조지도부를 공격하고 노동자들을 분열시킬 수 있는 편리한 구실을 제공해주었다. 회사에 매수된 남성노동자들과 몇몇 여성들은 자신들이 분란에 빠진 노조를 구할 사람들이며 자기들의 목표는 진정한 자주노조를 만드는 것이라고 주장했다. 1978년 친경영 남성노동자들을 대신해서 위원장에 입후보한 여성이 돌린 전단은 다음과 같이 묻고 있다. "자주적이고 주체적이며 현실적인 노동운동이 절실히 요청되는 이 시기에 왜 우리들 스스로가 해결을 못하고 불순한 외부세력에 의해 조종을 받아야 합니까?" 전단은 도시산업선교회가 노동자들 사이에 불신을 심고 작업장에서 불안을 야기하려고 노동자들을 부추기고 있다고 비난했다. "우리는 가난한 가정에서 태어났기에 남들처럼 배우지도 못했으며 공부할 시기에 돈을 벌기 위해 공장생활을 하고 있읍니다. 그러나 우리는 누구 못지않게 깨끗하고 아름다운 마음씨를 갖었다고 나는 생각합니다. 그런데 왜 도시산업선교회의 설교를 받으면 굶주린 이리와 같은 마음씨로 변할까요? (…) 도시산업선교회에서는 우리들에게 많은 노래를 가르쳐 주었읍니다. 참으로 신나는 노래지요. 그러나 노래가사의 구절구절을 잘 생각하고 음미하여 봅시다. 모두가 선동적이고 불순한 가사들 뿐입니다. 과연 저네들이 노리는 것이 무엇일까요?"(동일방직복직투쟁위원회 1985, 96~97면). 분명히 공산주의에 대한 탄압은 국가가 시민사회를 이념적으로 통제하기 위한 기제였을 뿐만 아니라 경영자들이 민주노조운동을 공격하기 위한 손쉬운 수단이기도 했다.

그러나 악랄한 이데올로기적 공세는 동일방직 노동자들을 노조활동가들로부터 분리하거나 외부 재야단체들 및 노조지도부와의 연결을 차단하는 데 아무런 가시적인 효과를 내지 못했다. 노조 가입률은 높은 상태로 유지되었고, 노동자들의 연대의식도 강했다. 회사의 이런 전략이 먹혀들어가지 않을 때, 스스로 독립노조의 보호자라고 자처한 사람들은 힘으로 노조를 파괴하려 하였다.

2월 21일, 노조집행부의 새로운 임원을 선출하는 선거가 실시되었다. 선거일 전에 기존 노조에 반대하는 집단은 선거일을 연기하고 자신들에게 유리하도록 선거절차를 바꾸려 하였다. 이러한 시도가 실패하자, 그들은 물리적으로 노동자들을 공격하기 시작했다. 2월 21일 이른 아침에 야간 교대 노동자들이 일을 마치고 기표소로 들어가자, 서너명의 남자들이 화장실 쪽에서 인분이 든 통을 가지고 뛰쳐나왔다. 이 남자들은 다른 여성 두명의 도움을 받아서 인분(人糞)을 여성노동자들에게 끼얹고, 여성노동자들의 얼굴과 심지어 브래지어 속에 인분을 문질렀다. 충격을 받은 여성들은 도와달라고 소리치며 도망가려 하였다. 그러나 아무도 그들을 도와주려 하지 않았다. 여성노동자들의 보고에 따르면 몇명의 경찰과 섬유노조에서 파견한 선거감시원들이 있었지만 개입하려 들지 않았다고 한다.[10]

10. 노동자들의 보고에 의하면, 여성들이 도움을 요청했을 때 경찰관 한 명이 "야! 이 쌍

이 충격적인 이야기가 퍼지자마자, 수백명의 성난 여성노동자들이 수십명의 남성노동자들에 의해 점거된 노조사무실 앞에 모였다. 여성들이 사무실을 다시 차지하려 했지만, 남성들의 육체적인 힘을 당해낼 수가 없었다. 남성노동자들은 섬유노조에서 보낸 무술훈련을 받은 서너명의 '행동대원들'에 의해서 보강되었다. 나중에 여성들은 그 행동대원들이 경찰이나 적대적인 남성노동자들보다 더 무서웠다고 말했다. 노조사무실 안에 있던 남성들은 '도시산업선교회를 몰아내자!' '외부세력 이총각 물러가라!' '때려잡자 조화순!' 등의 플래카드를 붙여놓고 있었다(조화순 목사가 도시산업선교회와 연계된 여성 노조활동가 배후의 주된 후원자 겸 선동자로 인식되었다).

왜 남성노동자들은 이렇게 행동했을까? 석정남(石正南)은 다음과 같이 쓰고 있다.

소위 반대파라 하는 남자 조합원들, 반대파가 되었을 때는 반대파가 되어야 했던 이유가 있어야 할 것이다. 현재의 집행부가 제 구실을 못한다든가, 지부장이 능력이 부족하다던가 하는 이유가 당연히 있어야 할텐데, 저들에겐 아무런 이유도 까닭도 없는 것이다. 그들에게는 아무런 꿈도 이상도 자기주장도 권리의식도 없었다. 회사에서 일도 안시키고 술도 주고 밥도 주고 교대로 잠도 재워주고 게다가 잘한다 잘한다 추켜세워 주기까지 하고, 정상적으로 일할 때보다 몸도 훨씬 편하니까 그저 저러고 있을 뿐이었다. (석정남 1984, 98면)

그러나 회사에 매수당했다는 것 이상의 더 깊은 이유가 있었다. 여성

년아! 가만있어, 이따가 말릴거야"라고 말하면서 요청을 거절했다(동일방직복직투쟁위원회 1985, 100면).

노조활동가들에게 동정적이었던 한 남성의 고백처럼, 남성들이 여성이 주도하는 노조지도부를 지지하지 않은 것은 "남자들의 자존심" 때문이었다(동일방직복직투쟁위원회 1985, 102면). 여성 노조지도부를 지지하는 몇 명의 남성들은 동료 남성노동자들에 의해서 배척당했고, 노조활동에서 물러나거나 결국은 여성노동자들의 믿음을 배반해야 했다. 분명히 뿌리 깊은 성차별 이데올로기가 주된 장애물이었다.[11]

이 즈음에 반민주노조위원장으로 악명 높은 김영태(金永泰)가 이끄는 섬유노조가 개입했다. 이른바 '원만한 해결'이라는 이름 아래 너무 많은 문제를 야기하기 때문에 일시적으로 동일방직 노조를 사고지부로 결정하고, 노조를 관리상태에 두기로 결정했다는 것이다. 노조활동가들의 상처에 소금을 문지른 셈이었다. 노조위원장인 이영숙과 다른 여성대표들이 이러한 제안을 거부했을 때, 섬유노조는 '반노동조합적 활동'을 했다는 이유로 이영숙과 다른 세명의 노조 간부들을 제명하였다. 노동자들은 격렬하게 저항했지만, 제명된 지도부를 구해낼 수는 없었다.

노동자투쟁의 외부화

동일방직의 노동자투쟁 사례에서 본 것처럼, 1970년대 여성노동자들에 의해서 주도된 민주노조운동은 가공할 국가와 자본의 연합된 탄압에도 불구하고 여성노동자들이 보여준 놀라운 저항정신으로 특징지을 수

11. 성차별 이데올로기는 성에 기초한 직장 내 조직형태에 의해 더욱 강화되었다. 남성노동자들은 보통 여성보다 권위와 책임이 있는 직책을 차지했고 따라서 회사에 좀더 충성하게 되는 경향이 있었다. 경공업 제조업체의 대다수 여성들이 승진가능성이 전혀 없는 반숙련노동자에 머물렀던 반면 남성노동자들은 반장으로 승진할 가능성이 있는 기술직 숙련노동자인 경우가 많았다. 그러므로 승진을 열망하는 남성노동자들에게 여성노동자들의 노조활동은 그들의 승진기회를 위협하는 행위로 여겨졌고 따라서 여성활동가들에 대한 그들의 성적 편견에는 깊은 적개심이 동반되곤 했다(동일방직복직투쟁위원회 1985, 45면 참조).

있다. 그러나 1970년대에 이러한 저항정신은 서울과 인천지역에 위치하고 있는 몇몇 공장에서만 발생했다. 이 시기 대다수 제조업노동자들은 복종적이고 수동적인 상태로 남아 있었고 노동의식 수준은 적극적인 조합원들 사이에서도 낮은 상태였다. 실제로 많은 노조활동가들은 노조를 어떻게 운영하는지도 몰랐다. (이 당시 크리스챤아카데미와 고려대학교 노동문제연구소가 노동조합에 관한 강의를 개설하여 현장 노조지도자들을 준비시키는 데 대단히 중요한 역할을 담당하였다.) 그러므로 민주노조운동 초기에 노동자들은 외부의 도움을 필요로 했고, 특히 유신시대를 거쳐 공식적인 노조가 정권에 완전히 흡수되었기 때문에 더욱 그러했다.

민주노조운동이 1970년대 중반 이후 강화되기 시작하면서 노동자들의 저항은 점차 외부화·정치화하기 시작했고, 그것이 국가로부터 더 심한 억압을 불러일으켰다. 국가의 입장에서 주된 문제는 노조와 재야정치집단 간의 연계가 커지는 것이었지만, 국가의 극단적인 억압적 노동정책은 역설적으로 노동자들을 산업영역에서 몰아내어 재야정치세력과 더 밀접한 관계를 맺게 하였다. 우리는 동일방직 노동자들의 계속되는 투쟁사에서 이런 흥미로운 역학(力學)을 볼 수 있다.

노조를 방어하려는 지속적인 투쟁에도 불구하고, 동일방직 노동자들은 그들이 힘들게 만든 노동조합이 회사와 섬유노조의 합작에 의해서 마비되는 것을 목도해야 했다. 동일방직 노조활동가들은 공장 밖에서 투쟁을 계속하기로 결정했다. 1978년 3월 10일, 76명의 동일방직 여성노동자들이 '근로자의 날'을 기념하기 위하여 국무총리와 각료를 포함한 정부 지도자들과 전국 노조지도자들이 모인 장충체육관으로 잠입하였다.[12] 기

---

12. 정부는 한국의 노동운동을 국제 노동운동과 분리시키기 위하여 의도적으로 5월 1일이 아닌 3월 10일을 '근로자의 날'로 정했다. 근로자라는 명칭에 대해서는 이 책 6장 206면을 참조할 것.

넘식이 텔레비전을 통하여 생중계되고 있었다. 한국노총 위원장이 연단에 서서 연설을 시작하려고 하자, 동일방직 노동자들이 돌연 일어서서 외쳤다. '동일방직문제를 해결하라!' '우리는 똥 먹고 살 수 없다!' '김영태는 물러가라!' 시위자들은 재빨리 플래카드를 펼치고 청중들에게 전단을 뿌렸다.

이 일이 일어난 지 몇분 동안 텔레비전 생방송이 중단되고 난입자들을 제거하기 위하여 경찰과 경비원이 돌진하였다. 시위자들은 심하게 구타당하고, 발길로 차이고, 길바닥에 내동댕이쳐지고, 경찰서로 끌려갔다. 불행하게도 이 시위는 노동자들에게 어떤 긍정적인 결과도 가져다주지 못했다. 동일방직 공장에서는 남자들이 노조사무실을 점거하고, 친공산주의 조직에 의해서 세뇌당하고 조종되는 '무식한 여자'들에 대한 규탄을 한층 강화했다.

조합원들은 다른 전략을 모색해야 했다. 며칠 후 41명의 노동자들이 인천에서 서울까지 80킬로미터를 이동해 명동성당에서 단식투쟁을 시작했다. 조화순 목사가 참여한 가운데 인천도시산업선교회 지하에서는 또다른 단식투쟁이 이루어졌다. 다른 많은 노동자들이 결근을 하거나 공장에서 태업을 함으로써 투쟁에 참여했다.

동일방직 노동자들이 명동성당에서 단식투쟁을 하기로 결정한 데는 분명히 전략적인 계산이 있었다. 그들의 문제를 공표하는 것에 더하여, 전국의 기독교지도자들이 도시산업선교회와 가톨릭노동청년회를, 또한 자기 자신들을 악의적인 이념 공세로부터 방어해주기를 희망했다. 이제 그들의 요구는 이전의 시위보다 더 확대되었다. '노동 3권 보장하라' '김영태 물러가라' '동일방직사건 해결하라' '종교탄압 중지하라'. 이런 전략은 이전의 전략보다 더 효과가 있었다. 동일방직 노동자들의 단식투쟁은 교회, 지식인과 학생들로부터 광범위한 지지를 불러일으켰다. '고통받는 동일방직 노동자를 위한 기도회'가 여러 교회에서 열렸고, 많은 교회지도자, 교수, 작가와 언론인들이 '동일방직사건 긴급대책위원회'를 조직하는 데 참여했다. 그러나 대중매체는 이 사건에 눈을 감았다. 외국 신문에서도 이 사건을 보도했지만, 한국의 신문·라디오·텔레비전은 이들의 단식투쟁에 대해서 일절 보도하지 않았다.

동일방직 노동자들의 9일간의 단식투쟁은 한국 기독교 최고지도자들이—김수환(金壽煥) 추기경, 강원룡(姜元龍) 목사(영향력 있는 기독교 지도자이자 크리스챤아카데미의 창설자), 김관석(金觀錫) 목사(한국기독교교회협의회 총무)—정부당국자와 만나 합의함으로써 끝났다. 동일방직의 모든 일은 2월 21일 (똥물사건) 이전의 상황으로 돌아가서 새로운 선거가 다시 치러질 것이고 회사는 시위자들을 처벌하지 않겠다는 구두약속이 합의의 주요 내용이었다.

시위자들은 승리감에 도취해서 교회가 제공한 전세버스를 타고 인천으로 돌아왔다. 그러나 다음날 그들이 인천에서 발견한 것은 약속한 것과는 정반대의 상황이었다. 노동자들과 기독교 최고지도자들이 정부에 우롱당한 것이었다. 시위자들은 노조로 되돌아가는 것을 금지당했을 뿐만 아니라 회사로부터 해고통지를 받았다. 노동청의 승인 아래, 동일방직은 서울과 인천에서 단식투쟁에 참여한 126명의 노동자들을 회사의 허가 없이 3일 이상 결근했고, 회사의 이미지를 나쁘게 했다는 이유로 해고했다.

이렇게 해서, 노동자들은 모든 것을 잃었다. 그들의 일자리, 힘들게 건설한 노조, 비겁하게 회사에 굴복한 많은 동료노동자들, 그리고 교회지도자들에 대한 신뢰감. 그러나 그들이 잃지 않은 것은 서로간에 다져진 강한 유대감과 다시 싸우려는 굳건한 의지였다. 동일방직 노동자들의 당면한 투쟁목표는 민주노조를 부활시키는 것보다도, 파업참가자들의 잃어버린 일자리를 다시 찾는 것이었고 그들은 이 투쟁을 공장 밖에서 꾸려야만 했다.

한편 1978년 3월 26일, 텔레비전과 라디오로 방송되는 장엄한 행사가 또다른 기습적 노동자 시위에 의하여 중단되었다. 그것은 서울 여의도광장에서 50만명이 참여한 가운데 열린 부활절예배였다. 예배 도중 6명의 여성이 무대 위로 뛰어올라와 마이크를 낚아채고, "똥 먹고 살 수 없다!" "노동3권 보장하라!" "동일방직 문제해결하라!" "방림방적 체불노임 지불하라!"고 외치자, 목사의 기도가 중단되었다(동일방직복직투쟁위원회 1985, 123면). 채 5분도 되지 않아서 그들은 경비원들에 의해 단상에서 쫓겨났다. 이 엄숙한 종교집회의 침입자들이 모두 동일방직 노동자들은 아니었다. 그들은 민주노조운동이 전개되면서 심한 탄압을 받았던 동일방직·원풍모방·방림방적·남영나이론·삼원섬유 등 다양한 섬유기업체에 속한 노동자들이었다. 이 여성들은 교회가 후원하는 활동을 통해서 만난 사이였는데 주류 기독교인들의 보수적인 안이함을 뒤흔들기 위해 매주 교회에서 설교되는 평화·사랑·자유가 공장에서 어떻게 여지없이 짓밟히고 있는지를 보여주기로 결정하였다. 그들은 또한 노동자들의 투쟁에 조금도 관심을 보이지 않는 언론매체에 분개하였다. 그들의 기습 시위는 한마디로 사회가 즐기는 풍요를 만들어내기 위해 밤낮으로 일하는 수백만명의 노동자들이 경험하는 엄청난 불의를 사회에 알리기 위해, 언론의 시선을 잡아보려는 필사적인 시도였다. 그러나 이 시위자들은 다시 한번 매체의 관심을 끄는 데 실패했다. 그나마 조금 보여준 매체의 보도는 노동자들의 폭력적인 행동에 초점이 맞추어져 있었고, 이 시위 배후에 외부세력이 있다는 것을 암시하는 내용이 대부분이었다.

일견 헛된 시도들로 보이는 이 시위들은 새롭게 등장하는 한국의 노동투쟁 형태, 즉 1980년대 주된 흐름이 된 기업간 연대투쟁을 예시했다는 점에서 의미가 있다. 성장하는 노동자의식과 노동자들과 민주세력 간의 긴밀한 연계, 그리고 정부의 억압적·배제적 노동통제가 상호작용하여 노동투쟁을 산업영역 밖으로 밀어냈고, 노동운동가들 사이의 긴밀한 연계를 촉진시켰다. 기업 울타리를 넘어서는 노조활동가들 사이의 연계는 1970년대 말 여성노동자들이 주도한 자주노조운동이 강화되고 정치화되면서 그리고 많은 노조활동가들이 해고되어 직장 밖에서 복직투쟁을 계속하면서 더 많이 생겨났다. 물론 긴밀한 기업간 연계를 촉진시킨 또 하나의 중요한 요인은 서울 근교 산업지역에 밀집되어 있는 공장들의 공간적 근접성이었다.

시간이 지남에 따라서 점차 동일방직의 해고노동자들은 고립된 복직투쟁을 해야 했다. 그들에게 가해지는 억압은 더욱 악랄해졌지만, 외부의 도움은 일시적이었다. 해고 10일 후, 섬유노조 위원장은 모든 지부노조와 방직·피복 공장관리자 들에게 공식서한을 보냈다. "외부세력의 지시를 받으며 작업장을 이탈하는 등의 소란행위로 회사로부터 해고 처리된 동일방직(인천) 종업원 명단을 송부하오니 업무에 참고하시기 바랍니다"(동일방직복직투쟁위원회 1985, 126면). 이 블랙리스트는 노동자들이 어디를 가든 따라다녔다. 다른 공장에서 일자리를 얻으려는 해고노동자들은 으레 면접에서 발각되어 채용을 거부당했다. 발각되지 않고 일자리를 얻은 사람들도 나중에 사실이 드러나면 강제로 떠나야 했다. 노동자들은 경영자들이 개인적으로는 그들을 반대하지 않지만, 정부의 지침 때문에 어쩔 수 없다고 말하는 소리를 자주 들었다(석정남 1984, 155면).

동일방직 노동자들은 수년 동안 투쟁을 계속하였다. 여러가지 점에서 동일방직 노동자들의 투쟁은 초기 민주노조 투쟁 못지않게 끈질긴 복직투쟁에서 그 가치가 나타났다고 볼 수 있다. 초기 투쟁이 진정한 노동자 위주의 노동조합을 만들어서 작업조건을 개선하기 위한 노력이었다면, 해고 이후의 활동은 단일 작업장 외부에서 이루어졌기 때문에 민주노조운동의 지하네트워크를 확대하는 데 기여했다. 그러므로 동일방직 투쟁은 노동운동과 학생 및 재야지식인의 민주화운동 간의 유대를 강화시키는 데 크게 기여했다. 노조운동가들을 산업영역에서 쫓아냄으로써 박정희정권은 실제로 그렇게 막고자 했던 반정부 정치운동과 점증하는 노동 운동 간의 동맹을 촉진시켰던 것이다.

YH무역 노동자투쟁

외부화와 정치화의 경향을 가장 잘 보여주는 1970년대 말 주요 노동투쟁은 YH무역 노동자들의 투쟁이다(이 설명은 주로 전 YH노동조합·한국노동자복지협의회 1984에 의거하였다). 1966년에 설립된 YH무역은 미국에 가발을 수출하는 주요 가발수출업체였다. 창업자인 장용호는 한국의 가발공장 경영을 처남에게 맡기고 1970년 미국으로 이민하여 또다른 무역회사를 설립했고, 새 경영자는 가발사업에 집중하는 대신 새로운 해운회사를 구입하기 위해 YH무역의 이윤을 빼돌렸다. 세번째 경영자도 전자회사(오리온전자)와 필름생산업체(새한칼라)를 사기 위해 돈을 빼돌렸다. 더욱이 1970년대에는 세계 가발시장이 쇠퇴했기 때문에, 지속적인 외부로의 자본유출은 YH무역을 재정적으로 고갈시켰다. 1976년에는 총피고용자 수가 4,000명에서 1,800명으로 줄었다. 1979년 3월 경영진은 공장폐쇄를 계획했고, 이는 1975년 자주노조로 출범한 YH무역노조의 강한 반발을 불러일으켰다.

공장폐쇄에 반대하는 일련의 농성시위가 뒤따랐다. 경영진과 노조 간의 갈등이 확대되자, 몇몇 외부조직들이 개입하기 시작했다. YH노조회의에 종교지도자들과 지식인뿐만 아니라 원풍모방·동일방직·콘트롤데이터·반도상사·동광섬유의 민주노조대표들이 참석했다. 발표된 공장폐쇄일이 다가옴에 따라 YH무역 노동자들의 파업도 강렬해졌다. 경찰이 요청을 받고 강제로 파업을 해산할 준비를 했다. 긴박한 경찰의 공격에 직면해서 노동자들은 투쟁을 계속하기 위해 파업장소를 변경하기로 결정했다. 그들이 선택한 장소는 놀랍게도 서울 시내에 있는, 야당인 신민당(新民黨)의 당사였다. 야당 당사에서 항의하기로 결정한 것은 몇몇 재야 기독교지식인들의 충고에 따른 것이었다고 한다. YH무역 노동자들의 보고서에 따르면, 그들은 이전에 도시산업선교회·가톨릭노동청년회와 아무런 연계가 없었지만, 파업중 외부지원단체들과 긴밀한 접촉을 갖게 됐다. 8월 8일 저녁, 서너명의 '기독 청년들'이 몰래 만나서 YH무역 노동자들의 시위를 위한 또다른 장소에 대해 논의했다. 그들은 조흥은행, 미국 대사관, 신민당 당사를 고려했지만, "신민당은 경제투쟁을 정치투쟁으로 비약시킬 수 있는 장소이므로 성공하든지 실패하든지 간에 사회전반에 커다란 파급효과를 가져올 것"이라고 결론지었다고 한다. 8월 9일 새벽, 이들은 기숙사를 방문해서 그들의 논의결과를 보고했다. "이들의 얘기를 듣고 난 조합임원들은 사태가 심상치 않음을 느끼고 제2의 농성장소를 다시 검토한 결과 국내외에 미칠 영향력과 쉽게 들어갈 수 있는 장소를 고려하여 신민당사로 결정을 지었다." 잘 알려진 세명의 재야 기독교 지식인들——고은(高銀) 시인, 문동환(文東煥) 목사, 이문영(李文永) 교수——이 신민당 당수인 김영삼(金泳三, 이후 한국의 대통령)을 만나서 도움을 요청했다(전 YH노동조합·한국노동자복지협의회 1984, 186~87면).

1979년 8월 9일 아침 187명의 YH무역 노동자들이 신민당사로 몰려들어가 건물 4층을 점거했다. 신민당사는 즉시 경찰에 의해서 포위되었고, 김영삼이 파업중인 노동자들에 대한 지지를 선언하자 긴장이 고조되었다. 파업노동자들과 경찰 사이의 대단히 감정적이고 긴장된 대치가 이튿날까지 계속되었다. 그러나 3일째인 9월 11일 새벽 약 1천명 정도의 전투경찰이 건물을 부수고 들어갔다. 그들은 창문을 깨고, 가구를 뒤집어엎고, 결사적으로 저항하는 YH무역 노동자들뿐만 아니라 신민당 당원, 야당 국회의원과 신문기자들을 무차별적으로 난폭하게 공격했다. 이러한 경찰의 폭력진압 와중에서 여성노동자 김경숙(金景淑)이 4층에서 떨어져 숨졌다.[13] 김영삼도 강제로 끌려나갔다.

신민당사에서 경찰에 의해 끌려나가는 YH무역 농성자들(중앙일보사 제공).

　　그러므로 YH무역 노동자투쟁도 동일방직 투쟁과 같은 방식으로 끝이 났다. 국가의 억압으로 노동자들이 투쟁에서 진 것이다. 4명의 노조지도 자들이 수감되었고, 233명의 노동자들이 경찰에 의해 시골에 있는 집으로 보내졌다. 서너명의 기독교지도자들이 체포되어 심문을 받았다. 그러

13. 죽음의 원인은 아직까지도 불분명하다. 노동자들은 경찰에 의해서 살해되었다고 주장한 반면, 경찰은 자살이라고 주장했다. 김경숙을 포함한 서너명의 시위자들은 경찰이 건물 안으로 난입했을 때 실제로 깨진 유리로 자살을 시도했다.

나 YH무역 노동자투쟁 역시 계속 확산되고 있는 노동계급운동의 기반을 닦는 데 기여했다. 특히 노동투쟁을 외부화하고 정치화하는 데 그리고 노동투쟁과 민주화투쟁을 결합시키는 데 크게 이바지했다.

실제로 이 사건은 노동운동보다 정치운동에 더 큰 영향력을 미쳤다. 지금까지 노동운동에 대해서 다소 방관적이었던 신민당이 갑자기, 뜻하지 않게 노동운동에 연루되었다. 그리고 여당이 폭력과 사회불안을 부추겼다는 이유로 김영삼의 국회의원 자격을 박탈했을 때, 정당정치는 위기로 치달았다. 대규모 시위가 김영삼의 지역구인 부산에서 발생했고, 이웃한 산업도시인 마산으로 확산되었다. 학생들뿐만 아니라 노동자, 실업자 그리고 박정희정권의 권위주의적 행태에 깊은 불만을 갖게 된 일반시민도 거리시위에 참여했다. 이 시기 한국경제의 불황상태도 정치적 불안을 확산시키는 데 도움을 주었다. 정치적 항의가 심화되고 전국으로 확산되자, 지배집단 내에서 균열이 나타나기 시작했고, 박정희의 보좌관들 사이에서 심각한 대립이 나타났으며, 이것이 결국 1979년 10월 26일 중앙정보부장에 의한 박정희 암살로 이어졌다. 박정희의 갑작스러운 죽음으로 한국 권위주의의 한 국면이 막을 내렸고, 한국 민주노동운동의 형성기도 끝이 났다.

여성노동자 노조활동의 원천

1970년대에 일어난 원풍모방 · 동일방직 · YH무역과 다른 서너개 섬유 및 전자공장의 노동투쟁은 모든 불리한 조건에도 불구하고 억압에 대항해서 싸운 한국 여성노동자들의 놀라운 저항정신을 보여준다. 한국 민주노동운동과 노동계급 형성의 기반을 제공한 것은 용감한 여성노동자들의 개척자적인 역할이었다고 볼 수 있다. 물론 1970년대 남성노동자들의 역할도 무시되어서는 안된다. 분신자살을 통해 강력한 저항을 불러일으킨 사람은 결국 남성재단사인 전태일이었고, 최초의 자주노조를 조직해서 민주노조운동으로의 길을 열어준 사람들도 전태일의 동료인 평화시장의 남성재단사들이었다. 또한 유동우(삼원섬유)와 방용석(원풍모방) 같은 다른 남성노동자들도 1970년대 민주노조운동에 주도적인 역할을 담당했다. 그럼에도 불구하고 이 시기 민주노조운동의 햇불을 든 것은 여성노동자들이었다. 1970년대 노조조직투쟁을 포함한 절대 다수의 노동쟁의는 섬유·피복·전자 그리고 수출산업에서 일하는 여성노동자들에 의해서 주도되었다. 민주노조운동이 남성노동자들에 의해서 주도되는 경우에도 여성노동자들은 투쟁의 주된 참여자들이었고 남성노동자들보다 더 강력한 저항심·결의·연대감·끈기를 보여주었다(유동우 1984, 126~30면).

그러므로 한국 여성노동자들의 적극적인 노동운동 참여는 수출산업 여성노동자들에 대한 통상적인 관념과 일치하지 않는다. 수출자유지역의 여성들에 관한 문헌들은 그들이 얼마만큼 국제적 자본에 의해서 초과 착취당하고 저임금과 불리한 시장조건, 그리고 성적 억압으로 고통받는가를 강조한다.[14] 아시아 여성 공장노동자들에 대한 지배적인 이미지는 순종, 수동성, 일시적인 공장생활, 노조활동에 대한 무관심 등이다. 흔히 "공장의 딸들" 혹은 "자식과 같은 노동자"로 불리는 수출 부문의 이들 젊은 여성노동자들은 자본주의체제에 의해서 통제될 뿐만 아니라, 산업조직에서 재생산되어온 가부장적인 전통에 의해서도 통제되고 있는 것으로 묘사되고 있다(Salaff 1981; Wolf 1992). 또한 개발도상국가에서 여성이 지배적 구성원인 경공업 부문은 높은 이직률, 낮은 노조조직률과 대체로 수동적이고 비효율적인 노동활동으로 특징지어진다(Deyo 1989, 187~96면).

14. Elson and Pearson 1981; Fernandez-Kelly 1983; Kung 1976; Linda Lim 1978; Safa 1981.

최근 이러한 국제생산체제 내의 순종적인 여성노동자 이미지를 논박하기 위해 새로운 관점이 등장했다. 단지 여성노동자들이 자본주의와 가부장제의 희생자에 불과한 것이 아니라, 적극적인 행위자로서 억압구조에 저항하고 항의했다는 사실이 인식되었다.[15] 앰리터 짜치(Amrita Chhachhi)와 러네이 피틴(Renee Pittin)이 주장하듯이 "여성은 조직되지 않은 부문에서나 흔히 조직이 불가능한 것으로 보이는 자유무역지대에서도 자신들의 권리를 방어하고 확대하기 위하여 그리고 자신들의 경제적 상황을 개선하기 위하여 노동조합을 조직했다"(Chhachhi and Pittin 1996, 24면). 남정림의 지적대로 "아시아 여성들의 작업장 경험의 이중적 성격, 즉 억압과 저항"(Nam Jeong-lim 1996, 328면)을 이해하는 것이 필요하다. 여성노동자들에 관한 새로운 문헌들은 "여성노동자 연구를 지배해 온 '희생학'(victimology)적인 관심"으로부터 벗어나야 한다고 주장한다 (Chhachhi and Pittin 1996, 24면).

이 장의 고찰 역시 분명 여성노동자들에 대한 우리의 관점을 그들의 희생으로부터 그들의 저항과 노조조직을 위한 활동으로 바꾸어야 할 것임을 시사한다. 한국의 여성노동자들은 다른 개발도상국 여성노동자들보다 훨씬 더 활발하고 적극적으로 노조운동에 참여했다. 그들은 간헐적이고 미묘한 일상적 형태의 저항을 했을 뿐만 아니라, 가혹한 권위주의 권력과 직접 맞부딪치며 민주노동운동에 적극 참여하고 또 이 운동을 이끌어갔다.

그러면 어떤 요인들이 한국의 여성노동자들로 하여금 초기 노동운동 단계에서 주도적인 역할을 하게 했는가? 이러한 질문을 직접 고찰한 연구는 많지 않지만, 그 중 한 연구에서 남정림은 1970년대 한국 여성노동자들이 노조활동에 적극적으로 참여했던 이유를 세 가지로 제시한다. 첫

15. Chhachhi and Pittin 1996 ; Milkman 1993 ; Ong 1987.

번째는 구조적 조건이다. "소수의 산업에 여성이 집중된 것과 지속적으로 성차별에 노출된 것이 여성노동자들 사이에 집단적 의식을 고양시키는 기반이 되었다. 같은 학교나 같은 지역 출신의 젊은 여성들이 기숙사에서 함께 생활하면서 공유된 이해와 자매감정을 발전시킬 수 있었다"(Nam Jeong-lim 1996, 331면). 두번째 이유는 "노동투쟁 참여비용이 상대적으로 낮았다"는 점이다. 왜냐하면 "이러한 조건에서 젊은 미혼 여성노동자들은 노동투쟁에 참여해서 잃을 것이 별로 없었기 때문이다". 세번째는 "노력을 통해서 자신들의 경제적 이해를 충족시킬 수 있는 기회가 적었기" 때문이다. 대조적으로 "한국 남성노동자들에게는 개인적인 노력을 통한 승진과 승급 기회가 주어졌고, 이것이 경영에 협조하는 동기를 제공했다"(332면).

이 세 가지 이유는 여성이 왜 노동투쟁에 참여했는가를 이해하는 데 도움이 되기는 하지만, 다른 개발도상국의 여성노동자들에게도 똑같이 적용될 수 있기 때문에 왜 한국 여성노동자들이 1970년대 현장노조운동을 주도하는 독특한 역할을 했는지를 설명하는 데는 불충분하다. 또다른 문제는 남정림이 제시한 일부 요인들은 반대로도 작용할 수 있다는 데 있다. 예를 들어, 여성들이 어린 나이에 작업장을 떠난다(즉 잃을 것이 적다)는 사실은 여성들로 하여금 집단행동을 통한 장기적인 조건개선에 관심을 덜 갖게 할 수도 있었다. 특히 개인적인 위험이 내포된 경우에는 더욱 그러하다. (또 지적되어야 할 것은 여성노동자들도 개인적 안전과 가족의 안전 면에서 잃을 것이 많았다는 점이다.) 세번째 요인의 경우 한국 공장에서 승진기회는 여성노동자들뿐만 아니라 남성노동자들에게도 지극히 제한되었다는 점이 인식되어야 한다. 노동시장에서의 위치 때문에 여성이 남성보다 개인적인 상승이동을 덜 추구한다는 것은 수긍하기 힘들다. 실제로 더 상식적인 견해는 여성들이 결혼을 통해서 상승이동을 추구했다는 것이다(비록 현실은 거의 대부분 이런 상승열망을 허무하게 만들지만).

그렇다면 1970년대와 1980년대 초 한국 노동운동에서 여성노동자들이 보여준 예외적인 역할을 설명하는 핵심적인 요인은 무엇인가? 나는 경공업 여성노동자들과 진보적인 교회조직 간에 형성된 긴밀한 연계에 그에 대한 대답이 있다고 믿는다. 앞에서 살펴본 것처럼, 1970년대 노조투쟁은 대부분 교회조직과 연계되어 지원을 받았다. YH무역 노동자들의 사례[16]에서처럼, 노조활동가들이 이들 조직과 직접 연결되어 있지 않았던 경우에도 시위자들은 투쟁과정에서 지식인집단과 종교집단의 도움을 청했다. 도시산업선교회와 가톨릭노동청년회의 활동은 서울과 인천지역의 여성이 지배적 구성원인 경공업에 집중되었고, 1970년대의 여성 노조활동가들은 산업선교와 밀접하게 결합되었다. 1970년대 노동운동이 경인지역에 집중되었다는 사실은 교회조직에 의한 산업선교가 이 지역에 집중되었다는 사실과 일치한다. 만약 교회조직들이 노동문제에 관여하지 않았더라도 여성노동자들이 한국 노동운동에서 이처럼 중요한 역할을 했을 것인가 하는 것은 흥미로운 질문이다. 추측컨대 그렇지 않았을 것이다.

내가 면접을 한 1970년대의 노조활동가들은 대체로 이러한 견해에 동의한다. 동일방직 노동자투쟁에 관한 아름다운 기록을 작성한 석정남은 이렇게 말했다. "외부(교회지도자들과 지식인들)의 역할이 절대적이었어요. 우리의 투쟁은 자발적이거나 우리 자신에 의해서 만들어진 것은 아니었다고 봐요. 그들의 도움이 없었다면, 찌든 노동자들이 자의적으로 노동운동에 뛰어들지는 않았을 거예요. 우리가 그렇게 할 수 있었던 것은 그들이 우리에게 깊은 인간적 관심을 보여주고, 우리를 격려했기 때

---

16. 전직 YH무역 노동자가 쓴 YH노조의 역사는 "YH노조는 이 책에서 기록한 대로 도시산업선교회와는 일체의 관련이 없었으며 조합원 중에 단 한 사람의 산업선교회원도 없었다"고 진술하고 있다(전 YH노동조합 · 한국노동자복지협의회 1984, 255면).

문이에요. 그들은 우리에게 계기를 마련해주었어요"(2000년 3월 29일 면접). 또다른 1970년대 노조활동가인 김지선(金志宣)[17]은 1978년 다른 다섯명의 노동자들과 함께 여의도광장에서 열린 부활절예배에서 기습시위를 한 사람인데 그녀 역시 초기 투쟁단계에서 교회집단과 지식인들의 핵심적인 역할을 인정했다. "사회에서 아무도 우리에게 인간적 대접을 하지 않을 때, 그들은 진정한 애정을 가지고 우리들을 존귀한 인간으로 대우해주었어요. 그것은 우리에게 엄청난 것을 의미했어요. 우리를 진정으로 걱정하고 애정을 가지고 우리를 돕는 사람들에 대해서 깊은 신뢰와 감사하는 마음을 갖게 됐고, 우리는 그분의 말대로 따르면 다 될 것 같은 느낌을 가졌습니다"(2000년 6월 면접).

석정남과 김지선의 말은 왜 남성노동자가 아니라 여성노동자들이 교회조직과 특별한 관계를 갖게 되었는지에 관한 힌트를 제공한다. 먼저, 교회집단들은 여성노동자들이 가장 착취당하고 억압당한 사람이기 때문에 그들에게 더 관심을 보였다. 조화순 목사가 언급하듯이, 여성 공장노동자들은 "가장 소외되고 억압받은 사람들이다"(Cho Wha Soon 1988, 135면). 산업선교가 가장 착취당하고 가장 나약한 노동자들을 대상으로 삼은 것은 자연스러운 일이었다. 지식인 또한 연약하고 피해받기 쉬우며 그래서 보호를 받아야 하는 사람들인 젊은 여성노동자들에 대해서 어느 정도 온정주의적 태도를 가지고 있었다. 두번째 이유로 경공업 부문이 산업선교가 침투하기에 상대적으로 쉬운 부문이었다는 점을 들 수 있다. 대규모 산업체에 접근하는 것은 훨씬 더 어려웠다. 이러한 이유로 많은 노동지향적 선교활동은 여성노동자들이 대다수 노동력을 구성하고 있는 경공업 부문에 집중되었다.

17. 김지선은 삼원섬유에 처음 채용될 때, 나이가 법적 취업연령보다 낮았기 때문에 친척의 이름인 김복자라는 가명을 사용하였다.

그러나 더 중요한 것은 교회활동에 참여하는 태도에 있어서 여성과 남성노동자들 간에 차이가 있었다는 점이다. 우선, 여성노동자들은 남성노동자들보다 교회에 다닐 가능성이 더 컸다. 게다가 여성노동자들은 교회 지도자들이 이끄는 소집단활동에 남성노동자들보다 더 관심을 가졌다. 교회와 노동자들의 연계수단은 통상적인 예배 참석보다 소모임활동이었다. 왜 여성들이 소모임활동에 참여하는 일에 더 관심을 가졌는가? 우리는 몇가지 이유를 생각할 수 있다. 남성에 비해서 여성노동자들은 공장에서 더 큰 심리적·정서적 어려움을 겪었고, 심리적으로 더 큰 정신적 위안을 필요로 했다. 그들은 공장노동자로서 훼손된 자아정체성을 보상받기 위하여 교육적·문화적 경험에 대해 더 큰 욕구를 가졌다. 그리고 여성들은 남성들에 비해 다양한 여가활동에 참여할 자유가 없었다. 그러나 김지선은 또다른 중요한 요인을 지적했다. 대체로 여성이 남성보다 인간관계에서 더 개방적이고 유연하기 때문에 교회에 가서 낯선 사람들과 익숙하지 않은 사회활동에 참여하는 것에 대한 심리적 제약이 적었고, 비기독교인인 경우 특히 그랬다는 것이다. 인간관계에서 남성노동자들은 "더 규격화되고 위계적"이며 스스로 기독교인이 아닌 경우 소모임활동이나 교회가 조직하는 여러가지 활동에 참여하는 것을 편안하게 느끼지 않았다고 설명하였다(2000년 6월 면접).

이유가 무엇이든, 경인지역의 많은 여성노동자들이 교회와 학생 들이 조직하는 소집단활동에 참여하여 강한 연대감과 작업장에서의 불의에 대한 더 예리한 인식을 발전시킨 것은 사실이었다. 이러한 인식은 점차 노조의식으로 그리고 민주노조를 건설하여 스스로의 노력으로 자신들의 문제를 해결하려는 집단적인 결의로 발전하였다.

1970년대 노동운동에서 성(性)의 문제

1970년대와 1980년대 초 한국 노동운동에서 여성노동자들이 중요한 행위자였다는 사실을 감안할 때 그들의 투쟁에서 성(性)적인 쟁점들이 얼마나 중요했는지를 알아보는 것은 매우 흥미롭다. 다양한 자료들은 성적 쟁점들이 그 당시 중요하게 대두되지 않았다는 것을 보여준다. 실제로 1980년대 중반까지 성적 쟁점들은 거의 모든 노동쟁의에서 제기되지 않았다. 조직적이고 전투적인 여성노동자들이 주도한 원풍모방 · 동일방직 · YH무역 등의 파업에서조차 여성노동자들은 성과 관련된 쟁점들을 노동쟁의의 주요내용으로 제기하지 않았다. 작은 예외가 콘트롤데이터였다. 콘트롤데이터에서는 여성노동자들이 1970년대 말 외국인 고용주로부터 출산휴가와 공정한 승진기회를 얻기 위해 싸웠다(신인령 1988, 322~34면). 1970년대에 일어난 거의 모든 노사분규에서 주된 대립은 전체 노동계급을 위한 노동조건에 관한 것과 이러한 조건을 확보하기 위한 자주노조 결성에 관한 것이었다.

물론 이것은 여성노동자들이 일상생활에서 경험하는 엄청난 성차별과 억압에 관심을 갖지 않았기 때문은 아니었다. 우리는 이 장과 3장에서 한국 여성노동자들이 믿을 수 없을 정도의 노동착취와 가부장적 지배, 그리고 성폭력으로 고통받았다는 것을 살펴보았다. 그러나 1970년대와 1980년대 중 · 후반의 대다수 한국 여성노동자들은 성문제라는 관점에서 자신들의 경험을 이해할 수 있는 적절한 해석틀이나 언어를 갖지 못했다. 김지선의 언급이다. "물론 우리 여성 노동자들이 겪은 불공평한 일들은 무수히 많았습니다. 그러나 그 당시 우리들은 그런 문제들을 성적인 문제로 생각하지 않았어요. 왜냐하면 남성과 여성 모두가 직면한 비인간적인 문제가 너무 커서 전체 노동자의 관점에서만 생각했기 때문이에요. 사실 이제와 생각해보니 그때 심각한 여성쟁점들이 많이 있었다는 것을 알 수 있어요"(2000년 3월 면접). 내가 면접을 한 다른 여성활동가들도 역시 1980년대 중반까지는 여성 노동운동가들 사이에 높은 수준의 페미니즘의식이 존재하지 않았다는 점을 지적했다. 김지선 · 한명희(콘

트롤데이터)·석정남은 당시 그들을 가장 괴롭힌 것은 여성 노조운동가
들이 결혼한 후에 노동운동에서 떠난다는 사실이었다고 말했다. 이러한
여성들의 약점으로부터 그들은 가부장제와 성차별 문제가 계급 불평등
과는 또다른, 심각한 문제라는 것을 인식하게 됐다고 말했다.

그러나 다른 사회처럼, 가부장제에 깊숙이 내재된 성의식은 한국 여성
들에게서도 가장 느리게 변했다. 여성노동자의 수기(手記) 분석에 근거
해서 정현백(鄭鉉栢)은 "전체적으로 그녀들의 의식에 있어서 변화의 속
도가 느린 것은 여성의식이다. 특히 극복되기 어려운 것은 결혼에 대한
고정관념이다. 수기 어느 구석에서도 여성에게 결혼만큼이나 중요한 것
은 자신의 사회적 노동에의 참여와 그를 통한 사회적 기여라고 주장하
는 구절을 발견하기 어렵다"고 주장하였다(정현백 1985, 156면). 그러나 그
지적이 노동자들에게만 해당하는 것은 아니었다. 노동운동을 지원하는
지식인들도 그와 비슷하게 낮은 수준의 페미니즘의식을 보여주었다.
1970년대 말의 활동을 모은 책에서 조화순 목사는 "회고하면 나는 수많
은 성차별주의를 기억한다. 그러나 그 당시 나는 의식하지 못했다. 올바
른 인식이 생겼을 때, 동일한 사실이 다른 모습을 띠게 되었다. 이제 나는
돌아올 수 없는 다리를 건넌 셈이다"라고 썼다(Cho Wha Soon 1988, 138면).

더욱이, 1970년대와 1980년대 전반까지 운동권은 계급문제와 분리한
채 성문제를 강조하는 것을 적극적으로 막았다. 그 두 쟁점은 서로 연관
되어 있기보다는 분리된 것으로 그리고 잠재적으로는 경쟁적인 것으로
인식되었다. 존경받는 여성 노동전문가이며 법학교수인 신인령(辛仁羚)
이 주장하듯이, "유의할 것은 우선과제와 단계론이 혼동되어서는 안된다
는 사실이다. 우선 과제란 시간적 의미가 아니고 논리적 의미의 것이다.
'우선과제'의 잘못된 선정은 주요모순을 은폐시키고 부차적 모순을 전면
부각시키게 되는 오류를 범하게 된다. 여성문제적 해결과제를 '우선과제'
로 하는 데 대한 경계는 개량주의적 여성운동을 경계하는 논리이다"(신

인령 1988, 333~34면).

계급문제를 앞세워 성문제를 등한시하는 것은 학생 노동활동가들 사이에서조차 1980년대까지 지속되었다. 김승경이 1980년대 말에 관찰한 것을 보자. "성에 기초한 차별을 일상적으로 경험함에도 불구하고, 여성 학생운동가들은 성문제를 계급에 비교해서 이차적인 것으로 보았다. 그들은 자기들끼리는 위계적이고 가부장제적인 학생운동 구조에 대해서 불평하지만, 이 불만을 남자들과 논의하지 않았고, 성문제를 꺼내는 여성은 남학생들에 의해서 계급문제를 심각하게 생각하지 않는다고 무시당했다. 여성 노동운동가들은 성적 억압의 경험을 그들이 조직한 노동자들과 함께 공유하였음에도 불구하고, 이러한 공통점은 그들에 의해 거의 언급되지 않았다"(Kim Seung-kyung 1997, 141면).

결론

한국 정부와 고용주는 1970년대와 그 이후의 노동쟁의가 주로 '외부의 불순분자들'에 의한 선동 때문에 생겼다고 한결같이 주장했다. 거의 모든 노조투쟁이 교회조직·지식인 들과 연계되어 도움을 받았다는 점에서 그들의 주장은 어느정도 일리가 있다. 만약 종교단체나 지식인집단의 개입이 없었다면, 1970년대 노동현장의 모습은 무척 달랐을 것이다.

그러나 이러한 주장은 1970년대의 노동투쟁에 대한 실제적 진실을 부정하는 것이다. 1970년대와 1980년대에 노동투쟁을 야기한 것은 외부의 선동이 아니라 한국 노동자들이 나날의 노동생활에서 경험하는 실존적 현실이었다. 극도로 열악한 노동조건, 형편없는 임금, 무엇보다도 경영자들에 의한 불공평하고 정의롭지 못한 대우, 간단히 말해서 '비인간적인 대우'가 의심할 여지없이 1970년대 노동투쟁의 실질적인 원인이었다. 3장에서 살펴본 것처럼 한국의 산업에서, 특히 여성이 지배적 구성원인 경공업에서 생산관계는 인간의 한계를 넘는 육체적·정서적 희생을 강요했다. 더욱이 육체노동자들에 대한 경영자들의 경멸적인 태도, 특히 여성노동자들에 대한 경멸적인 태도가 깊은 심리적 상처와 분노를 야기했고 노동투쟁의 폭발 요인을 제공하였다.

성적인 억압과 결합된 노동착취는 여성노동자들의 상태를 남성노동자들보다 훨씬 더 열악하게 만들었다. 농촌에서 새롭게 충원된 어리고 경험없는 여성노동자들은 노동집약적 산업에서 주된 노동착취의 대상이었다. 그러나 여성들을 노동투쟁에 참여하도록 고취한 것이 꼭 착취적 작업조건만은 아니었다. 아마도 더 중요한 것은 그들이 작업장에서 끊임없이 경험하는 상징적·육체적 학대였을 것이다. 그들은 고분고분 말을 듣지 않으면 욕을 먹거나 구타를 당했고, 자주 성희롱의 대상이 되었으며, '무식한 년'이라는 말로 모멸을 당하고 가치없는 인간으로 대우받았다. 이러한 상황에서 여성노동자들이 남성노동자들보다 더 결사적으로 인간적 대우를 외친 것은 자연스러운 일이었다.

궁극적으로 이러한 공장 내의 물질적·상징적 조건들이 새로운 세대의 한국 노동자들로 하여금 1970년대에 집단적 행동을 시작하게 했다. 그렇지만 집단적인 반응이 나타나기 시작했을 때, 한국의 노사관계는 이러한 불만을 토로하고 해결책을 찾기 위한 정당한 창구를 허용하지 않았다. 우리가 살펴본 것처럼, 배제적 국가조합주의 노동통제체제는 노동자들이 공식적인 노조조직 외부에서 출구를 찾도록 강요했다. 그 싯점에서 기독교지도자들과 지식인집단들은 국가의 무서운 억압을 무릅쓰고 노동운동을 지원하고자 했다.

교회조직들은 1970년대 노동계급운동의 발전에 몇가지 뚜렷한 기여를 하였다. 무엇보다도 진보적인 교회들은 노동자들이 모여서 그들의 문제와 관점을 공유할 수 있는 피난처와 사회적 공간을 제공했다. 1970년대에는 노동자들이 서로 자유롭게 만나서 공통의 문제를 논의할 수 있는 다른 장소가 없었다. 둘째, 교회조직들은 노동자들이 간헐적이고 개인적인 시위가 아니라 자주노조 결성에 노력을 기울이도록 도왔다. 교회가 후원하는 소집단활동과 야학을 통하여 노동자들은 공장에서 그들의 조건을 개선하기 위한 단 하나의 효과적 수단은 노동조합을 결성하는 일이라는 것을 배웠다. 셋째, 항상 효과적이었던 것은 아니지만, 교회지도자들은 노동자들을 국가의 억압으로부터 보호하는 역할과 이제 막 자라나는 민주노동운동을 지원하기 위해 민주화세력들을 동원하는 역할을 맡았다. 요약하자면 진보적인 교회조직들은 한국 노동운동을 촉진시키고 노동운동의 발전유형을 규정하는 데 핵심적인 역할을 담당하였다.

그러나 여기서 다시 한번 우리는 투쟁의 실제 주체가 누구였는가에 대해 정확히 이해할 필요가 있다. 그것은 교회조직이 아니라 여성노동자들이었다. 그들의 놀랄 만한 연대활동을 가능케 한 것은 잔인한 노동조건과 그들의 노동경험 그리고 공통의 사회적 배경에 바탕을 둔 강한 유대감이었다. 교회지도자와 지식인들의 역할은 구조적으로 결정된 잠재성을 현실로 전환하는 촉매제 역할이었다고 이해해야 할 것이다.

결국, 1980년대 민주노동운동의 초석을 세우기 위해 힘들게 투쟁한 사람들은 노동집약적 수출부문의 여성노동자들이었다는 것을 기억하는 것이 중요하다. 1970년대 여성 주도의 노동운동은 노동자의식, 계급정체성, 연대의 네트워크를 촉진시키는 데 엄청난 기여를 했다. 이러한 토대에서 그 다음 10년 동안 한국의 노동계급 형성은 급속하게 진전되었다. 오글이 "1980년대 중반 남성노동자들이 스스로 행동하기 시작했을 때, 그들은 10년 이상 정의를 위해서 투쟁해온 여성들의 어깨 위에 자신들이 서 있는 것을 발견했다"(Ogle 1990, 86면)고 한 말은 절대적으로 옳다.

제5장 노동자와 학생

1979년 박정희(朴正熙)의 사망 이후 몇달 동안 정치적 자유와 불안정이 뒤따랐다. 1980년 서울의 봄은 권위주의적 통치라는 20년 동안의 겨울 후에 맞이한 정치활동과 민주화를 향한 희망의 봄이었다. 군(軍)은 개입할 적절한 계기와 빌미를 찾으면서 무대 뒤에서 잠복하고 있었지만, 사람들은 즉각적인 경찰의 탄압을 두려워하지 않고 말할 수 있게 된 새로운 권리와 자유를 즐기고 있었다. 시민사회가 갑자기 부활되었다.

노동자들은 억눌렸던 요구를 표현하기 위해 이 정치적 기회를 이용하였고, 그리하여 1980년 봄 노동쟁의의 물결이 일어났다. 보고된 노동쟁의 건수는 1979년 105건에서 1980년 407건으로 급격히 증가했다. 절대 다수의 쟁의는 체불임금 · 임금인상 · 공장폐쇄 · 해고와 같은 경제적 문제에 관한 것이었다. 그리하여 이 시기 노사분쟁은 주로 1970년대 말 침체된 경제에서 노동자들의 절망적인 경제상태를 반영하는 것이었다. 그러나 이 정치자유화 시기의 노동쟁의는 경제문제에 대한 반응뿐 아니라 억압적인 노동체제에 대한 도전이기도 했다. 많은 노동자시위의 주된 목표는 회사가 통제하는 노조(어용노조)를 분쇄하고 자주노조를 결성하는 것이었다. 즉 1970년대 말에 시작된 민주노조운동의 자연스러운 연장이었다.

이 시기 노동쟁의들은 대체로 자연발생적이었고 비조직적이었다. 그것들은 '인간다운 삶'을 위한 최저조건에 대한 노동자들의 오랫동안 억눌린 요구를 표현한 것이었고, 이러한 노동자들의 충동적인 행동을 체계적으로 조직하고 지도할 수 있는 조직들은 거의 존재하지 않았다. 1980년에 많은 관심을 모은 두 노동쟁의 사례는 이 시기 노동운동의 일반적인 성격을 잘 반영한다.

첫째는 강원도 사북탄광촌에서 1980년 4월에 발생한 폭력적인 노동파업이다. 동원탄좌에 고용된 약 3천명의 광부들은 오랫동안 엄청나게 열악하고 위험한 작업조건에서 고생해왔는데 지난 몇년 동안의 탄광산업 사양화로 그들의 형편은 더 악화되었다. 광부들의 임금은 대단히 낮았고, 초과노동 수당도 적절하지 않았다. 더욱이 광부들은 회사노조에 불만이 많았고 특히 오랫동안 노조간부라는 지위를 남용하여 개인적인 부를 축적하고 회사의 꼭두각시 노릇을 해온 어용노조위원장을 혐오했다. 광부들은 파격적인 임금인상과 노조지도부 퇴진을 요구하며 파업을 일으켰다. 그러나 경찰과 대치중 세명의 시위자가 경찰차에 치이는 사건이 발생하자 곧 시위대의 규모가 수백명으로 늘어나면서 그들은 성난 폭도로 변했다. 시위대는 경찰서를 점거하고 노조사무실을 불태우고 사장집을 파괴했으며, 그들이 증오하는 노조위원장이 발견되지 않자 그에 대한 보복으로 위원장의 부인을 감금했다. 경찰은 이 폭동을 통제할 능력을 잃고, 그 지역을 광부들의 통제 아래 남겨둔 채 철수했다. 그러나 시위자들은 지도력의 부재와 불법행동에 따른 두려움으로 3일 후에 투항하였다.

　이와 유사한 폭력적인 파업이 약 일주일 후인 4월 29일 부산의 철강공장인 동국제강에서 발생했다. 여기에서도 초기 투쟁은 저임금과 열악한 작업조건에 관한 것이었지만, 회사의 부정적인 태도와 비우호적인 경찰개입이 노동자들을 성나게 만들었고 폭력적인 행동을 불러일으켰다. 노동자들은 회사사무실을 부수고, 인사관련자료를 파괴했으며 건물에 불을 지르고 서너명의 관리자들을 구타했다. 나중에는 돌·쇠파이프·각목을 가지고 전투경찰과 싸움을 벌였다. 그러나 또 한번 이러한 돌발적인 시위는 이틀 만에 끝났고, 노동자들이 얻은 것은 아무것도 없었다.

　이러한 사건들은 이 시기 노동자 투쟁의 성격을——대단히 감정적·폭력적·비조직적·단기적인 투쟁의 양상을——잘 보여준다. 거의 모든 노동쟁의와 노조조직 투쟁은 개별기업에 한정되었고, 당시 노동운동가들은 효과적인 산업별 혹은 지역별 노동조직을 발전시키는 데 관심을 기울이지 않았다. 이 시기 노조활동가들의 지배적인 성향은 임금인상과 작업조건개선에 집중하는 경제노조주의였다.[1]

정치적 억압과 노동투쟁의 정치화

　1980년 봄에 나타난 활발한 정치활동은 1980년 5월 17일 군대가 권력을 장악하면서 급작스럽게 막을 내렸다. 신군부의 실세인 전두환(全斗煥)은 광주에서 시민봉기를 유혈진압한 후 권력을 장악하였다. 남서지역의 중심지인 광주에서, 공수부대에 의해 수백명의 시민·학생·노동자 들이 무자비하게 학살되었다(Clark 1988).[2]

---

1. 김용기·박승옥 1989; 김진옥 1984; 임호 1992, 62~92면.
2. 정부는 광주민주화운동으로 인해 191명이 사망했고 852명이 부상했다고 공식적으로 발표했으나, 광주민주화운동 관련단체와 광주시민들은 그보다 훨씬 많은 피해가 발생했다고 주장하고 있다.

  권력을 장악하자 전두환은 곧 시민사회를 무력화하고 노동에 대한 통제를 회복하기 위하여 극단적으로 가혹한 조치를 취했다. 반체제활동가·데모 주동자·노조활동가를 포함한 수천명이 깡패·폭력배와 함께 감옥이나 삼청교육대(三淸敎育隊)로 보내졌다. 특히 전두환정권은 새로 결성된 독립노조들을 차례로 분쇄하고 노동운동가들을 노조지도부에서 축출시켰다. 전두환정권은 산업영역에서 '불순한 요소'들을 제거하기로 결심했다. 고용주들은 반노동적인 분위기를 이용하여 민주노조운동에 가담한 수천명의 노동자를 해고하였다. 해고된 노동자들의 이름은 정보기관에 의해 블랙리스트에 올려져 재취업이 봉쇄되었다. 민주노조운동에 대한 단호한 탄압은 1983년까지 지속되었다. 노동에 대한 국가와 고용주의 합동공격의 결과로 노동조합의 수는 1980년 5월 6,011개에서 그해 말 2,618개로 대폭 줄었다. 조합원 수도 1,120,000명에서 950,000명으로 줄어들었다. 노동자들은 다시 침묵과 복종을 강요당했고, 적어도 표면상으로 3년 동안 노동운동은 정지되었다(김장한 외 1989).

  그러나 역설적으로 한국 노동계급운동은 전두환정권 첫 1년 동안 더 강해지고 성숙해졌다. 표면적으로 정치적 안정이 유지되었지만 그 이면에서는 학생·노동자·재야집단 들이 1980년의 패배에 대해서, 광주학살의 의미에 대해서, 그리고 그들의 미래전략에 대해서 숙고하였다. 당시 명망있는 지식인 노동운동가였던 김문수(金文洙)는 "5.17〔1980년 군사쿠데타〕 그것은 정말 나 개인뿐만 아니라 우리나라 노동운동을 뿌리부터 뒤흔들어 놓고 새로운 전환을 강요한 획기적인 계기였읍니다"라고 언급했다(김문수 1986, 146면). 이 시기는 한국 사회구성체의 성격과 민중운동의 역사적 과제, 그리고 미국이 한반도 역사에서 차지하는 역할 등에 관한 이론을 모색한 시기였다. 이 시기는 또한 맑스주의와 급진적 담론의 시대이기도 했다. 많은 학생, 지식인, 정치활동가 들이 맑스주의·종속이론·해방신학에 크게 영향을 받았고, 집단행동을 통한 급진적인

사회변혁의 이념을 수용했다(이 시기 많은 정치적 논쟁에 관해서는 박현채 ·
조희연 1989; 홍승태 1994 참조).

　노동투쟁에 대한 교회지도자들의 온건한 접근에 대해 노동운동가들
이 점차 실망하면서 노동운동에 대한 교회의 영향력이 크게 약화되었다.
그들은 전두환정권이 민주노조운동을 분쇄하려고 탄압할 때 교회조직
들이 그다지 큰 도움이 되지 못한다는 사실을 알게 되었다. 당시 국가의
억압을 경험한 노동자들의 관점에서는 인도주의를 지향하는 교회지도
자들이 너무 미약하고 수동적으로 보였다. 1980년대 초반에는 원풍모
방 · 동일방직 · YH무역 · 콘트롤데이터의 노조운동가들처럼 블랙리스
트에 오른 해고노동자들이 많았다. 민주노조에 대한 전두환정권의 맹렬
한 탄압은 직장에서 쫓겨났으며 수년간의 노조경험을 갖고 있는 결연한
노조활동가들을 계속해서 더 많이 양산해냈다. 정부에 의해 정식 취업기
회를 박탈당한 그들은 전문적인 노동운동가가 되는 길밖에 없었다. 이들
재야 노동운동가들은 개별 기업의 경계를 넘어서 노조활동가들을 서로
연결하고, 그들을 반정부 정치단체와 연계하는 도구적인 역할을 담당했
다. 또한 노동법 개정과 블랙리스트 폐지를 요구하는 대규모 시위를 조
직했다. 그러므로 전두환정권이 취한 강경한 노동탄압은 다년간의 경험
으로 높은 수준의 계급의식을 획득한 선진 노동자집단을 지속적으로 확
대한 결과를 낳았다. 산업현장 안팎에서 민주노조운동가들이 늘어남에
따라 노동운동은 외부조직, 특히 교회조직에 의존할 필요가 없어졌다.

　그렇지만 계급의식을 지닌 노동운동가들과 현장조직의 성장으로 한
국의 노동운동이 자율적으로 발전한 것은 아니다. 그와 반대로 노동운동
은 권위주의정권에 반대하는 더 큰 정치투쟁에 긴밀하게 연결되었다. 그
러나 노동운동과 외부조직과의 연계는 노동자들이 스스로를 방어하는
데 약하거나 무능했다기보다 그들이 점차 강해지고 전략적 가치를 지녔
기 때문에 이루어졌고, 이 점을 다른 반정부세력들도 인식했기 때문에

성사되었다. 노동운동 조직의 내적인 취약성과 눈앞의 경제적 문제들을
넘어서는 이해의 표출을 가로막는 작업장 조건에도 불구하고, 1980년대
초에 이르러 공장노동자 수는 3백만명으로 증가했고, 엄청난 잠재력을
지닌 가장 큰 규모의 직업집단을 이루었다. 노동자들의 소수 산업지역으
로의 집중, 급속히 성장하는 경제 속에서도 더디게 변하는 노동조건, 그
리고 노동자들 사이에서 빠르게 성장하는 계급의식은 산업 프롤레타리
아트가 새로운 산업사회의 진화과정에서 숙명적으로 주요 사회세력이
될 조건을 완성해가고 있었다.

  이러한 잠재력을 가장 분명하게 인식한 사람들은 학생운동가들이었
다. 학생들은 1970년대 이래 노동문제에 개입해왔지만, 1980년대 초까지
직접적인 개입은 비교적 미미했다. 그러나 1980년 투쟁의 쓰디쓴 경험과
전두환정권의 혹독한 정치적 탄압을 겪으면서 그들은 노동투쟁을 반정
부 민주화운동의 새로운 전략으로 인식하게 되었다. 정치적 투쟁이 허용
되지 않았던 전두환정권의 초기 3년 동안 학생운동은 주요 정치전략으
로 노동현장론을 채택했다. 이 전략은 학생들이 공장노동자로 산업현장
에 들어가서 노동자들의 계급의식을 제고하고 민주노조 설립활동을 돕
는 것이었다. 그들의 궁극적인 목표는 노동투쟁을 군사독재의 종식과 한
국사회의 변혁이라는 더 큰 정치적 목표로 이끄는 것이었다. 1980년대
노동운동의 발전은 대학을 중퇴하고 노동자가 된, 소위 '위장취업자'라고
불렸던 많은 학생 출신 노동자들의 활동과 밀접한 관계를 가지고 있었
다. 따라서 이 시기 학생운동가들의 역할을 좀더 구체적으로 살펴보는
것이 중요하다.

노동자-학생 연대

  학생들이 노동운동에 참여하기 시작한 것은 1970년대 초부터였다.
1970년 전태일(全泰壹)의 분신자살이 이러한 운동의 계기가 되었다. 자

기 몸을 희생해서 저항한 전태일의 소식을 듣고, 여러 대학 학생들이 그가 사망한 병원의 영안실로 달려갔다. 그들은 전태일의 장례식을 개최하려고 했지만, 경찰이 이를 저지했다. 학생들은 전태일이 관계당국을 상대로 외롭게 투쟁하면서 자기에게 도움을 줄 수 있는 지식인들과 사귀기를 바랐다는 사실을 전해들었을 때 특히 큰 충격을 받았다. 전태일은 자주 "대학생 친구가 하나 있었으면 원이 없겠다"고 말했다(조영래 1991, 168면). 그는 자신이 법적인 문제에 대해 무지한 것과 영향력 있는 사람을 알지 못하는 것을 한탄했다. 그리하여 전태일의 죽음은 학생들을 크게 깨우치는 계기가 되었다. 학생들은 경제성장의 영광 뒤에 숨겨져 있던 한국사회의 심각한 문제를 발견했다. 그것은 학생들이 정치적 쟁점들에 사로잡혀서 관심을 기울이지 않았던 문제였다. 그에 비해 1970년대 노동문제에 개입했던 학생들은 주로 비인간적인 조건으로 고통받는 노동자들에 대한 인도주의적 관심에서 출발했고, 그리하여 그들의 지향은 교회지도자들의 그것과 크게 다르지 않았다. 대학생 출신의 김문수는 노동현장론이 학생운동가들에게 널리 받아들여지기 훨씬 전인 1970년대 초에 공장노동자가 되었다. 그는 공장세계로 뛰어든 동기를 이렇게 설명하였다. "노동자가 숫적으로 많을 뿐만 아니라 노동운동이 사회발전의 핵심이라는 초보적인 생각이 들었다는 것, 노동자도 사람답게 살아야 되며, 그것을 위해 전태일동지는 분신까지 했는데 나도 조그만 힘을 보태야 되겠다는 결단이 섰다는 것, 이것이 그 당시 내가 노동자의 삶을 택한 이유의 전부였읍니다"(김문수 1986, 148면).[3]

---

3. 김문수의 수기는 민주노조운동에 깊숙이 관여한 지식인의 경험을 훌륭하게 기술하고 있다. 그는 지역노조위원장으로 선출되었고, 회사가 그의 신분을 공개하여 노조활동의 진정성을 훼손하려 한 후에도 일반 조합원들로부터 강력한 지지를 받아 노조운동을 이끌 수 있었던 몇 안 되는 학생 출신 노동자 가운데 한명이다. 그는 1990년대 정치에 입문하여 1996년 국회의원에 당선되었다.

　1980년대에 참담한 정치적 경험을 겪고, 강력한 국가에 대항하기 위해서는 다른 민주세력과 광범위한 동맹을 맺어야 한다는 인식이 커짐에 따라 학생들은 노동자에 대해 새로운 태도를 갖기 시작했다. 그들은 더 이상 산업노동자들을 인도주의적 관심의 대상으로 보지 않았다. 그들은 산업노동자들을 가장 중요한 정치적 동맹세력으로 또한 가장 강력한 잠재적 사회변혁세력으로 인식했다. 그들은 1980년의 사북 동원탄좌의 파업 같은 격렬한 노동파업에서 대중적인 노동세력의 움직임이 얼마나 강력하고 위협적일 수 있는지를 깨달았다. 그러나 노동자의 위력은 아직 잠재된 상태로 남아 있다는 것을, 따라서 노동자는 앞으로 더 개발되어야 하고, 참여적이 되어야 한다는 것을 알았다. 학생들은 자신들의 가장 중요한 과제를 노동자들의 정치의식을 고양하는 것과 노동자의 노조조직을 돕고, 그들의 노동투쟁을 더 큰 정치적 목표로 이끄는 것으로 정의하였다. 1980년대 초기 학생운동가 써클에서는 격렬한 이념논쟁이 있었고 이 논쟁으로부터 노학연대(勞學連帶)가 급진적 학생들 사이에서 지배적인 전략으로 자리잡게 되었다(송정남 1985; 일송정 1988; 황의봉 1986).

　그리하여 1980년대 초부터 이러한 정치적 신념을 가지고 공장으로 들어간 학생들이 크게 증가했다. 그들 중 일부는 대학을 중퇴했고, 일부는 대학을 졸업했으며 또 일부는 불법적인 반정부시위에 가담했다는 이유로 제적당했다. 1983년부터 1986년 사이 한 해 수백명씩 많은 학생들이 공장으로 들어갔다. 죠지 오글(George Ogle)은 1980년대 중반 3천여명 혹은 그 이상의 대학생들이 공장으로 들어갔다고 추정했다(Ogle 1990, 99면). 내게 정보를 제공한 노동활동가들은 그보다 좀더 많을 것으로 추정했고, 이 학생들의 절반 정도가 여학생이라고 말했다.[4] 그들 대부분은 수도권 산업중심지인 인천 · 부평 · 안양에 있는 중소제조업체에 취업했고

4. 노회찬 · 심상정 · 이선주 · 정광필, 1996년 여름 면접; 황의봉(1985, 15면) 참조.

극히 일부가 울산·마산·창원 같은 해안의 중화학공업지역으로 들어
갔다.

1980년대 초에는 경인지역의 공장지대에 학생 출신 노동자들이 너무
많아서 그들은 위장된 신분임을 모른 채 마주치기도 하였다. 김승경은
한 학생 출신 노동자의 재미있는 이야기를 기술하고 있는데 나도 내 제
보자를 통해 이와 비슷한 이야기를 들은 적이 있다. "나는 위장취업자로
인천에 있는 종업원 140명의 소규모 전자공장에 일하러 갔다. 그런데 무
슨 일이 일어났는지 짐작이나 하겠는가? 140명 가운데 10명의 위장취업
자가 있었다. 즉각 나는 누가 활동가인지 알아볼 수 있었다. 그 작은 공
장이 활동가들로 넘쳐흘렀다"(Kim Seung-kyung 1997, 135면).

학생 출신 노동자들은 고달픈 공장생활에 적응하고 동료노동자들에
게 진실하고 신뢰할 수 있는 동료로 인정받기 위해서 힘든 적응의 시기
를 거쳐야 했다. 그런 다음 학습과 토론, 여가활동을 통하여 노동자들에
게 계급정체성과 계급의식을 심어주기 위해 노동자들을 모아 소그룹을
조직하였다. 7명에서 12명 단위로 구성된 이들 소그룹은 정기적으로 만
나 노사문제를 토의하고, 노동의 역사와 노동법, 그리고 노동조합을 조
직·운영하는 방법을 공부하였다. 1980년대 전반부에 경인지역에서 약
2천명의 공장노동자들이 이런 소그룹 활동에 참여하여 의식화교육을 받
았다. 이 소그룹들 사이에 개별기업의 울타리를 뛰어넘는 긴밀한 사회적
네트워크가 발전했고, 이러한 네트워크는 학생 출신 노동자들과 노조활
동을 했다는 이유로 해고된 재야 노동운동가들의 중첩된 관계망을 통하
여 더욱 강화되었다. 1980년대 후반 민주노조운동에서 주요한 역할을
한 많은 사람들은 이러한 소그룹 활동에 적극적으로 참여해온 사람들이
었다.

학생들의 노동현장활동이 1980년대 학생운동의 지배적인 흐름이 되
면서, 활동가들 사이에서는 노학연대투쟁의 올바른 전략에 관한 논쟁이

벌어졌다. 학생들의 노동운동전략은 대략 두가지로 나뉘었다.[5] 첫째는 '소그룹운동' 노선으로, 이 노선은 일반노동자들의 계급의식을 높이고, 미래의 노동계급투쟁을 이끌 핵심적인 선진노동자를 만들어냄으로써 산업영역에서 계급역량을 키우는 일이 우선 중요하다는 점을 강조했다. 이런 접근을 지지하는 사람들은 이러한 기초적인 작업 없이 대규모의 노동자를 정치적으로 동원하는 것은 시기상조이며 비현실적이라고 믿었다. 그들은 정당한 노조조차 활동공간이 거의 허락되지 않는 정치적 조건에서는 은밀하게 이루어지는 소그룹활동만이 가장 현실적인 접근이라고 주장했다.

그와 대립되는 전략은 더욱 정치 지향적이고 야심적이었다. '지역노동운동론'이라고 불린 이러한 접근을 지지하는 사람들은 소그룹운동노선이 학습과 준비작업을 너무 강조하고 실질적인 정치적 투쟁의 중요성을 등한시한다고 비판하였다. 그들은 개별기업 단위보다는 산업지역 단위에서 '노동대중의 폭발적인 에너지'를 조직하는 일과 지역수준에서 노동자투쟁을 조정하고 지도할 수 있는 정치조직을 발전시키는 일이 더 효과적이라고 주장하였다. 소그룹운동노선이 개별기업 수준에서의 기초작업을 강조한 반면, 지역노동운동론은 노동자들의 경제적·정치적 이해를 증진할 수 있는, 지역에 기반을 둔 기업간 정치조직의 전략적 중요성을 강조했다.

두 노선의 지지자들은 서로 다른 현장활동 방식을 채택했다. 소그룹운동 지향적 활동가들은 공장에 들어가 노동자들을 의식화하고 노조조직의 기반을 구축하기 위해 현장활동의 가장 낮은 수준에서 일하는 것을 선택한 반면, 지역노동운동론 활동가들은 생산지 지역수준에서 노동운

5. 그 외에도 여러가지 다른 극단적인 견해가 있었다. 1980년대 노동투쟁과 노학연대운동에 대한 좀더 자세한 정치적·이념적 논쟁에 대해서는 김용기·박승옥(1989)과 김장한 외(1989, 98~113면) 참조

동조직을 결성하고 정권에 공개적으로 도전하는 방식으로 정치투쟁을 도모하였다. 그러나 그들 역시 공장에서의 실제 노동경험을 지역 노동운동의 필수요건으로 간주했다. 그러므로 두 노선간의 차이는 당시 각 노선의 노동활동가들이 생각하던 것처럼 큰 것은 아니었다. 그들의 정치적·전략적 노선에 관계없이 두 학생운동가 집단이 1980년대 한국 노동운동 발전에 크게 기여했다는 사실은 의심할 여지가 없다. 소그룹운동노선이 정치적 탄압이 극에 달했던 전두환정권 초기 노학연대의 주류를 이루었다면, 지역노동운동론은 정권의 정치적 통제가 점차 약해지면서 급진적 학생들 사이에서 더 인기를 얻었다.

전두환은 집권 초기 시민사회를 잔인하게 탄압한 후 1983년 후반에 와서는 정권의 대중적 기반을 확대하려는 욕구에서 정치활동의 부분적 자유화를 허용하기로 결정했다. 1984년 봄, 정부는 많은 정치범을 석방하고 반정부교수와 학생들을 학교로 되돌려보냈으며 노동운동에 대한 강력한 통제도 어느정도 완화했다. 여러 요인들이 이런 부분적 자유화를 가져왔다. 전두환은 정권의 취약한 정당성 때문에 고민했을 뿐만 아니라 다가오는 1985년 총선과 서울에서 개최될 두 국제경기대회 즉, 1986년 아시안게임 및 1988년 올림픽에 대비하여 정권의 사회적 지지기반을 확대할 필요를 느꼈다. 더욱이 전두환정권이 주된 프로젝트로 내세운 경제적 자유화와 복지사회의 목표는 좀더 확장된 자유민주주의적인 정치구조를 요구했다. 또한 1980년 짧은 정치적 불안정기 이후, 괄목할 만한 경제성장으로 전두환은 대중적인 지지를, 특히 중간계층으로부터 지지를 얻을 수 있다는 자신감을 갖게 되었을 것이다.

어쨌든 전두환의 유화적인 정치적 제스처로 정치활동과 노동쟁의가 크게 증가했다. 노동쟁의 건수는 1983년 98건에서 1984년 113건으로 늘어났고, 1985년에는 265건으로 증가했다. 1984년 노동투쟁이 다시 표면에 드러났을 때, 노동운동은 이전의 어느 때보다도 더 강력한 조직력과 노동자들의 높은 정치의식수준을 보여주었다. 노동자들은 재빨리 많은 자주노조를 건설했고(약 200개 정도의 자주노조가 1984년에 결성되었다), 정부에 의해서 해산된 노조를 다시 세우기 위해 투쟁했다. 이 시기 특히 중요한 투쟁은 청계피복노조를 부활시키기 위한 노력이었다. 청계피복노조는 전태일의 동료노동자들이 전태일의 분신자살 이후에 결성한 조직으로 1970년대 민주노조운동을 상징했다. 노동자·학생·정치활동가 들이 합세하여 몇번의 대중집회를 개최했고 정부의 금지조치에 맞서서 다시 청계피복노조를 열었다.

청계피복노조는 1980년 군사정권에 의해서 가장 가혹한 탄압을 받았고, 조합원들은 이러한 탄압에 저항하여 가장 치열하게 투쟁했다. 군사정권은 먼저 이소선(李小仙)을 체포하고——이소선은 전태일의 어머니로서 청계지역 노동자들은 그를 모든 노동자들의 어머니라고 불렀다——1980년 봄 노동쟁의에 개입했다는 이유로 1년 징역형을 구형했다. 뒤이어 군사정권은 청계피복노조의 해산을 명령했고 조합원들이 이에 반항하자 경찰을 보내서 장부와 서류를 압수하고 조합사무실을 폐쇄했다. 그러나 청계피복노조 조합원들은 국가의 행위를 결코 정당한 것으로 받아들이지 않고 노조의 복원을 위해 계속 투쟁하였다. 1981년 1월 노조지도부는 경찰과 격렬하게 충돌했고, 경찰탄압에 대항해서 집단으로 자살하겠다고 위협했다. 1983년 전두환정권이 철권정책을 일부 완화하자, 국가보안법에 도전하여 최초로 대중시위를 벌인 것도 청계피복노조원이었다. 그들은 1981년의 정부조치가 불법이라고 주장하면서, 1984년 3월 청계피복노조의 복원을 위한 준비위원회를 조직하고, 민종덕을 준비위원장으로 추대하였다. 뒤이어 그들은 많은 종교계 지도자들과 민주단체 대표들이 참석하는 공개포럼을 개최하고 대중집회와 거리시위를 조직하였다. 1984년 가을, 청계피복노조 지도자, 학생, 다른 노동활동가들은 두 차례 서울 시내에서 대규모 거리시위를 조직하여 전투경찰과 격렬하게 충돌하였다. 약 2천명의 학생들이 이 시위에 참석한 것으로 추정되었다(홍승태 1994, 126면). 이와 같이 청계피복노조 투쟁은 학생들과 노동자들의 동맹에 기초한 새로운 노동투쟁의 양상을 예고하는 것이었다.

1980년대 중반에 들어서자 노동쟁의의 성격은 눈에 띄게 달라졌다. 노동자투쟁의 초점은 더이상 고립된 경제문제가 아니라 새로운 민주노조 건설이었고, 새로운 전술은 같은 공업단지에 있는 여러 공장노동자들간의 연대투쟁을 도모하는 데 중점을 두었다. 공장들이 소수의 공업단지에 집중되어 있는 점과 노동활동가들 사이에 형성된 긴밀한 개인 네트워크가 이런 전략을 가능하게 만들었다. 1980년대 중반 변화된 노동계급투쟁의 성격은 1985년에 일어난 두 건의 중요한 노동자투쟁에서 잘 나타난다. 그 하나는 재벌기업인 대우자동차 공장파업이었고 또 하나는 구로공단의 여러 공장 노동자들의 연대투쟁이었다. 이 두 투쟁은 그동안 학생들이 노동운동에 참여해서 얻은 성과라고 볼 수 있다.

대우자동차 파업

1985년 4월 22~23일 대우자동차 부평공장에서는 대단히 보기 드문 임금협상이 개최되었다(이 설명은 대우자동차노동조합 1985에 주로 의존하였음). 공장 안에 임시로 마련한 회의장에서 두 사람이 책상을 사이에 둔 채 마주하고 있었다. 한 사람은 한국에서 네번째로 큰 재벌그룹의 총수 김우중(金宇中)이었고, 다른 한 사람은 머리에 붉은 띠를 두른 홍영표(洪永杓)로서 파업노동자들의 대표였다. 이틀 전까지 대우자동차 사장인 최명걸(崔銘杰)과 노조대표단 사이에 임금협상이 진행되었다. 그러나 협상이 진척되지 않고 6일 동안의 파업이 격렬해지자, 그리고 대중매체가 파업을 크게 보도하기 시작하자, 재벌총수가 직접 나서서 문제를 해결하기로 결정했다.

파업노동자들의 대표이자 당시 28세였던 홍영표는 노조지도자는 아니었다. 또한 전형적인 노동자도 아니었다. 그는 대학에서 2년간 철학을 전공하다가 학교를 중퇴한, 1980년대 초에 부평공장으로 들어온 서너명의 학생 출신 노동자 가운데 한명이었다. 대우자동차 부평공장 노동자들의 조직적이고 공격적인 투쟁은 대우나 다른 재벌기업에서도 전례가 없는 것으로 초기에는 같은 학생출신 노동자들인 송경평과 이용선에 의해서 조직되고 주도되었다. 1984년 8월 송경평은 회사가 종업원들 중 군복무를 위해 공장을 떠났다가 복귀하는 사람들을 부당하게 처우하는 것에 항의하는 시위를 이끌었다. 군복무기간이 근무경력으로 계산되어야 한다는 법률이 있었지만, 회사가 이를 거부했기 때문이다. 노동자들은 지난 2년 동안 상여금이 지불되지 않은 것과 공휴일수당과 잔업수당이 적게 지불된 것에 대해서 극도로 불만을 느끼고 있었다. 1984년 8월 초 3일간의 예비군훈련에서 막 돌아온 노동자들에게 비합리적으로 작업이 할당되자 그들의 들끓는 분노가 폭발했다. 노동자들은 관리자들에게 화가 났을 뿐만 아니라 회사노조에 대해서도 분노했다. 회사노조는 노동자들에게 조합비를 거두고 있었지만, 하는 일이 아무것도 없었다. 노동자들의 시위과정에서 송경평과 이용선은 노동자들의 분노를 잘 포착해서 그것을 더 큰 문제인 노사관계와 노조의 대표성 문제로 연결했다.

회사는 송경평과 이용선의 배경을 조사해서 그들이 학생 출신 노동자라는 것을 알아냈다. 경영진은 송경평을 사무직으로 배치하고, 이용선을 다른 지역에 있는 계열사로 보냈다. 그러나 두 사람 모두 전출발령을 받아들이지 않고 자리를 지키기 위해서 싸웠다. 결국 두 사람은 해고되고 강제로 공장을 떠나게 되었지만, 그들의 용감한 투쟁은 다른 노동자들에게 큰 감명을 주었다. 노동자들은 회사의 불공정하고 자의적인 많은 경영방식에 대해 강한 권리의식을 가지게 되었고, '허수아비 노조'를 진정으로 노동자를 대표하는 노조로 전환하려는 강한 열망을 보여주었다. 그들은 '노동조합 정상화 추진위원회'를 조직해서 경영진과 현 노조지도부를 상대로 일전을 준비했다. 일반조합원들의 압도적인 지지로 이 특별위원회가 곧바로 공식노조의 기능을 대행하게 되었다.

그리하여 1985년 임금협상 시기가 돌아왔을 때, 부평 대우자동차 노동자들은 공격적으로 임금협상에 임할 충분한 준비가 되어 있었다. 노동자들에게는 그 해 높은 임금을 요구할 수 있는 좋은 이유가 있었다. 왜냐하면 회사의 열악한 재정상태로 인하여 지난 2년 동안 노동자들의 임금이 동결되었기 때문이다. 대우자동차는 1980년대 초 제너럴 모터스(GM)와 합작투자를 해 좋은 성과를 내지 못했지만, 1984년에는 흑자로 돌아서기 시작했다. 1985년 4월 대우자동차 노동자들은 18.7% 임금인상과 생산성 증가에 따른 공정한 이윤분배를 요구했다. 노동자들은 공식노조가 제시한 소폭의 임금인상안을 거부하고 한걸음 더 나아가 새로운 임금협상단을 구성하여 기존 노조지도부에 대한 불신을 표명했다. 특별히 그들은 학생 출신 노동자인 홍영표를 협상단에 포함할 것을 요구했다. 수일간의 팽팽한 협상과 농성·시위 후 4월 16일 노동자들은 파업에 돌입하였다. 파업 4일째 약 350명의 노동자들이 회사 3층에 있는 기술개발쎈터에 힘으로 밀고 들어가 철야시위를 시작했다. 대우자동차의 파업은 곧바로 민감한 정치문제가 되었고, 대우자동차는 4월에 임금협상이 진행되고 있는 다른 사업장으로 파업이 확산되지 않도록 문제를 빨리 해결하라는 정부의 압력을 받았다.

그리하여 대우그룹 총수인 김우중이 협상에 직접 개입하기로 결정하였다. 김우중은 부평공장에 도착해서 먼저 공식노조대표와 만났다. 서너 차례 공식노조대표들과 만났으나 아무런 성과가 없자, 김우중은 파업노동자의 핵심인 홍영표와 협상할 필요가 있다는 것을 깨달았다. 한국 대기업 총수로서는 파격적으로 김우중은 홍영표와 일대일의 담판을 제안했다. 이틀밤 동안 지속된 마라톤회의 후에 두 사람은 10% 기본급 인상, 4%의 수당 신설 및 사원아파트 건설 등 기업복지시설 확장을 포함한 합의안에 동의했다. 이 합의안은 노동자들의 원래 요구와 거의 비슷한 것이었다.

대우자동차 파업은 재벌기업에서 일어난, 그리고 남성중심 중공업 부문에서 일어난 최초의 조직적인 파업이었다는 점에서 중요했다. 이 파업은 한국 노동운동에서 남성노동자들이 주요 행위자로서 등장할 것을 예고한 사건이었다. 또한 그것은 한국의 노동운동이 더이상 경공업 부문에 국한되지 않고 주로 대기업이 경영하던 중화학공업 부문으로 확산되기 시작했음을 보여주었다. 대우자동차 파업은 학생 출신 노동자들이 대규모로 들어간 경인공업지역의 노동운동에서 그들이 핵심적인 요소가 되었다는 것 역시 보여주었다.

구로연대파업

성공적인 대우자동차 파업 두달 후, 더 중요한 노동투쟁이 서울에서 발생했다. (이 설명은 서울노동운동연합[서노련] 1986에 근거했다. 더 심층적인 정보는 투쟁에 적극적으로 참여했던 김준용·이선주·심상정과 1996년 나눈 면접을 통해서 수집했다. 김준용은 대우어패럴 노조위원장으로 그의 체포가 구로연대투쟁을 촉발했고, 이선주와 심상정은 비밀 지역조직위원회 회원이었다.) 1985년 6월 22일 이른 아침 구로공단에 위치한 중간 규모의 의류공장인 대우어패럴에 경찰이 나타나서 노조지도자 세명을 체포했다. 당시에는 특별한 노동분규가 진행되고 있지도 않았고, 노조가 경영측과 갈등을 일으키는 어떤 활동도 하지 않았기 때문에 대우어패럴 노동자들은 놀랄 수밖에 없었다. 봄철 임금협상이 이미 타결되었고, 노동자들은 경영진측이 그해 임금협상에 대해서 비교적 만족하고 있다고 믿고 있었다. 그런데 임금협상을 위해 단체행동을 한 지 두달 후에 갑자기 경찰이 노조위원장인 김준용과 노조사무장 강명자, 추재숙[여성부장]을 임금협상기간 동안 철야농성을 조직했다는 이유로 구속한 것이다.

그들이 토요일에 체포되었기 때문에 노동자들은 이러한 경찰탄압에 대응하기 위해 월요일까지 기다려야 했다. 그러나 일요일, 44명의 노조 대표들은 구속된 김준용의 아파트에서 만나 파업에 들어가기로 하고 위원장의 석방을 위해 투쟁하기로 결정했다. 이 사건으로 구로공단의 다른 기업체 노조지도자들과 이 지역에서 활동하고 있는 많은 학생 출신 노동자들이 분노했다. 대우어패럴 노조지도부의 구속은 단지 고립된 하나의 사건이 아니라 노동운동에 대한 정부의 새로운 공세라는 것이 노조지도자들의 일치된 의견이었다. 실제로 전두환정권은 1983년 부분적 자유화 이래 반정부운동과 노사갈등 확대를 두려워했다. 대우자동차의 4월 파업과 그 파업이 보여준 놀라운 수준의 노동자연대와 공격성이 고용주들과 정부에게 강한 인상을 남겼을 것이다. 노동운동지도자들은 정부가 대우어패럴에서 급진적 지도부를 제거하는 것을 시작으로 민주노동운동을 말살하려 한다고 생각했다. 또한 정부가 계획적으로 대학들이 방학에 들어가고 국회가 폐회중인 6월까지 기다렸다가 노조에 대한 공격을 시작했다고 여겼다. 보통 한국에서 6월은 정치적으로는 상대적으로 조용한 때였다.

구로공단 공장들의 노조는 거의 대부분 1983년 말 이후의 짧은 자유화기간 동안 결성되었다. 대우어패럴 노조는 1984년 6월, 소수 노동자들이 몇년간 끈질기게 노력한 끝에 결성되었다. 청계의류상가에서 재단사로 일했던 김준용이 대우어패럴 노조 결성에서 핵심적인 역할을 했고, 노조위원장으로 선출되었다. 대우어패럴 노조가 결성된 즈음 가리봉전자·효성물산·선일섬유·풍산의류와 여러 다른 공장에서도 노동조합이 결성되었다. 이들 모두는 인구가 밀집되어 있는 구로공단 내의 가까운 곳에 모여 있었다. 노조들이 결성된 이후 그리고 그 이전에도 노조지도자들은 서로 정보를 나누고 공동의 노조활동 전략을 모색하면서 긴밀

1985년의 구로연대파업(중앙일보사 제공).

하게 협조했다. 그들은 자주 기업연계활동들을 조직했고 전국금속노동
조합연맹 사무실이나 다른 곳에서 함께 지도자훈련을 받았다. 그러던 중
대우어패럴 노조간부들이 구속되었다는 이야기를 듣자마자, 구로공단
민주노조들을 대표하는 노조지도자들은 재빨리 모여서 연대파업에 들
어가기로 결정한 것이다(사진 참조).

6월 24일 월요일 아침, 대우어패럴 구로공장에 출근한 노동자들이 김
준용의 구속소식을 들었다. 그들은 놀랐고 분노했다. 아침체조가 끝나자,
약 3백명의 노동자들이 공장 2층으로 몰려들어가 재봉틀과 두루마리천
으로 입구를 봉쇄했다. 이전에 있었던 대부분의 노동자시위와는 달리 노
동자들의 요구는 처음부터 정치적인 것이었다. 그들이 2층에 내건 플래
카드의 내용은 다음과 같았다. "노조간부 석방하라" "노동3권 보장하라"
"억압적인 노동법 개정하라" "민주노동탄압 중지하라" "노동부장관 퇴진
하라" "폭력경찰 물러가라". 경제적 요구나 기업주에 대한 요구를 담은
플래카드는 보이지 않았다. 모든 요구들은 억압적 권력인 정부를 상대로

한 것이었다. 이것은 시작부터 정치투쟁이었다.

오후 2시 대우어패럴 노동자들은 효성물산 공장이 있는 반대편 건물에서 요란한 징과 꽹과리 소리를 들었다. 그 소리는 효성물산 노동자들이 파업을 시작한다는 신호였다. 대우어패럴 노동자들은 효성물산 공장이 보이는 창가로 달려갔다. 거기에는 "대우 파이팅"이라고 쓴 커다란 플래카드가 걸려 있었다. 효성물산 노동자들이 2층 난간에서 (1980년대 학생들과 노동자들에게 인기있었던) '해방춤'을 추고 있었다. 양쪽의 노동자들이 서로 격려의 말을 외치면서 손을 흔들어주었다. 거의 같은 시간에 가리봉전자의 두 공장[구로공장·독산공장]과 선일섬유의 노동자들이 연대파업에 들어갔다. 이런 식으로 6월 24일 오후까지 4개 기업의 약 1,300명 노동자들이 연대파업에 참여했다(대우어패럴 300명, 효성물산 400명, 가리봉전자 500명, 선일섬유 70명).

이튿날, 세진전자·남성전기·롬코리아 등 3개 기업 노동자들이 농성, 태업, 점심식사 거부에 가담하여 연대투쟁에 합류하였다. 그리고 이틀 후인 6월 27일 성수동에 위치한 삼성제약 조합원들이 또 연대투쟁에 동참하였다. 모두 합하여 10개 사업체 2,500여명의 노동자들이 구로연대파업에 참가하였고, 파업은 6일 동안 지속되었다. 더욱이 구로지역에서 떨어진 청계피복노조도 처음부터 지원역할을 하였다. 서울 도심에 위치한 청계피복노조 사무실이 노동활동가들의 주요 회합장소로 제공됐고 민주노조지도자들은 이곳에 모여서 강력한 반정부캠페인과 시위를 조직하면서 구로공단 파업노동자들에게 전략적 지침을 제공했다.

1985년 6월의 구로투쟁은 두가지 의미에서 연대투쟁이었다. 첫째, 그것은 구로공단과 그 인근지역의 여러 기업체에서 일하는 노동자들의 참여를 이끌어낸 기업간 연대투쟁이었다. 둘째, 이 투쟁은 정의와 민주주의를 위해 함께 싸우는 노동자·학생·반정부집단 들 사이의 연대를 강화하는 계기가 되었다. 학생들과 민주세력은 첫날부터 연대파업에 적극적으로 가담하였다. 파업 6일 동안 매일 많은 학생들과 직장에서 쫓겨난 노동활동가들이 지지를 표명하기 위하여 모이면서 구로지역은 전쟁터가 되었다. 이튿날부터 반정부집단이 서울의 곳곳에서 농성을 시작했고, 독재정권과 억압적인 노동정책을 비난하는 공동성명서를 발표하였다. 또한 기독교, 가톨릭 및 불교단체를 포함하는 여러 종교집단이 구로연대파업 지지를 선언했다.

대우어패럴 노동자들은 노조간부들의 석방을 요구하면서 단식농성에 들어갔다. 이에 대한 대응으로 회사는 시위자들에게 음식공급을 차단하고 건물의 전기와 수도를 끊어버렸다. 또한 경영자들은 예전에도 자주 그랬던 것처럼 시위자들의 부모에게 전보를 보내서 당신 자식들이 '공산주의자에 속아서 볼모가 되었다' 또는 '당신 자식들이 회사기물을 파손했으니 부모들이 보상해야 한다'는 등의 협박을 하였다. 놀란 많은 부모들이 찾아와서 딸을 고향으로 데려가려고 했다. 딸이 이러한 시위에 참여하고 있는 것에 화가 치민 많은 부모들은 성난 목소리로 딸들의 이름을 불렀고, 더러는 "빨갱이같은 년들" "집에 가서 죽여버린다" 같은 험한 말로 딸들을 위협하기조차 했다(서울노동운동연합 1986, 57면). 일부 아버지들은 파업노동자들이 있는 방으로 쳐들어와서 머리채를 잡아끌면서 딸을 데리고 가기도 했다. 파업이 끝난 후, 노동자들은 배고픔을 참는 것보다 부모들이 찾아온 것이 파업기간중 겪은 가장 참기 힘든 일이었다고 회상했다(서울노동운동연합 1986, 50~65면).

대우어패럴의 파업은 친경영적인 남성노동자들과 회사가 고용한 깡패들의 난폭한 공격으로 6월 29일 막을 내렸다. 그날 이른 새벽, 파업노동자들은 뜻밖의 손님을 맞았다. 18명의 학생들이 이웃 건물벽을 기어올라 대우어패럴 건물 2층으로 들어왔다. 그들은 가방에 음식을 담아와서는 노동자들의 투쟁에 가담하기 위해서 왔노라고 말했다. 그러나 학생과 노동자 들이 감격에 찬 인사를 주고받자마자, 수백명의 파업파괴자들이

방을 부수고 쳐들어왔다. 대부분 고용된 깡패였던 이 침입자들은 각목과 쇠파이프로 무자비하게 파업노동자를 구타했다. 학생들도 거의 죽을 지경으로 구타당했다. 여러날 굶어서 탈진상태에 이른 노동자들은 폭력에 저항할 힘이 전혀 없었고, 공장건물을 에워싼 경찰은 이를 방관하였다. 다른 공장의 파업도 거의 같은 식으로 끝이 났다.

두말할 필요없이 구로노동자들은 엄청난 희생을 겪었다. 많은 노조지도자들이 체포되어 투옥되었고, 많은 파업참가자들이 그 지역을 떠나야 했다. 대우어패럴·가리봉전자·효성물산·선일섬유·부흥사의 노조들이 헌신적인 조합원들을 잃고 나서 해산했다. 모든 기업들이 노동자에 대한 감시를 강화했고, 정부는 산업현장에서 '불순분자'를 뿌리뽑기 위해 모든 수단을 동원하겠다고 선언했다. 이렇게 노동자들은 모든 것을 잃었다. 그들의 일자리, 지도자, 동료, 그리고 힘들게 건설한 노조까지.[6]

그러나 이런 것은 단기적인 결과에 불과했다. 세계사가 반복해서 보여주듯이, 계급투쟁은 장기적으로 볼 때 승리에서뿐만 아니라 실패로부터도 놀라운 결과를 만들어낸다. 비록 구로연대파업이 노동자들의 일방적인 패배로 끝난 것처럼 보일지라도, 이런 집단적인 경험은 노동자들의 정치의식을 제고하고 기업간 노동자들의 상호연대를 촉진하는 데 크게 이바지했다. 투쟁의 목표나 조직적인 형태면에서 정치투쟁이었으며, 이 점에서도 구로연대투쟁은 그 이전의 모든 투쟁들보다 노동자들의 정치의식에 더 큰 영향을 미쳤다.

구로연대투쟁 이후 노동활동가들은 기업별 노조의 한계를 뛰어넘는 광범위하고 정치지향적인 노동조직에 더 많은 관심을 갖게 되었다. 1985

---

6. 김문수는 구로투쟁의 의의에 대해서 다음과 같이 썼다. "구로연대투쟁은 이같은 과거의 부정적인 조류, 경제주의적 사고나 준비론적 흐름, 그리고 조합주의적 활동의 한계를 일거에 깨부수고 나온, 노동운동에 획기적인 전기를 제공해 준 의미있는 투쟁이었습니다"(김문수 1986, 154면).

년 8월 구로투쟁을 이끈 노동활동가들은 (대부분 학생 출신 노동자들이었는데) 이전에 국가의 노동탄압에 공개적으로 도전해왔던 서울 소재 3개 노동단체(노동운동탄압저지투쟁위원회, 구로지역노조민주화연합, 청계피복노조)를 합쳐서 서울노동운동연합(서노련)이라는 지역계급조직을 결성하였다. 이듬해 유사한 지역정치조직인 인천지역노동자연맹(인노련)이 결성되었다. 이 두 단체는 노동활동가들 사이에서, 특히 학생 출신 노조지도자들 사이에서 기업 수준의 경제노조주의를 극복하고 지역 수준의 계급조직을 건설하여 노동투쟁을 더 큰 정치적 목표로 전환하려는 노선변화의 산물이었다. 서울과 인천의 지역연합을 조직한 사람들은 그 당시 민주노조운동에서 가장 급진적인 집단을 대표했다. 두 조직은 '파시스트국가'에 반대하는 노동자들의 혁명적인 투쟁에서 스스로 전위적인 정치조직으로 자임했지만, 두 조직 모두 오래가지 못했다. 이념논쟁으로 인한 내부분열, 외적인 탄압, 그리고 자원부족으로 시달리다가 2년이 못 되어 해체되었다.[7]

연대투쟁의 사회적 기반

우리는 이미 구로투쟁 당시 학생들이 노동자들을 지원하는 데 적극적인 역할을 했다는 것을 살펴보았다. 학생들은 구로지역 거리 곳곳에서 구호를 외치고 전단을 뿌렸으며 다른 지역에서 온 노동자들과 함께 거리시위를 조직했다. 그러나 구로투쟁에서 학생들의 역할은 단순한 거리시위 조직 이상의 의미를 가지고 있었다. 정부는 구로노동자 파업이 순진한 노동자들을 선동해 사회불안을 야기하기 위해 산업지역으로 잠입한 좌익학생들이 부추긴 것이라고 주장했다. 경영자들 역시 노동자들이

7. 1985년과 1986년 이러한 지역정치운동을 비판하는 사람들은 그들이 "노동계급대중의 가장 기본적인 대중조직인 노동조합건설에 대한 전망이 없었고 심지어는 노동조합운동 자체를 부정하는 경향도 보이기까지 하였다"고 주장했다(김장한 외 1989, 107면).

친공산주의 급진파 학생들에게 속아서 이용당한 것이라고 말했다. 믿지 않는 노동자들을 설득하기 위하여 일부 회사에서는 노조간부 가운데서 학생 출신 노동자들을 찾아내 그들의 이름을 파업중인 노동자들 앞에 크게 게시하기도 했다. 대중매체 또한 정치적인 색채가 짙은 노동자투쟁을 조직하는 데 '위장취업자'의 역할이 컸음을 직·간접적으로 언급하여 정부와 경영자측에 협조하였다.

노동자 대다수는 이런 비방에 회의적이었지만, 그럼에도 불구하고 파업에 참여하는 것은 두려워했다. 그러나 많은 위험을 무릅쓰고 파업에 참여하는 노동자도 적지 않았다. 노동자들은 대중매체에서 자신들을 "단지 무식하거나 혹은 자신들의 권리를 방어할 능력이 없는 허수아비"처럼 그리는 것에 분개했다. 한 노동자는 분노에 차서 "우리를 눈 뜨게 한 것은 '선동'도 '배후조종'도 아닌 바로 우리가 처한 비참한 현실일 뿐이다. 그것이 우리에게 모든 것을 가르쳐 주었다"고 주장했다(엄현영 1986, 153면).

한국의 노동분석가들은 이러한 견해에 대체로 동의한다. 구로연대투쟁을 분석한 최창우는 "파업당시의 이들 학생 출신 노동자들은 민주노조의 노조지도부를 구성하고 있는 현장노동자들과 비교하여 현장에 들어와서 활동한 기간이 짧았고 현장 노동자들의 삶과 이들의 의식과 정서에 관한 지식도 부족했다"고 말한다(최창우 1987, 117면). 그는 연대투쟁은 "대중이 선택하고 대중이 결정한" 행동과정이었다고 주장한 노조간부의 말 역시 인용하고 있다(최창우 1987, 118면). 더 나아가 최창우는 "[외부] '조직'의 '올바른 지도'가 구로지역 노동자들의 '정치투쟁'인 동맹파업을 발생시킬 수 있었다"는 일부 주장은 객관적 사실과 다르다고 주장한다(최창우 1987, 118면).

구로연대투쟁을 단지 급진적 학생들의 선동 탓이라고 보는 것은 분명히 이 투쟁의 진정한 성격을 왜곡하는 것이다. 노동자들은 학생선동가들에게 속아서 이런 집단행동을 한 것이 아니다. 노동자들이 스스로 말하듯이, 그들이 겪은 비참한 생활조건과 사회적 천대가 그들을 분노하고 동요하게 만들었다. 그리고 구로지역 노동자들이 노조를 방어하기 위해 치열하게 싸운 것은 자주노조만이 자신들의 처지를 개선시킬 수 있는 유일한 희망임을 깨달았기 때문이었다. 이외에 환경적인 요인들 역시 기업간 연대투쟁을 가능케 한 중요한 요인이었다. 대단히 제한된 산업구역 내의 생산노동자들의 집중, 상당히 동질적인 노동력의 인구학적·사회적 성격, 그리고 공단 내에서의 잦은 이직 등은 이 지역의 노동자집단 사이에서 사회적 연계와 커뮤니케이션을 촉진하는 역할을 했다.

그러나 이러한 구조적·환경적 조건들이 구로연대투쟁을 낳은 배경의 전부는 아니다. 기업간 노동자연대를 발달시키기 위해서는 매개자의 역할과 공동의 투쟁경험이 필요하다. 바로 이러한 점에서 우리는 기업간 또한 지역간 노동자연대를 촉진시키는 데 학생운동가들과 노동자 출신의 전문 노동운동가들이 한 역할을 과소평가해서는 안 된다. 우리가 살펴본 것처럼, 지역에 기반을 둔 노학연대투쟁은 학생운동가들의 중요한 전략이었고, 1985년 이전 구로공단의 많은 학생 출신 노동자들은 이런 목표를 이루기 위해 노력했다. 또한 이 지역에서는 순수한 노동자 출신으로 과거 노조활동 때문에 해고된 전직 노조지도자들이 많이 활동하고 있었다. 이 두 노동운동가 집단들(노동계급 출신 운동가들과 학생 출신 운동가들)은 정치적 노선의 차이에도 불구하고 긴밀하게 연계되어 공단 지역 내외에서 대규모의 전문적인 노동운동가 네트워크를 구축하고 있었다.[8] 이들 모두는 소그룹 활동에 적극적으로 참여했고, 이 소그룹 활동

8. 일반적으로 학생 출신 노동운동지도자들은 더 정치적 지향을 보였고, 더 큰 정치적 목적을 위해서 필요한 경우 개별 노조들을 기꺼이 희생시킬 수 있었던 반면에, 노동계급 출신 노동운동지도자들은 현직에 있건 해고되었건 간에 노조에 대한 국가의 보복행위가 두려워서 노동쟁위를 더 큰 정치적 쟁점과 연계시키는 데 조심스러운 경향이 있었

은 1980년대 초 구로공단지역에서 크게 번성하였고 계급인식과 노조의
식을 갖춘 노동자들을 대규모로 만들어냈다. 이미 언급한 것처럼, 대우
어패럴·가리봉전자·효성물산·선일섬유노조 들은 1984년, 비슷한 시
기에 결성되었고, 노조를 파괴하려는 회사의 적대적인 행동에 저항해서
공동으로 투쟁하였다. 노조결성 때부터 정보를 교환하고, 전문적 조언을
구하고, 공동의 전략을 모색하면서 노조활동가들은 긴밀하게 협조했다.
이어서 그들은 노조결성 기념일이나, 철야 노조간부 훈련, 문화행사나
운동회 같은 다양한 노조활동에 다른 노조의 운동가들을 초대했다. 이
모든 노력들이 1985년의 연대투쟁 이전에 이미 4개 회사 노조의 활동적
인 조합원들 사이에 강한 동지애와 운명공동체의식을 키워주었다.

두 명의 학생 출신 노동자

이선주는 1960년 안락한 중산층 가정에서 태어났다. 그녀는 남동생과
함께 대구에서 자랐다. 대구에서 명문 고등학교를 마치고, 1979년 그녀
는 서울여자대학교에 입학하여 식품영양학을 전공했다. 비교적 조용하
고 수동적인 성격이었지만, 지적인 호기심이 대단히 많은 전형적인 학생
이었다.

대학 1학년 때 그녀는 당시의 많은 학생처럼, 동아리활동에 참여해서

다. 원풍모방 노조위원장이었던 방용석은 "학생들은 때때로 우리의 노조가 얼마나 귀
한지 그리고 이 노조들을 건설하기 위하여 얼마나 많은 희생을 했는지를 이해하지 못
했다." 그리고 학생 출신 노동자들은 힘들게 건설한 노조의 파괴위험에도 불구하고 일
종의 "정치적 모험주의"에 빠지기 쉬웠다고 나에게 말했다(1994년 6월 면접). 김지선
도 비슷한 말을 했다. "직장과 노조는 우리 삶의 토대다. 해고되었을 때, 학생들은 공
장을 떠날 수 있지만, 우리는 그럴 수 없었다"(2000년 6월 면접). 그러나 방용석과 김
지선 모두 그들과 학생 노동운동가들 사이에 존재했던 차이는 사소한 것이고 공동의
가공할 적이 있기 때문에 두 집단간의 긴밀한 협조에는 아무런 문제가 없었음을 강조
하였다.

많은 좌파서적들을 접하게 되었다. 한국어로 씌어진 책이 적었기 때문에, 동아리회원들은 이러한 책을 읽기 위해 일본어를 배웠다. 그녀와 친구들은 그들이 한국사회와 세계의 현안들에 대해서 가지고 있었던, 대학 강의에서는 전혀 제기되지도 않는 많은 질문들에 대해 이런 책들이 명쾌하고 설득력 있는 답을 제시해준다고 느꼈다. 동아리회원들은 그 당시 금지되었던 맑스주의 문헌을 읽고 그들이 한국사회에서 목격한 엄청난 불의의 근본적인 원인에 대해서 열성적으로 논쟁하면서 많은 시간을 보냈다. 그녀는 불의와 고통으로 가득 찬 사회에서 인생을 가장 정의롭고 의미있게 살기 위해서 무엇을 할 것인가를 고민했다. 학생운동의 논리가 팽배했던 그 시대에 이에 대한 답은 어려운 것이 아니었다고 이선주는 말했다. 그녀는 2학년 말경 '현장으로 가기로' 결심을 하고 나머지 대학 생활을 주로 공장노동자가 될 준비를 하면서 보냈다. 그녀는 의식적으로 학생시위 참여를 절제하여 공장에 들어갈 때 깨끗한 경찰 기록을 갖고자 했다. 1980년대 초 학생운동 문화에서 공장행(行)을 선언한 학생들은 거리시위에 참여하지 않아도 되었다.

이선주는 그 준비과정으로 대학 3학년 겨울방학 때 처음 구로공단 내의 한 의류공장에서 한달간 일을 했다. 첫날부터 훈련도 없이 엄청난 작업량을 부여받았다. 다른 노동자들보다 일을 더 느리게 했기 때문에, 자주 욕을 먹고 놀림을 당했다. 그러나 그보다 더 힘든 것은 중학교 졸업자처럼 보이기 위해 소박한 언어를 사용하고, 작업장 밖에서도 똑같은 옷을 입고, 걷는 모습도 바꾸어야 하는 것이었다. 그녀는 조장(組長)이나 다른 노동자들에게 정체를 노출하지 않고 한달 동안의 공장생활을 무사히 마쳤다. 그것은 대단한 교육적인 경험이었다. 그녀는 공장생활이 얼마나 비참한 것인지 그리고 젊은 여공들이 얼마나 마음이 착하고 따뜻한 사람들인지를 알았다. 한달 동안의 시험적인 공장생활을 마치고 돌아오면서 그녀는 '이들을 절대 배반해서는 안된다'라고 스스로에게 다짐했다.

졸업 후, 그녀는 김순영이라는 가명을 사용하여 다른 피복공장에서 일자리를 얻었다. 당시 24살이었지만 20살이라고 기록했다. 이 공장은 아동복을 생산하는 하청업체로 15명의 종업원이 있었다. 밤 12시까지 때로는 새벽 2시까지 초과근무하는 경우가 대단히 잦았다. 일당은 1,600원(서울에서 보통 식당의 점심값과 동일)이었고, 경기가 나빴기 때문에 이렇게 낮은 일당도 제때에 지불되지 않았다. 어느날 고용주가 약간의 돈과 함께 기대하지 않은 휴가를 주었다. 며칠 후 일하러 돌아왔을 때, 노동자들은 사장이 공장문을 닫고 사라졌다는 것을 알았다. 그것이 그녀가 처음 경험한 공장세계의 악랄한 현실이었다. 노동자들은 노동청 지역사무소에 사장을 고소했다. 며칠 후 지역사무소 직원이 다방에서 노동자대표들과 만나자고 해 나가보았더니 자신들의 회사 사장에게서 받은 보상금 40,000원을 건네주며 대단히 위압적인 태도로 고소를 취하하라고 말했다.

다른 작은 봉제공장을 거친 후 이선주는 구로공단에서 상대적으로 규모가 큰 의류수출 제조업체인 부흥사에서 미싱사 자리를 얻었다. 다른 두 명의 대학동기가 같은 지역에서 일자리를 얻었다. 한명은 의류공장, 다른 한명은 전자회사였다. 이선주가 부흥사에 채용되었을 때, 이미 또 다른 학생 출신 노동자가 부흥사에서 일하고 있었고, 그녀가 일하는 동안 서너명의 '위장취업자'가 부흥사에 더 들어왔다. 이선주에게 학생 출신 노동자는 눈빛이나, 낮은 톤의 말투, 다른 노동자들과 친해지려는 과장된 노력 등으로 일반노동자들과 쉽게 구분이 됐지만 1985년까지 대부분의 관리자들은 공장에 학생 출신 노동자들이 침투했다는 것을 몰랐거나 관심을 갖지 않았던 것 같다고 이야기한다.

부흥사에서의 생활은 힘들고 지치는 나날이었다. 이선주는 서툰 육체노동자로서 바느질기술을 익히는 것이 특히 힘들었다고 말했다. 처음에는 동료노동자들과 친해져서 그들의 세계와 사고방식을 이해하려고 노력하는 것 이외에 다른 것을 할 여유가 없었다. 다른 학생 출신 노동자와 마찬가지로 일이 끝난 후 동료노동자들을 자주 자취방에 초대해서 그들에게 떡볶이같이 그들이 좋아하는 음식들을 만들어주었다. 당시 부흥사 노동자들은 보통 하루에 10~12시간 일을 했고, 2주일에 한번씩 일요일에 쉬었다. 그러나 그녀는 일이 너무 힘들다고는 느끼지 않았다고 말했다. 또한 관리자의 고압적이고 노동자를 천대하는 태도가 참기 힘들다고 생각하지도 않았다. 공장생활이 너무 바빠서 공장노동자가 된 것을 돌아보거나 후회할 겨를도 없었다.

그녀는 서서히 소그룹을 조직하고 이 소그룹을 공장 밖의 유사한 활동과 연결하면서 노동자들에 대한 의식화작업을 시작하였다. 노동자들은, 특히 고등학교를 졸업한 노동자들은, 그들의 처지에 대해 비판적인 계급관점을 빠르게 수용하면서 다른 공장의 노동자들에 대한 강한 연대의식을 키워나갔다. 1984년 그녀와 다른 활동가들은 지금까지 회사의 통제하에 있던 노조를 되찾기로 결정했다. 노조 선거에 노동운동가들이 출마하여 많은 수가 대의원으로 당선되었다. 이선주도 노조사무국 차장으로 임명되었다. 그러자 회사측은 노조활동을 막기 위해 매수작전을 폈고, 그것이 실패하자 그녀를 다른 노동자들로부터 고립시키는 등 가능한 모든 방법으로 그녀를 괴롭혔다. 그녀는 이러한 압력에 굴복하지 않았고, 부흥사 노조뿐만 아니라 구로지역 기업간 노동운동을 조직하는 데 헌신했다. 1984년 그녀는 14인위원회라는 구로지역 노동운동가 비밀네트워크의 회원이 되었다. 이 비밀위원회는 또다른 학생 출신 여성노동자인 심상정이 조직한 것이다.

1959년생인 심상정은 서울대학교 사범대학 출신으로 학생운동에서 지도적인 역할을 했고, 지역단위의 정치적 노동운동을 발전시키려는 분명한 목적을 가지고 서너명의 친구들과 함께 구로공단 공장에 취업했다.

그들은 전략에 따라 의도적으로 구로지역의 서로 다른 공장들을 선택했다. 그들은 노동자에 대한 의식화수단으로 기업간 소그룹을 이용했는데, 소그룹은 각기 다른 공장에서 온 6명 정도의 노동자들로 구성되었다. 심상정에 따르면 1980년부터 1985년까지 상시로 8개 소그룹이 진행되어 1기에 48명의 선진노동자들이 배출되었다. 14인위원회는 비공식 지역활동가그룹으로 구성원 모두가 학생 출신 노동자였고 여성이 압도적으로 많았다(남성은 단지 3명에 불과하였다).[9] 이 조직은 지역 소그룹활동을 계획·지도하는 핵심그룹으로 활동했고, 심상정이 이 조직에서 주도적인 역할을 담당했다. 이 위원회는 소그룹들을 조정하는 역할 이외에 구로지역 노동자를 위한 공단 소식지를 매호 30,000부 발간했다.

공장으로 들어가기 전에 심상정은 노동자야학에서 6개월 동안 교사로 일했다. 그녀는 이 경험이 가난하고 소외된 사람들의 상황을 더 잘 이해하는 데 큰 도움이 되었다고 말했다. 공장에 들어가기 전, 그녀가 가슴속에 지니고 있었던 첫번째 질문은 '그들이 실제로 역사의 주인이 될 수 있는가?'였다. 노동자들의 의식을 높이기 위해서 그녀는 먼저 다른 노동자들이 존경할 수 있는 사람이 되어야 한다고 생각했다. 그리고 모범적인 노동자가 되기 위해서 그녀는 다른 사람보다 더 열심히 일을 해야 한다고 생각했다. 그녀는 자신도 믿을 수 없을 정도로 열심히 일했다고 말했다. 작업 후에는 동료노동자들을 자기 자취방으로 초대해 그들을 위해서 음식을 만들고 자정까지 함께 이야기했다. 그후 새벽 2시까지 다른 활동가들을 만나서 회의를 하곤 했다. 이러한 일정에도 불구하고 그녀는 아침 8시에 즐거운 마음으로 출근했다고 말했다.

그러나 모든 학생 출신 노동자들이 공장생활과 활동가역할에 성공적

9. 대우어패럴 노조위원장인 김준용은 이 그룹에 단 한번 초대받아 참석한 적이 있으며, 이 그룹에 대해서는 1985년 감옥에 간 이후에 더 잘 알게 되었다고 말했다.

으로 적응한 것은 아니었다. 이선주와 심상정에 의하면, 상대적으로 수동적이거나 사변적인 성격을 가진 사람들, 또 주로 인도주의적 태도만을 가지고 공장에 들어온 사람들은 자신들의 역할에 회의를 품고 일찍 공장을 떠났다고 한다. 많은 학생 출신 노동운동가들은 노동자들의 의식이 빨리 변하리라고 조급하게 기대하면서 그들의 관점에서 이해하려고 충분히 노력하지 않았기 때문에, 노동자들에게 실망하게 되었다고 심상정은 말했다.

1983년에 시작된 구로지역의 민주노조운동은 1984년에는 새로운 민주노조를 조직하거나, 회사노조를 자주노조로 전환하는 데 크게 성공했다. 학생 출신 노동지도자들은 비록 공식적으로 지도부 위치에 있지는 않았지만, 노조활동에서 핵심적인 역할을 담당했고, 1984년 봄 임금투쟁을 지도했다. 1985년 봄 부흥사에서 일요일 초과근무를 둘러싸고 최초의 파업이 발생했다. 이 기간 동안 이선주의 정체가 다른 노동자들에게 알려졌다. 어느날 새벽 노동자 출신 노조위원장이 그녀를 찾아와서 정말로 '위장취업자'인지를 물었다. 그녀는 사실을 고백하고 왜 공장노동자가 되기로 결심했는지를 설명했다. 노조위원장은 진실을 말해주어서 고맙다고 했고 이선주의 활동을 이해하고 높이 평가한다고 말했다. 그러나 그 이후 이선주는 그들과 관계가 소원해지는 것을 느꼈고, 노조에서도 지도적인 역할을 맡기지 않았다고 말했다. 그 기간은 그녀에게 몹시 힘든 시간이었다. 그러다가 1985년 6월 대우어패럴 노조위원장 김준용의 구속으로 그녀는 기업간 연대투쟁을 조직하기 위해 다시 적극적으로 활동하기 시작했다. 그 결과 그녀는 10개월의 징역을 살았다. 1986년 출옥한 그녀는 구로연대투쟁에 참여했던 급진적 노동운동가들이 조직한 서노련에 참여하였으나 그들의 정치적 급진주의에 실망하게 됐다. 이후 그녀는 노동인권회관에서 노동상담원으로 일했고 현대그룹 노사관계 연구프로젝트에도 참여했다. 이 연구프로젝트에서 그녀는 한국노동연구원(KLI)

에서 근무하는 경제학자인 현재의 남편을 만났는데, 남편은 운동가는 아니었다.

김준용의 체포 당시, 심상정은 노동운동가 비밀네트워크의 지도자였다. 김준용의 체포소식을 접하자, 심상정은 즉각 구로지역 노조지도자들을 모았고, 30분 만에 그들은 연대투쟁을 결정했다. 그 다음 그녀는 청계피복노조 위원장을 만나서 연대투쟁에 대한 지지를 요청했다. 위원장은 구로연대투쟁을 위해 모든 민주세력의 광범위한 지지를 동원하기 위한 본부로 청계피복노조 사무실을 기꺼이 제공하기로 했다. 심상정은 구로연대투쟁을 "우리들의 첫 작품"이라고 자랑스럽게 말했다. 그녀는 1983년 말부터 수배자명단에 올라 있었지만, 1985년 구로연대투쟁 당시나 그 후 김문수를 포함한 대부분의 서노련 지도부가 체포될 때도 용케 검거되지 않았다. 이후 그녀는 전국노동조합협의회(전노협)의 핵심적인 조직원으로, 또 전국민주노동조합총연맹(민주노총)의 조직책으로 일했으며, 1996년 면접했을 때, 민주노총 산하 전국금속산업노동조합연맹(금속연맹)의 사무차장으로 일했다. 그녀는 비슷한 경력을 가진 노동운동가와 결혼해서 아들 하나를 두었다.

1980년대 중반을 되돌아보면서, 이선주와 심상정은 그들이 선택한 것에 대해서 후회가 없다고, 또 그 시절이 자신들의 인생에서 가장 열심히 그리고 의미있게 살았던 때였다고 말했다. 이선주는 단지 한 가지 후회가 되는 점은 당시 그다지 성숙하지 못했고, 정치적 신념이 단순하고 독단적이어서 다른 정치적 견해를 가진 사람들을 거부했던 것과 많은 친한 친구들 및 가족들과 절연하고 지냈던 일이라고 말했다. 그녀의 부모는 그녀가 공장노동자가 된 지 1년 후에나 그 사실을 알게 되었다. 공장생활은 육체적으로 힘든 생활이었을 뿐만 아니라 절친한 친구나 가족들과 떨어져서 살아야 하기 때문에 외로운 생활이었다고 회상했다. 같이 지내던 사람들은 대단히 다른 가족배경과 이해를 가진 노동자들뿐이었기 때문이었다. 이선주와 심상정은 학생 출신 노동자가 되었던 그들 친구들 중 여러명이 매우 실망하여 공장생활을 그만두었다고 말했다. 일부는 병들어 공장생활을 중단했고, 일부는 보통 공장노동자들 대부분이 보수적이고 개인주의적인 것을 알게 된 후 노동운동에 대해서 크게 실망하여 공장생활을 그만두었으며, 또 일부는 가족들의 압력으로 정상적인 생활로 돌아갔다.

결론

한국 노동운동에서 가장 특이한 점 가운데 하나는 노동운동과 민주화를 위한 정치투쟁 간에 긴밀한 연계가 발전했다는 것이다. 앞서 주장한 것처럼, 이 두 운동간의 긴밀한 접합이 아시아와 다른 지역의 산업화사회에 비해 어떻게 한국의 노동계급운동이 더 빠르고 강력하게 발전했는가를 설명하는 핵심적인 요인이다. 비록 다른 사회에서도 노동운동이 지식인들로부터 지원을 받은 것은 사실이지만, 한국에서 지식인들의 개입 정도와 그 깊이는 예외적이었던 것으로 보인다. 이 장에서 본 것처럼, 한국의 학생운동은 1980년대 노학연대전략을 적극적으로 추구하였고, 노동자들을 의식화해서 정치투쟁에 동원하려는 구체적인 목적으로 수천 명의 학생들을 공업지역으로 보냈다. 1980년대 중반 노동쟁의의 활성화와 노동자 연대투쟁의 증가는 1970년대 노조활동에 가담했다는 이유로 해고된 많은 일반노동자들뿐만 아니라 이 학생 출신 노동자들의 역할에 크게 힘입은 것이었다.

노동자와 학생들 사이에 발전된 긴밀한 연계는 대체로 국가의 억압적 노동통제의 산물이라고 볼 수 있다. 박정희 유신체제부터 전두환 시기까지 국가의 일관된 정책은 정부가 통제하는 노조 외의 자주노조 등장을 미리 막고, 노동운동과 반정부운동의 연계가 발전하는 것을 차단하는 것이었다. 정부는 작업현장에서 고조되는 갈등과 분노를 해소할 수 있는 통로를 허용하지 않으면서, 어떤 조직적 저항의 기미만 보여도 무자비하게 탄압하였다. 한국의 노동통제방식은 조합주의적이라기보다는 억압적이었고, 관료적·이데올로기적이라기보다는 직접적·물리적이었으며, 교묘하고 위장된 것이라기보다는 노골적으로 반노동적이었다. 노동쟁의에 참여한 노동자들은 으레 억압적인 국가권력과 대치하게 되었고, 자본과 국가권력의 관계가 지니는 진정한 속성을 알게 되었다. 노동활동가들을 해고하고, 다른 곳에 취직하지 못하도록 블랙리스트에 올려 노동현장에서 '불순분자'를 제거하려고 한 권위주의적 국가의 시도는 오히려 학생과 노동자의 연계를 강화하고 노동운동가·교회지도자·반정부지식인들 간의 폭넓은 비밀네트워크를 강화하는 역설적인 결과를 낳았다. 이처럼 국가의 가혹한 탄압은 한국 노동운동을 위한 조직적·이념적·인적 자원을 만들어내는 데 도움을 주었다.

구로연대투쟁은 1980년대 전반에 발생한 노동투쟁 가운데 가장 중요한 투쟁이었다. 그러나 우리는 이 투쟁을 당시 한국 노동운동의 발전수준을 대변하는 것으로 인식해서는 안 된다. 1980년대 초 한국 노동운동은 전체적으로 훨씬 더 낮은 수준에 있었다. 경인지역 이외의 나머지 지역에서는 노동쟁의가 대단히 드물었다. 특히 중화학공업이 집중되어 있고, 대규모 재벌기업체들이 주로 남성노동력을 고용하고 있던 울산·마산·창원·거제 같은 남부지역의 주요 산업도시들에는 1987년까지 노동운동이 거의 영향을 미치지 못했다.

남부 산업도시들에서 노동운동이 활발하지 않았던 이유는 여러가지가 있겠다. 그 중 중요한 요인들은 노동자들을 통제하고 포섭하는 재벌들의 능력, 대기업노동자에 대한 국가의 강력한 정치적 통제, 노동자들이 누린 상대적으로 높은 임금과 복지혜택 등이다. 그러나 한국 노동운동이 지역적으로 불균등하게 발전한 가장 중요한 이유는 아마도 전문적인 노동운동가들과 많은 노동지원 반정부조직들이 주로 서울과 그 근교에 위치해 있었다는 점을 들 수 있을 것이다. 경인지역은 교회조직들이 민주노조운동을 활발히 도운 지역이며, 학생운동가들이 노학연대투쟁 전략의 실천지역으로 선택한 곳이었다.[10] 또한 1970년대 말과 1980년대 초 민주노조운동에서 많은 해고노동자와 블랙리스트에 오른 노동자들이 양산되었고, 이들 재야노동자들이 주로 구로·안양·인천지역에서 활동하면서 나중에 들어온 학생운동가들과 긴밀하게 협조했다는 점도 노동운동의 지역적 편중에 중요한 원인이 되었다.

1985년 구로연대투쟁의 주된 의미는 산업지역에 있는 조합원들 사이에서 발전된, 긴밀한 사회적 연계에 기초한 최초의 기업간 연대투쟁이었다는 점, 또한 파업이 경제적 불만에 의해 촉발된 것이 아니라 민주노조운동에 가해진 정치적 억압에 의해 촉발되었다는 점이다.[11] 이러한 점에서 구로연대투쟁은 한국 노동운동의 주요 전환점이 되었고, 다가올 노동계급운동의 전조가 되었다. 1987년 노동자대투쟁은 이런 중요한 유산을 계승하게 된다.

10. 1987년 이전, 경인지역을 벗어난 학생들은 매우 적었다. 1987년 이전 학생들의 전략은 이 지역에 정치적으로 훈련된 상당수의 전위노동자를 만들어내는 것이었고, 그 다음 다른 지역의 공장들로 진출하는 것이었다. 그러나 저명한 노동운동가인 노회찬(魯會燦)은 1986년부터 인천지역에 기반을 둔 노동단체들이 비록 적은 수이긴 하지만 학출 노동자들을 남부 해안지역의 산업도시로 보내기 시작했다고 말했다.
11. 구로연대투쟁에 관한 책인 『선봉에 서서』는 이 사건을 "민주노조들이 탄압에 맞서 자주적인 노동조합을 사수하려 했던 첨예한 정치투쟁이었고, 기업별 노동조합주의를 극복해 가는 선진적 노동대중의 연대투쟁이었다"고 정의한다(서울노동운동연합 1986, 176면).

제6장 노동자 정체성과 의식

전에는 제 자신이 노동자라는 것을 꺼리고
남에게 알려질까봐 두려워 했던 적이 많았
지요. 하지만 지금은 '내가 노동자다'라는
것을 남에게 떳떳이 얘기할 자신이 생겼어
요. 또 내 자신이 노동자이면서 사회의 당당
한 일원이라는 자부심이 생기고, 하나의 인
간 경희를 느끼고 있어요.

(김경숙 외 1986, 117면)

1970년대 그리고 1980년대까지 한국 노동자들의 시위에서 자주 나타
난 주제 중 하나는 인간적인 대우에 관한 것이었다. 이 시기 발생한 자연
발생적이고 격렬한 많은 저항들은 인간적인 대우를 요구했고 노동자들
은 인간적인 대우를 찾아 자주 일자리를 옮겼다. 노동자들이 그렇게 관
심을 가졌던 인간적인 대우는 두 가지를 의미했던 것 같다. 첫째 최소한
의 노동조건에 관한 요구였다. 육체적으로 견뎌낼 수 있는 노동시간, 안
전한 노동환경, 과도하지 않은 초과노동, 최소한 매주 하루의 휴식, 그리
고 적절한 임금이었다. 전태일(全泰壹)이 분신자살하면서 "우리는 기계
가 아니다"라고 외쳤을 때, 그는 견딜 수 없는 육체노동으로 신음하는 수
백만 노동자들의 요구를 대변했던 것이다. 두번째 노사관계의 개선에 관
한 것이다. 이것은 고용주와 경영자들의 노동자들에 대한 태도 변화를
의미한다. 3장에서 살펴본 것처럼, 공장노동이란 노동자들이 인간의 존

엄성과 자긍심에 끊임없이 가해지는 폭력을 받아들여야 한다는 것을 의미했다. 공장은 먼지와 기계소음으로 가득 찼을 뿐만 아니라 십장(什長)과 감독이 육체노동자들에게 내뱉는 고함·욕지거리·상소리가 난무했다. 노동자들은 끊임없이 언어적 모욕과 육체적 학대를 받았고, 여성노동자들은 성희롱도 겪어야했다. 한국의 공장노동은 노동자들이 하루 8시간 혹은 10시간의 노동력을 판매하는 것만이 아니라 임금을 위해서 자신들의 자존심과 존엄성까지 희생하는 것을 의미했다.

그러므로 인간적인 대우를 향한 한국 노동자들의 절규는 그들이 하루하루 경험하는 물질적이고 상징적인 억압에 대한 반작용이었다. 한국 노동자들이 노동현실에 대해서 유난히 감정적이고 격렬하게 저항했던 것은 이 두 가지 요인에서 유래한다고 볼 수 있다. 그러므로 한국의 노동자 정체성과 계급의식을 연구하는 데 있어서 노동자들의 물질적 조건과 더불어 계급관계의 상징적·문화적 차원에 주의를 기울일 필요가 있다.

이 장은 노동계급 경험의 문화적 차원을 살펴보고, 노동자들의 구체적인 경험이 그들의 투쟁형태 및 정체성과 계급의식 발전에 어떤 영향을 미쳤는지를 검토한다. 노동자들이 비인간적인 대우를 받았던 것은 상당 부분 공장노동을 경시하는 사회의 태도와 관련이 있기 때문에, 여기서는 특별히 노동계급 경험과 관련해서 사회적 지위의 중요성에 주목한다. 공장노동은 오래 전부터 지위가 낮고 하찮으며 비천한 직업으로 여겨졌다. 한국 공장의 권위적이고 노동자를 천대하는 노사문화는 크게는 공장노동자에 대한 이러한 문화적 태도에 기인한다고 볼 수 있다. 노동자들의 열악한 경제상황 또한 그들에 대한 사회의 경멸을 더욱 촉진시켰던 것 같다.

그러므로 사회적 지위는 한국 노동자들에게 아주 중요한 문제였고, 그들의 계급경험은 그들의 사회적 지위와 밀접하게 얽혀 있었다. 나는 여기에서 계급(class)과 지위(status)를 일반적인 사회계층론에서 흔히 다루는 것처럼 두 개의 서로 다른, 그리고 경쟁적인 계층질서로 이해하지 않는다. 한국 노동자들은 계급에 기초한 억압과 지위 불평등 모두에 맞서 투쟁했고, 그들의 투쟁은 계급상황과 사회적 지위를 동시에 개선하기 위한 것이었다. (성〔性〕역시 중요한 요소지만, 지위의 한 차원을 대표하는 것으로 이해될 수 있다.) 한국 노동자들의 경험에서 지위 또는 신분의 중요성을 인식하는 것은 그들의 저항이 대단히 감정적이고 폭발적인 성격을 띠었던 점을 이해하고 그들이 노동자 정체성과 계급의식을 발전시킨 방식을 설명하는 데 도움이 된다.

천한 노동자

1960년대 공장노동자들이 급격히 증가해서 주요한 직업집단이 되었는데 한국 사회는 이 집단에 모순적인 방식으로 반응했다. 사람들은 공장노동자들이 산업화과정에서 중요한 역할을 담당하고 있음을 인정하면서도 노동자들을 매우 경멸하는 시선으로 바라보았다. 노동자들은 낮고, 하찮고, 존경받을 수 없는 지위의 사람들로 간주되었고, 이런 사회적 태도는 일상언어와 대중매체에서 표현하는 공장노동자들의 이미지에서 자주 드러났다. 1960년대와 1970년대 그리고 1980년대까지도, 이런 태도를 가장 분명하게 표출하면서 노동자들에게 큰 심리적 고통을 가져다준 '공순이와 공돌이'라는 말이 널리 통용되었다. 이는 예전의 하인과 비슷한 지위를 암시하는 것으로서, 공장에서 일하게 된 천박하고 하찮은 지위에 있는 사람들을 뜻했다. 공순이와 공돌이라는 두 용어는 전통적인 유교적 지위체계가 육체적 노동에 대한 부정적 평가를 변함없이 유지하면서 근대적 직업구조에 투사되었음을 보여준다.

특히 공순이라는 명칭은 신분상승의 강한 열망을 품고 농촌을 떠나온 젊고 감수성이 풍부한 많은 여성노동자들을 괴롭혔다. 그들이 쓴 수기들에는 공장노동자인 그들에게 사회가 강제로 부여한 부정적인 이미지에 대한 실망으로 가득하다. 한 노동자는 이 명칭에 대한 슬픈 감정을 수기에서 이렇게 썼다.

공장에서 일하는 여자는 공순이. 공장에서 일하는 남자는 공돌이. 공순이, 공돌이는 천한 애들. 그렇고 그런 애들. 노는 애들.

공장 다니는 우리들을 사람들은 싸잡아 이렇게 부른다. 언제부터인가 우리들은 공장 다니기 때문에 싫어도 할 수 없이 공순이다. 누가 어디 다니느냐고 물으면 "네. 조그만 회사에 다녀요." 언제나 이런 식이다. 그래도 공순이들은 공장 다니는 표시가 난다. 아무리 옷을 잘 입고 화장을 잘 해도 표시가 난다. 그 표시를 안 낼려고 일부러 옷에 신경 쓰고 머리를 하고 화장을 더 한다. 사람들은 돈도 못 벌면서 사치를 부린다고 하지만 공순이 딱지를 뗄려고 그런다. (김경숙 외 1986, 111면)

여성노동자들은 공장 유니폼을 입고 있는 것을 남에게 보이기 싫어서 휴식시간에 잠깐 전화를 걸기 위해 공장 밖으로 나갈 때조차도 옷을 갈아입곤 했다. 내가 면접을 한 여러 전직 여공들은 길을 가다가 반대방향에서 옛날 학교친구들이 오는 것을 보면 골목으로 숨곤 했다고 말했다. 한 사람은 공휴일에 시내로 쇼핑을 가거나 영화를 보러 갈 때 항상 시집이나 잡지를 손에 들고 다녔다고 했다. 공장노동자들에 대한 부정적인 사회적 이미지는 노동자 자신들에 의해서도 내면화되는 경향이 있었다. "처음 공장에 들어갔을 때는 '노동자'란 말의 의미도 몰랐는데, 다니다 보니까 내가 사회에서 흔히 말하는 천한 노동자란 것을 깨닫게 됐어요"라고 한 노동자는 회상했다(김경숙 외 1986, 116면). "천한 노동자"라는 명칭은 1960년대와 1970년대 노동자를 부르는 어휘의 한 부분이 되었다. 노동자야학에 다니고 있었던 한 여공은 왜 좋은 대학을 졸업한 사람들이 야학교사가 되었는지 이해하지 못하겠다며 다음과 같이 쓰고 있다.

"왜 그런 곳에 와 있을까. 다 쓰러져 가는 초가집에서 더구나 하는 일도 우리같이 천한 공장 애들이나 상대하는…… 쯧. 그 사람들도 아마 취직하기가 힘들고 되게도 갈 곳이 없었나 보다"(석정남 1984, 22면).

육체노동에 대한 사회의 경멸풍조는 산업체제에 깊숙이 제도화되었다. 3장에서 본 것처럼, 한국의 산업은 사무직 노동자와 생산직 노동자 사이에 뚜렷한 임금격차를 유지했다. 더욱이 복장규범과 머리모양에서부터 회사시설(식당과 통근버스)을 사용할 수 있는 자격에 이르기까지 회사조직의 온갖 규칙과 관습은 모두 사무직 노동자와 생산직 노동자들 사이의 지위 차이를 강화시키는 것이었다. 또한 전통적인 유교사회에서는 나이가 서열을 정하는 기본이었음에도 불구하고 대학을 졸업한 젊은 엔지니어들이 나이 많은 생산직 노동자들에게 자주 반말을 쓰곤 했다.

다른 사회에서도 노동자들은 초기 산업화과정에서 중간계층 사람들로부터 무시를 당한 것이 사실이다. 다른 나라에서도 초기 프롤레타리아트의 사회적 이미지는 거의 예외없이 더럽고 거칠며 지위가 낮은 노동자들이었다. 그것은 부분적으로 노동자들의 작업내용과 작업환경 때문이었다. 그러나 더 중요한 이유는 산업화 초기세대 공장노동자들의 행동양식이 중간계층의 기준에 미치지 못했다는 사실이었다. 중간계층의 관점에서 볼 때, 대다수 농촌 출신 공장노동자들은 교육 정도와 문화적인 세련됨은 말할 것도 없고 자제력과 도덕적 훈련 면에서도 형편없는 사람들로 비쳐졌다. 토머스 스미스(Thomas Smith)는 일본 노동자에 대한 연구에서, "그들(공장노동자들)은 음주·노름·매춘과 집안에서 싸우는 짓을 그만 둘 때까지 사회로부터 존경을 받지 못할 것이라고 중간계급에 속한 동정자들로부터 지속적인 충고를 받았으며, 또 많은 노동자들이 이런 평가에 동의했다"고 말하고 있다(Smith 1988, 245면). 노동자 스스로도 자신들에게 결함이 있다고 믿었다. 20세기 초 일본의 노동운동에 관한 연구에서, 니무라 카즈오(Nimura Kazuo)는 "노동자지도자들은 사회를 상대로 블루칼라 노동자들을 사회의 완전한 구성원으로 인정해줄 것을 요구하면서 동시에 노동자들에게는 스스로를 계발하고, 기술을 향상시키고, 일반적으로 '존경받을 만한 인간이 되기 위해서 노력하여' 사회가 인정할 만한 사람이 되어야 한다고 요구했다"(Nimura 1997, 227면).

그렇지만 수출주도형 산업화과정에서 등장한 한국의 신세대 공장노동자들은 규율적인 면이나 도덕성에서 특별한 결함이 없었다. 도덕성에 관한 한, 한국 노동자들은 다른 계층 사람들에 비해 사회적 존경을 더 받으면 받았지 덜 받을 만한 사람들은 아니었다. 실제로 1960년대와 1970년대의 대중매체에 나타난 한국 노동자들의 사회적 행위에 대한 기술에서는 부정적인 언급을 거의 찾아볼 수 없다. 한국 공장노동자들이 사회에서 천대받았던 주된 이유는 전통적인 유교적 신분질서의 유산과 육체노동을 통해서 버는 그들의 낮은 소득 때문이었다.

그러나 이는 한국의 전통적인 신분체계가 변하지 않은 채 남아 있었기 때문은 아니었다. 실제로 신분체계는 일찍이 20세기 초 식민지상태에서 일본정부에 의해 폐지되었고, 신분체계의 물질적 기반은 전후 농지개혁과 한국전쟁으로 완전히 붕괴되었다. 전통적 신분체계의 와해와 해방 이후 경험한 대규모의 정치적·사회적 혼란에도 불구하고, 낡은 신분질서가 오늘날에도 한국사회에서 신분서열과 사회적 정체성에 대한 틀로 자주 사용된다는 것은 흥미로운 사실이다. 이것은 대체로 한국 신분체계의 불안정성과 불확실성 때문에 생긴 현상이라고 볼 수 있다. 전통적인 신분질서의 붕괴에도 불구하고 낡은 신분체계를 대체할 새로운 신분체계가 형성되지 않았기 때문이다(김경동 1993). 카터 에커트(Carter Eckert)가 주장하듯이(Eckert 1993), 한국의 부르주아지는 그들이 성장한 특수한 역사적·정치적 맥락 때문에 사회에 대한 이념적 헤게모니를 구축하는 데 실패했다. 1960년대부터 1980년대까지 한국의 급속한 경제발전 시기는 이처럼 계급이 사회적 지위를 결정하는 한 요소로 등장하는 한편 봉건적 신분질서가 여전히 사회적 지위에 영향을 미치는 전환기를 의미했다.

교육이데올로기의 힘

엄격히 말해서, 공장노동자들이 사회적으로 경시받은 주된 원인은 전통적인 봉건적 신분질서라기보다는 유교적 신분체계의 핵심요소이자 사회변화에도 불구하고 신분의 가장 핵심적인 잣대로 남아 있는 교육의 상징성이었다. 물론 교육은 현대 자본주의 사회에서도 계층구분의 주된 기준이 된다. 그러나 큰 정치적 혼란과 심한 운명의 부침(浮沈)을 겪어 온 한국 사회에서 교육은 더 확실하고 신뢰할 만한 신분상승의 수단이 되었다. 더욱이 한국의 정치경제 풍토에서 교육은 부(富)나 정치권력보다 더 큰 도덕적 위엄을 지녔다. 전통적 계급체계(양반 대 상민)에 기초한 사회적 위계가 정당성을 상실하고 직업적 위계의 신분질서는 모호해졌지만, 학력에 기초한 사회적 위계는 변하지 않고 실제로 더 강화된 채 유지되었다. 신분상승을 위한 거의 모든 경쟁이 교육에 의존하게 됐고, 신분적 우위를 주장하는 사람이나 신분 하락으로 고통받는 사람들 모두 학력을 신분평가의 주된 기준으로 간주하게 되었다.

그러므로, 공장노동자들은 이런 교육이데올로기에 근거해 자신들에 대한 사회적 천대를 이해하고 원하지 않더라도 부분적으로 그것을 인정했다. 그들은 교육을 받지 못한 것이 그들에 대한 직장 내의 천대와 사회적 무시의 근본원인이라고 믿었다. 교육이데올로기의 힘과 그것이 노동자들의 사회적 위치에 대한 자각에 미친 영향력은 자신들의 교육수준에 대한 노동자들의 끊임없는 언급에서 잘 드러난다. 노동현장에서 불의를 의식하고 그에 저항할 때에도 그들은 스스로 제대로 교육받지 못했다는 사실을 염두에 두고 있었다. "노동자들도 최소한 쉴 수 있는 여유는 줘야 될 것 아닌가"라고 항의하면서 그들은 자주 교육에 대해 언급하곤 했다. "가난해서 못 배웠기에 이토록 고통스런 노동을 할지언정 이제는 못 견디겠다"(김경숙 외 1986, 144면). 1970년대와 1980년대 노동자들의 수기나 민주노조들의 공개성명서도 그들이 교육받지 못했다는 것에 대해 얼마나 심적 고통을 느꼈는지를 잘 보여준다. 예를 들어, 동일방직 노동자들의 전단은 "배우지 못해 아는 것은 없지만 불의와 타협할 수 없었고 가난하게 살아왔지만 똥을 먹고 살 수는 없습니다"라고 쓰고 있다(석정남 1984, 161면).

1970년대와 1980년대 초 한국 노동자들이 교육에 대해 계속 언급한 것은 어떤 면에서 그들이 평등의식이나 노동자의 권리의식을 충분히 발전시키지 못했다는 것을 의미한다. "배우지는 못했지만"이라는 제한적인 진술은 정의에 대한 그들의 기본적인 정서를 벗어나지 않는 한, (교육을 못 받았기 때문에) 어느정도의 불공평한 대우는 받아들일 수 있다는 것을 의미한다. 이 경우의 정의는 평등과 다르다. 초기 한국 노동자들이 간절히 요구한 인간적인 대우는 평등한 관계에 대한 요구는 아니었다. 교육 이데올로기는 은연중에 교육받지 못한 사람은 교육을 많이 받은 사람에게 복종해야 하고 사회로부터 많은 것을 요구해서는 안 된다고 규정하기 때문이다.[1]

한국의 경우와 유사하게, 스미스도 초기 일본의 노사관계와 노동분석에서 교육의 중요성을 강조하고 있다. 그는 제1차 세계대전 이전 일본 노동자들의 항의는 권리의식이 아니라 신분의식에 기초한 것이라고 보

---

1. 그러나 물론 노동자들이 항상 교육이데올로기에 순종한 것은 아니었다. 그들은 힘들고 천대받는 생활과 일상적인 경험을 통해 교육 이데올로기의 허구성과 사회적 불의에 눈을 떴다. 남동생 교육비를 대고 있던 한 여공은 어머니에게 이렇게 편지를 썼다. "저도 어떤 고생을 하더라도 식이 공부만은 시켜서 그 폼나는 사각모자에 반짝이는 뺏지를 달게 하고 싶었어요. 하지만 요즘은 대학공부하는 것이 참된 인간이 되는 길은 아니라는 생각이 들어요. 객지생활 8년간 공부했다는 사람들이 도리어 약하고 가난한 사람을 무시하고 자신의 기득권을 악용하는 것을 너무 많이 보았어요"(김경숙 외 1986, 52면).

았다.

> 권리의식은 신분이 불러일으키는 도덕적 감정을 유발하지 않는다. 고용관계는 자비심과 동시에 그에 따른 충성과 복종을 요구하는 영주와 신하, 주인과 노예, 부모와 자식 간의 관계와 유사하게 불평등한 신분관계로 간주되었다. 이런 관계를 규정하는 윤리적 규범을 고용주가 무시하면, 그는 부도덕하고, 잔인하고, 야만적이고, 이기적이고, 비인간적이며, 하늘과 사람의 도리를 모르는 사람으로 비난받았다. (Smith 1988, 239면)

또한 스미스는 신분관계의 핵심에 교육이데올로기가 놓여 있다고 지적한다. "신분은 교육에 기초하고 있으며, 교육의 주된 목적은 도덕교육—의무, 충성, 자식으로서의 효도, 인간에 대한 인간의 의무를 중시하는 교육—이었다. 이것이 3세기 동안 교육의 목표였다. 개인적인 예외를 차치한다면 도덕성은 교육 정도에 따라서 달라지는 것으로 여겨졌고, 그 결과 노동자들은 일상적으로 배우지 못했고, 무식하고, 어리석고, 부도덕한 존재로 그려졌다"(Smith 1988, 245면). 스미스는 이런 사회적 맥락에서 초기 일본 노동자들이 평등주의적 의미에서 노동자들의 권리를 요구하기보다는 "신분과 처우의 개선"에 초점을 맞추었다고 주장한다 (Smith 1988, 245면). 니무라도 같은 지적을 하고 있다. "일본의 노동조합운동에는 처음부터 작업조건의 유지와 개선 이상에 관심을 갖는 특징이 있었다. 그들은 노동자들의 사회적 위치에 민감했고, 전체 사회와 개별 회사들이 육체노동자를 인간으로 대접해줄 것을 지속적으로 요구했다"(Nimura 1997, 227면).

노동자들의 요구와 의식면에서 1970년대 한국 노동자들의 저항을 초기 일본 노동자들의 저항과 동일시하는 것은 부적절한 일이다. 20세기 초 일본의 노동자들이 전통적인 신분이데올로기를 완전히 내면화하고 있던 데 반하여, 한국의 노동자들은 신분이데올로기에 영향을 받았지만 그것을 완전히 내면화하지는 않았다고 볼 수 있다. 한국의 노동자들은 일본의 노동자들과 마찬가지로 신분언어를 자주 사용했지만, 동시에 권리언어도 많이 사용했다. 따라서 한국 노동자들의 감성은 신분의식과 권리의식 모두에 영향을 받았다고 할 수 있다. 20세기의 급격한 역사적 변동으로 한국의 신분체계가 깨어지면서 불안정하고 모순적인 체계가 되었다는 점을 상기할 필요가 있다. 결과적으로, 한국 어촌마을에 대한 예리한 연구에서 빈쎈트 브랜트(Vincent Brandt)가 정확하게 관찰했듯이, 한국 사회는 개인주의와 집단주의, 평등주의와 위계적 가치, 그리고 조화와 갈등이라는 모순적 경향들이 공존하는 사회이다(Brant 1971).

그럼에도 불구하고, 교육에 기반을 둔 신분억압은 한국 노동자들의 계급경험에서 핵심적인 차원을 구성했다. 노동자들은 분명히 세계를 불평등하고 불공평한 것으로 보았지만, 그들의 일기와 수기에서 그려진 불평등은 부자와 빈자 사이의 불평등이라기보다는, 교육받은 사람과 교육받지 못한 사람 간의 불평등이었다. 자본가와 노동자 간의 불평등에 대한 인식은 더욱 적었다. 한 노동자는 "교육받은 사람과 그렇지 못한 사람 간에는 하늘과 땅의 차이가 있는것"같고(한윤수 1980, 58면), 교육을 받은 사람들은 항상 교육받지 못한 사람을 경멸스런 눈초리로 내려다보고 있다고 말한다.

교육수준의 차이는 당연히 생산직 노동자들에 대한 관리자들의 불평등하고 권위주의적인 태도를 정당화하는 데 자주 사용되었다. 예를 들어, YH무역 노동자들이 관리직 사원과 생산직 노동자 사이의 차별적인 상여금 체계에 대해 항의했을 때, 노무과장은 "여러분은 국민학교밖에 안나와서 키우는 데 돈이 안들어 갔지만, 관리직은 적어도 고졸 이상입니다. 그런데 함께 대우를 해달라는 게 말이 됩니까?"(전 YH노동조합·한국노동자복지협의회, 1984, 74면). 노동자들이 불만스런 표정을 짓자, 그는 모욕적인 말투로 "억울하면 여러분도 관리직으로 취직하세요. 그러면 되지 않습니까?"라고 말했다(전 YH노동조합·한국노동자복지협의회 1984, 74면). YH무역 여공들은 어떻게 대응해야 할지 몰라 다만 분해서 눈물을 터뜨렸다. 안양공단에서 일했던 한 노동자는 "교육도 못 받은 주제에" 혹은 "무식한 것들"이라는 말처럼 노동자들을 화나게 만드는 말은 없을 것이라고 말했다. 그들은 관리자와 노동관련 공무원, 경찰로부터 이런 말을 끊임없이 들어왔다. 노동자들에 대한 사회전반의 태도도 마찬가지였다. 1970년대와 1980년대 일어난 노동자들의 격렬한 항의의 저변에는 이런 상징적 억압에 대한 분노가 깔려 있었다.

성적 억압

여성노동자들은 공장노동자들의 일반적인 지위하락뿐 아니라 여성성(femininity)에 대한 치밀하고 악랄한 공격으로 더 고통받았다. 공장에 고용되어 거친 환경에서 육체노동을 하는 것은 여성적 덕목을 상실하는 것으로 여겨졌다. 젊은 여성들은 항상 이런 두려움을 가졌다. 한 여성노동자는 "사람들은 말한다. 여자 목소리가 담을 넘어가도 아니 되고 여자는 얌전하고 교양있게 얘기를 해야 하며 행동도 조용해야 한다고…… 그러면 우리는 무언가? 자로 잰다면 우리는 여자로선 제로 아닌가. 큰 소리로 하지 않으면 말이 전달이 안 되고 작업복을 입고 분주하게 기계 사이를 오가며 일해야 하니 자연히 행동이 덤성덤성하다"라고 수기에서 적고 있다(장남수 1984, 42~43면).

젊은 여성노동자들은 성차별과 육체노동에 대한 문화적 폄하로 이중적 억압을 받았다. 천한 노동자라는 사회적 인식은 여성노동자들에게 추가적인 지위 상실을 의미했다. 먼지, 소음, 험한 말투로 가득 찬 공장에서 일하는 여성노동자들을 멸시하는 태도는 관리자나 반장에게 한정된 것이 아니라 동료 남성노동자들에게서도 공통적으로 나타났다. 동일방직·원풍모방·YH무역 시위에서 남성노동자들이 여성노동자들에게 가한 믿을 수 없는 육체적·언어적 폭력은 그들이 여성노동자들에 대해 가지고 있는 깊은 편견을 반영하는 것이었다. 그들이 표출한 것이 단순한 성차별만은 아닐 것이다. 중간계층 여성들에게도 똑같은 식으로 행동하지는 않았을 것이기 때문이다. 그것은 성차별 외에 신분에 기초한 경멸까지 포함한 것이었다. 불행하게도, 남성노동자들은 관리자와 똑같이 동료 여성노동자들을 경멸했다. 실제로 폴 윌리스(Paul Willis)가 지적하는 것처럼(Willis 1977), 어느정도의 성차별과 특정계급 여성에 대한 이중적인 잣대는 노동계급문화의 보편적인 측면이라고 할 수 있다. 남성 블루칼라 노동자들은 남성우위 이데올로기로 육체노동을 미화함으로써 허구적인 우월감을 찾을 수 있지만, 여성 공장노동자들은 블루칼라 남성노동자들 사이에 만연된 이런 남성우월주의의 희생물이 되는 것이다. 윌리스는 여성노동자들을 깔보고 무시하는 것이 일반적으로 남성 노동계급문화의 중요한 특성이라고 지적한다. 노동운동에 가담한 동료 여성노동자들에게 보여준 한국 남성노동자들의 적대감은 부분적으로 이런 노동계급문화에서 유래했을 것이다.

또한 여성노동자들은 그들이 뭔가 항의를 할 때마다 남성 상급자들이 자주 내뱉는 '공순이 주제에'라는 경멸에 찬 말로 상징적인 폭력을 당했다. 여성 노조운동가들은 일상적으로 '공순이 주제에 너희들이 이런 문제에 대해 무엇을 안다고?'라는 모욕적인 말로 조롱당하곤 했다.

한국 공장에서의 성차별은 더 노골적인 형태로 나타나기도 했다. 다른 사회의 여공에 대한 많은 연구에서 보고되듯이, 한국의 여공들도 헤프고, 성적으로 문란하다는 비난을 받았다(Ong 1991 참조). "공단 안에는 처녀가 없다"라는 악랄한 소문이 공단지역에 퍼지기도 했다(유동우 1984, 44면). 이런 성적 낙인은 여성노동자들이 공순이라고 불리는 것을 혐오하고, 공장 밖에서 되도록 학생 혹은 사무직 노동자로 보이려고 노력한 이유를 이해하게 해준다.

이 때문에, 앨버트 허쉬먼(Albert Hirshman)의 용어(Hirshman 1971)를 빌리면, 여성 공장노동자들에게는 남성 노동자들보다 더 강한 '이탈 (exit)'의 욕구가 있었다. 공장근무가 그들 생애의 일시적인 단계라고 생각하는 것이 가장 특징적인 이탈성향이었다. 그러나 그들은 공장을 떠나도 그들을 기다리는 더 나은 삶이 없다는 것을 깨닫게 되었다.

또다른 좀더 적극적인 반응은 공장에서 일하면서 학력을 높이려는 노력으로 나타났다. 많은 여성노동자들이 교회나 사설학원, 때로는 회사가 운영하는 야간학교에 다녔다. 한 노동자는 "공장생활 하면서 학원정도 나가 보지 않은 사람은 드물 것으로 생각된다"고 말하고 있다(송효순, 1982, 99면). 말할 필요도 없이, 장시간의 힘든 노동 후 학교에 가는 것은 몹시 힘든 일이었지만, 많은 노동자들은 이 모든 어려움에도 불구하고 악착같이 학교에 다니려고 했다. 한 노동자는 "내가 그런 인간 이하의 취급을 받는 생활을 하는 것은 못 배웠기 때문이라고 생각해서였죠. 저는 배워서 인간으로서의 취급을 받는다면 10시간의 일들을 하고 난 지친 몸을 이끌고라도 저녁을 챙겨 먹을 시간이 없어 계속 몸이 축이 나더라도 다녀야 된다고 생각했어요"(전점석 1985, 48면)라고 말하고 있다. 또다른 노동자는 "일하고 공부하는 것이 힘겹기도 했지만 공장에서 일만 하고 있다는 것이 견딜 수가 없었다. 나는 하루라도 빨리 공부를 통해 이 생활을 탈피할 수가 있다고 철석같이 믿고 있었던 것이다"라고 썼다(장남수 1984, 27면).

그러나 대부분의 여성노동자들이 야간학교에 다니거나 교회조직의 후원으로 공부를 가르치는 소모임활동에 참여했던 주된 동기는 실질적인 것이라기보다는 심리적·정서적인 것이었던 것 같다. 그들 대부분은 시험을 봐서 고등학교 졸업장을 취득하는 것과 졸업장을 취득하더라도 사무직으로 올라갈 수 있는 기회를 얻는 것이 거의 불가능하다는 것을 알았다. 그래서 이런 학교에 다니는 것은 주로 공순이라는 딱지를 떼어내려는 심리적인 욕구를 충족하기 위한 것이었다. 남성과는 달리 여성들은 교육과 결혼 이외에 실질적으로 혹은 심리적으로 다른 신분상승의 길이 없었기 때문이었다. 야간학교에 다닌 것은 주로 젊은 여성노동자들이었다. 실제로 야간학교나 교회가 후원하는 교육활동에 참여하는 주된 동기는 비록 나중에 아무 필요가 없을지라도 더 좋은 결혼상대를 만나기 위해 한자·꽃꽂이·요리 같은 문화적 기술을 습득해두려는 것이었다(석정남 1984, 20~27면).

대단히 흥미롭게도 여성노동자들은 야간학교 교사들의 지도로 차츰 불평등구조에 대한 예리한 인식을 갖게 됐고, 따라서 학구열이 높은 여성노동자들의 강한 이탈성향이 '목소리내기(voice)'라는 긍정적인 성향으로 바뀌게 되었다. 비록 대다수의 노동자들은 주로 신분상승의 열망으로 야간학교나 교회가 후원하는 소모임활동에 참여했지만—대부분의 프로그램들이 원래 정규 고등학교 교과과정에 맞추어져 있었다—이런 교육활동은 점차 노동자 의식화의 기능을 수행하게 됐다. 이런 교육활동 참가자들의 대다수가 여성이라는 사실은 1970년대 민주노조운동에서 여성이 주도적인 역할을 담당한 이유를 설명하는 단서를 제공한다. 여성노동자들의 강한 이탈(exit)성향이 그들을 노동자들의 요구를 주창(主唱)하는 전위대가 되게 하였고, 결과적으로 1980년대 민주운동의 초석을 마련하게 했다는 것은 한국 노동계급운동사에서 흥미로운 역설이다.

한(恨), 불의에 대한 의식

지금까지 한국산업에서 계급관계의 신분적 측면과 상징적 차원이 갖는 중요성을 살펴보았다. 이것은 적대적인 생산관계에 근거한 계급의 근본적이며 구조적인 현실을 평가절하하는 것이 아니다. 오히려 구체적인 일상 속에서 상징적·도덕적 억압이 가진 중요성을 인식하는 것이 노동자들의 정체성 형성유형과 계급의식 발달을 이해하는 데 핵심적이다. 간단히 말해, 상징적 억압에 대한 한국 노동자들의 뿌리깊은 분노가 집단적인 행동과 계급의식을 형성시키는 중요한 촉매 역할을 담당했다.

한국 노동자들의 일상 경험을 표현하고 형성하는 데 중요한 역할을 한 문화적 개념은 '한(恨)'이다.[2] 한은 외국어로 번역하기 힘든 대단히 복잡한 개념이지만, 넓은 의미에서 보자면 개인이 겪은 불행에 대한 누적된 슬픔과 회한, 혹은 개인이 겪은 불의에 대해 깊게 새겨진 분노로 정의될 수 있을 것이다.[3] 한은 한 개인이 자신의 상황을 운명적인 것으로 생각하고 수동적으로 받아들이는 태도인 동시에 그것을 극복하고 싶은 강한 욕망, 혹은 그것을 야기한 사람에 대한 원망과 복수심을 모두 포함하는 극히 모순적인 개념이다. 그것은 오랜 시간을 두고 누적된 격렬한 감정이다. 풀리지 않고 맺혀 있으며 억눌려 있는, 그러나 해소를 열망하는 마음속의 응어리를 뜻한다. 그러므로 한은 폭발적인 속성을 지니고 있다. 한풀이는 문자 그대로 춤이나 음악 같은 상징적 행위를 통해 또는 좀더 직접적인 보복행위를 통해 한을 푸는 것을 의미한다. 한국 문화를 연구하는 사람들은 한국 전통춤과 음악의 본질은 한을 예술적인 형태로 푸는 데 있다고 주장한다.

한국의 공장노동자들은 자신들의 일상적 경험을 해석하면서 또한 좌

2. 죠지 오글(George Ogle)은 한을 다음과 같이 정확하게 정의한다. "한국어에는 큰 의미를 지니는 작은 단어가 있다. 그 단어는 한이다. 그것은 민족이나 개인의 누적된 고통과 슬픔을 표현한다. 그것은 억압으로부터의 해방을 갈구하는 인간정신의 신음소리이다"(Ogle 1990, 75면). 낸씨 에이벌먼(Nancy Abelmann)은 한을 "고난 속에서 오랜 기간 동안에 걸쳐서 만들어진 분노와 원한"이라고 간단히 정의하고(Abelmann 1996, 36면), 존 리(John Lie)는 한을 프랑스어의 '르쌍띠망(ressentiment, 매우 분한 원한)'과 유사한 단어라고 말한다(Lie 1998, 114면).
3. Choi Sang-Chin and Kim Uichol 1992; Freda 1998; Lee Jae Hoon 1994; Suh Nam-dong 1983b; 김경동 1993, 239~70; 김열규 1980; 천이두 1993; 한완상 · 김성기 1988.

절과 분노를 표현하기 위해 한이라는 말을 자주 사용했다. 가난한 가정에 태어나 맺힌 한, 교육을 더 받지 못해서 생긴 한을 자주 말했다. 노동자들은 또한 공장에서 경험한 전제적이고 비인간적 대우에서도 뼈저린 한을 느꼈다. 경멸적인 용어인 공순이와 공돌이라는 말도 그들에게 한이 되었다. 예를 들어, 1977년 동일방직 노조활동가들은 결의문에서 "사회의 냉대와 기업주의 혹사에 시달리고, 배고픔의 한이 있고 배우지 못한 데 한이 있고, 남들과 같이 좋은 집을 갖지 못한 데 한이 서려있는 동일방직의 근로자들을 노동조합마저 울리고 있다"라고 쓰고 있다(동일방직 복직투쟁위원회 1985, 71면). 그리고 1987년 현대그룹의 노동자들은 대규모의 성공적인 시위에 대해 "8월 18일은 현대노동자들이, 아니 이 땅의 노동자들이 한을 딛고 오늘 이 땅의 주인으로 새롭게 태어나는 위대한 탄생이었으며, 인간다운 삶을 누리는 내일을 향한 장엄한 진군이었다"고 표현하였다(이수원 1994, 103면).

한은 분명 계급언어는 아니다. 그것은 사회적 불평등의 구조적 성격에 관한 이해나 자본에 적대적인 노동자들의 공통된 계급이해에 대한 인식을 내포하고 있지 않다. 그러나 한은 불의에 대한 인식과 저항정신을 높이는 도덕적 언어이다. 다른 말로 표현하자면, 한은 정신적 저항의 언어이다. 왜냐하면 주어진 상황을 자연스러운 것 혹은 도덕적으로 문제가 없는 것으로 여길 때 한의 감정은 생기지 않기 때문이다. 한에 대한 인식의 밑바닥에는 평등주의와 역사적 정통성이 없는 위계적 사회질서에 대한 저항이 자리하고 있다. 한이라는 언어는 억압받고 있다는 사실에 대한 인식과, 동일한 경험으로 고통받는 사람들 사이의 강한 연대감을 촉진한다. 비록 계급언어는 아니지만 한은 그것이 품고 있는 사회정의에 대한 예민한 정서를 통해 계급인식과 계급감정을 고양할 수 있다.

거리에서 호객행위를 하고 있는 매춘부를 보고 한 노동자는 이렇게 적고 있다. "너희들이나 나나 모두 이 세상에 버려진 닮은꼴들이야. 하지만 우리를 벌레 취급밖에 하지 않는 이 세상에 대해 아무런 반항도 하지 못한 채 그저 살아지는 대로 이대로 살아도 되는 걸까?"(김경숙 외 1986, 106면). 이 글은 사회적 불평등에 대한 인식과 마음속의 한을 통해 불행을 공유한 사람들에게 느끼는 노동자들의 연대감을 보여준다. 그녀는 계속해서 "화려한 세상을 가장하기 위해 우리의 희생을 강요하는 이 세상 모순에 대해 발길질이라도 대차게 내질러 보자. 힘없는 내 발만 깨지는 것을 경험했지만 그래도 우리도 인간임은 분명하니까"라고 쓰고 있다(김경숙 외 1986, 106면). 한에 기초한 연대의식의 경계가 계급경계와 반드시 일치하지는 않는다. 그것은 사회의 불평등과 불의로 고통받는 모든 사람들을 포함한다. 그러나 노동자들이 계급적 불평등을 한이라는 언어를 통해 경험할 때, 한은 그들의 저항에 더 강력한 감정적 속성을 덧붙이면서 연대감을 심화할 수 있다.

1970년대와 1980년대의 많은 노동투쟁이 보여주듯이, 노동자들의 가슴속 깊이 자리잡은 한은 외견상 사소해 보이는 문제로 인한 노동갈등을 격렬한 저항으로 확대하는 불씨가 되곤 했다. 한이 자극될 때 노동자들의 연대의식이 더 강해질 수 있기 때문에, 시위자들은 강력한 투쟁정신을 유지하기 위해 때로 의도적으로 이런 감정을 자극하기도 했다. 예를 들어, 1979년 8월 10일, 예고된 경찰의 잔인한 공격이 있기 전날밤 YH무역 시위자들이 읽은 호소문은 결의의 표명이라기보다는 감정적 호소에 가까웠다.

저희들은 모두 시골의 가난한 농부의 자식들로서 일찌기 고향과 부모 곁을 떠나 냉대한 사회에 뛰어 들어 산업의 역군들로서 열심히 일해 왔읍니다.

배우지 못했다고 사회에서 천대를 받고 멸시를 당하면서도 못배운 저희들만 원망하며 저희 동생들이 나같이는 되지 않게 하기 위해서 조금의 월급이나마 용돈을 줄여가며 저축하면서 동생들의 학비를 보태주고 또 부모님들의 생계와 약값에도 보탠다는 뿌듯한 기쁨으로 신념과 긍지를 가지고 일해왔읍니다 (…) 동생들의 학비와 부모님들 약값은 어떻게 해야 된단 말입니까? 우리 문제가 해결되지 않는다면 저희들은 죽음의 길을 택할 수밖에 없읍니다. (전 YH노동조합 · 한국노동자복지협의회 1984, 233~34면)

노동자들은 한 맺힌 눈물을 흘렸고, 신문기자들과 그 장면을 본 사람들도 함께 눈물을 흘렸다.

이런 감정적 호소는 1970년대 노조운동을 이끈 젊은 여성노동자들 사이에서 특히 강했지만, 여성에게만 국한된 것은 아니었다. 집단행동을 할 때 남성노동자들도 똑같이 감정적이었고 그들이 제기한 문제도 항상 경제적인 것이기보다는 더 포괄적이고 광범위한 것이었다. 노조원들의 자연발생적 파업 · 농성 · 시위가 있을 때 나타난 폭력적인 행동은 한풀이의 한 형태로 이해할 수 있다. 정치적 통제의 갑작스런 해제 이후 1987년 여름에 폭발한 대규모 파업열풍은 일종의 대규모 한풀이였다. 크고 작은 여러 공장에서 노동자들은 고용주와 경영자 들에게 오랫동안 억눌린 원한과 분노를 표출했고 그들을 위협하거나 모멸감을 줌으로써 원한을 갚으려고 했다. 이 모든 사건들은 신분억압과 그것이 만들어낸 한의 응어리가 한국 노동계급의 발달과정에서 중요한 역할을 했음을 잘 보여준다.

한국의 공장노동자들에게 인기있던 노동가요들은 가사와 리듬에 깊은 비애와 한을 내포하고 있는 것이 특징이다. 그 좋은 예로 1980년대 파업에서 자주 불려진 「늙은 노동자의 노래」를 들 수 있다.

　나 태어난 이 강산에 노동자 되어
　꽃 피고 눈 내리기 어언 삼십년

무엇을 하였느냐 무엇을 바라느냐
나 죽어 이 강산에 묻히면 그만이지
아 다시 못 올 흘러간 내 청춘
작업복에 실려간 꽃다운 이내 청춘

아들아 내 딸들아 서러워 마라
너희들은 자랑스런 노동자의 아들이다
좋은 옷 입고프냐 맛난 것 먹고프냐
아서라 말아라 노동자의 아들이다
아 다시 못 올 흘러간 내 청춘
작업복에 실려간 꽃다운 이내 청춘

내 평생 소원이 무엇이더냐
우리 손주 손목 잡고 금강산 구경일세
꽃 피어 만발하고 활짝 개인 그날을
기다리고 기다리다 이내 청춘 다 갔네
아 다시 못 올 흘러간 내 청춘
작업복에 실려간 꽃다운 이내 청춘

계급언어

한국 노동계급에 장인(匠人)문화적 유산이 없었다는 것은 계급언어의
부족에서도 볼 수 있다. 많은 노동계급 형성 연구자들이 지적하듯이, 유
럽에서는 길드(guild)와 장인문화 전통이 산업변화에 따른 노동계급의
대응과 계급의식 발달에 핵심적인 역할을 하였다. 장인들의 반응은 경제
적이기보다는 사회적·도덕적이었다. 그들은 협소한 경제적 문제보다
장인직업의 독립성, 장인정신에 입각한 노동, 그리고 도덕적으로 규제되

는 작업관계에 더 관심이 있었다. 이것은 유럽 장인들의 노동이 단체규칙과 규율에 의해 규제되고, 사회적 관계의 친밀한 네트워크와 공동체적 정서 속에서 이루어졌기 때문이다. 이러한 직업공동체로부터 그들은 프롤레타리아화에 집단적으로 강력하게 대응하기 위한 물질적·사회적·인적 자원을 얻어낼 수 있었다.

한국의 산업화는 이와 유사한 장인문화가 없는 상태에서 이루어졌다. 19세기까지 한국에서 장인은 중요하지 않았다. 대부분의 장인들은 궁중과 양반들이 사용할 종이·필묵·특수의복·사치품 생산을 위해 고용되었다(송찬식 1973). 전통적인 한국의 유교신분체계에서 장인과 상인은 농민보다 낮은 신분으로 신분질서의 가장 낮은 층에 속해 있었다. 실제로 조선사회에서 많은 장인들이 노예신분이었다. 19세기 후반부터 상업과 공업활동이 활발히 시작되었을 때, 장인들은 상인들보다 훨씬 수동적이었다. 보부상들은 전국적인 연결망을 갖춘 영향력 있는 조합을 결성했고, 또한 일부 대규모 상인들은 시장에서 독점적인 위치를 유지하고 확대하기 위해서 '보부상단'을 결성했다. 그러나 장인들은 이런 조직을 발달시키려는 아무런 시도도 하지 않았다.

이처럼 한국의 공장노동자 1세대는 어떤 자랑스러운 문화적 유산도 없이 프롤레타리아화를 경험하였다. 자랑스런 유산 대신 그들은 공순이와 공돌이라는 명칭이 반영하는 부정적인 유산을 물려받았다. 산업화 초기에 공장노동자들은 노동자·공장노동자·공원·근로자 등 다양한 이름으로 불렸다. 점차 공장노동자수들이 늘어남에 따라 정부와 경영측은 '근로자'를 산업노동자를 지칭하기 위한 일종의 공식용어로 보급했다. 예컨대, 노동절(May Day)을 '노동자의 날' 대신 '근로자의 날'로 부르도록 했다. 그러나 근로자라는 말은 육체노동자·비육체노동자·기술자 등 모든 종류의 피고용자를 지칭하는 대단히 폭넓은 용어였다. 그와 달리 '노동자'는 구체적으로 공장노동자 혹은 육체노동자를 가리켰지만, 그대신 부정적인 신분적 함의를 지녔다. 이처럼 1970년대 말 노동계급 정체성이 발달하기 시작할 때까지도 한국의 공장노동자들은 자신들의 집단적인 정체성을 정의할 적절한 용어를 갖지 못했다. '근로자'는 작위적이고 모호하기 때문에 만족스럽지 못했고, '노동자'는 육체노동자와 관련된 열등한 신분이미지를 연상시키기 때문에 대부분의 노동자들이 싫어했다.

흥미롭게도, 긍정적인 산업노동자의 이미지를 나타내는 새로운 언어를 만든 것은 국가였다. 1960년대 말부터 산업전사, 산업의 역군, 수출의 역군, 수출의 기수 같은 새로운 단어들이 산업용어로 등장했다. 분명히 이 용어들은 민족주의적 이데올로기를 이용하여 수출증진을 위해 노동자들을 동원하려고 만들어졌다. 이 새로운 단어들은 민족주의를 발전주의 및 군대식 수사(修辭)와 결합했고, 산업노동자를 국방을 위해서 싸우는 군인들과 동일시했다. 수출촉진을 위해 헌신적으로 일하는 것은 노동자들만이 할 수 있는 애국적인 행위라고 칭송했다. 정부와 언론뿐 아니라, 주로 비꼬기 위해서긴 했지만, 노동자들 스스로도 이 용어들을 자주 사용하였다. 앞에서 인용한 YH무역 노동자들의 호소문이 보여주듯이, 노동자들은 자주 스스로를 산업의 역군으로 불렀다. "저희들은 모두 시골의 가난한 농부의 자식들로서 (…) 산업의 역군들로서 열심히 일해 왔읍니다"(전 YH노동조합 · 한국노동자복지협의회 1984, 233면).

동시에 민족주의 이데올로기가 한국 노동자들의 언어 깊숙이 침투했다. 그리하여 1970년대까지 가장 독립적이고 공격적인 노조 가운데 하나였던 원풍모방 노조는 다음과 같은 호소문을 발표했다.

1. 우리는 산업평화의 역군으로서 생산성 향상에 총력을 경주한다.
2. 우리는 강철같이 단결하여 근로조건개선에 총력을 경주한다.
3. 우리는 근로대중의 기수로서 노동조합의 자질향상에 총력을 경주한다.

(원풍모방해고노동자복직투쟁위원회 1988, 83면).

부당한 노동행위에 대해서 항의할 때조차, 노동자들은 민족주의적 수사를 사용해야 한다고 느꼈다. 예를 들어, 초과근무수당을 지급하지 않은 것에 대해 항의하면서 경성방직 노동자들이 고용주에게 보낸 편지는 "우리나라 경제발전을 위한 사장님의 성공적인 노력을 축하드리면서 새해에도 복 많이 받으시고 우리 경방이 크게 발전하기를 바랍니다. 저희들은 사장님과 함께 경방의 발전을 위해 오늘까지 불철주야 노력해 왔으며 경방의 한 식구로 살아가는 것을 자랑스럽게 생각하고 있읍니다"라고 쓰고 있다(한국기독교교회협의회 1984, 379면). 여기에서 우리는 강력한 가족주의 이데올로기가 노동자들의 언어 속에도 스며들어 있음을 알 수 있다.

그러나 이 모든 민족주의적·발전주의적·가족주의적 수사는 노동자들의 의식에 큰 영향을 미치지는 못했던 것 같다. 자신을 나타낼 수 있는 긍정적인 용어들이 없었기 때문에 이런 단어들을 사용하긴 했지만, 이 용어들에 대한 그들의 태도는 냉소적이었다. 그들은 "말 한마디도 제대로 할 수 없는 이런 냉대 속의 우리들에게 산업전선의 투사니, 수출의 역군이라는 말을 누가 입에 침도 안바르고 할 수 있단 말입니까?"라고 묻고 있다(동일방직복직투쟁위원회 1985, 49면). 일상적인 노동생활과 사회로부터 받는 대접은 산업노동자에 대한 이런 허황된 이미지와 정면으로 배치된 것이었기 때문이다.

그러나 노동자들이 국가이데올로기의 허구를 폭로하고 자신의 언어를 찾기 시작한 것은 1970년대 말과 1980년대 초에 이르러서였다. 1970년대, 산업노동자들의 자아정체성이 발달함에 따라, 노동자라는 오래된 단어에는 정부와 고용주들이 선호하는 근로자라는 단어와는 반대로 좀 더 계급적인 의미가 실리기 시작했다. 1980년대의 저명한 노동운동가인 노회찬(魯會燦)은 1980년대 초 노동자들이 스스로를 근로자 대신 노동자라고 표현하는 것은 일정 수준의 계급의식을 보여주는 것이라고 말했다. 공순이나 공돌이라는 말이 점차 사라졌다. 그러나 이런 경멸적인 말은 1987년 노동자대투쟁 이후에 완전히 사라진 것이 아니라 자신들의 정체성을 주장하는 노동자들의 의식적인 노력으로 서서히 사라지게 되었다.

난 노동자 입니다. 전 공순이란 말이 부끄럽지 않습니다. 만일 우리 라인에서 내가 빠져 버린다면 우리 라인은 큰 지장을 가져옵니다. 나 한 사람이 빠져도 그런데, 만일 모든 라인 사람들이 빠진다면 회사는 운영을 하지 못하게 됩니다. 아무리 사무직 직원들이 볼펜 굴리고 목에 힘을 주고 우리 앞을 왔다 갔다 할지라도 우리가 없으면 그 사람들은 굶어야만 합니다.

그러므로 난 자부심을 갖고 있읍니다. 우리에겐 힘이 있읍니다. 비록 각 개인의 힘은 약할지라도 우리 하나하나가 모여 커다란 힘이 이룩될 때는 아무리 어려운 일이라도 능히 헤쳐 나갈 수가 있읍니다. 난 공순이입니다. (김경숙 외 1986, 114면)

노동자들의 자아개념에 어떻게 이런 변화가 일어났는지를 구체적이고 정확하게 추적하기는 쉽지 않다. 경제구조 내에서 지위가 비슷한 노동자 수의 빠른 증가, 소수 산업지역으로의 노동자 집중, 임금상승, 그리고 무엇보다 집단적 투쟁을 통한 경험의 축적 등이 모두 노동자들의 의식을 일깨우는 데 이바지했음이 틀림없다. 또한 앞서 본 것처럼, 진보적인 교회나 학생운동과 연계된 야학 및 소모임활동에 참여하면서 많은 노동자들이 자신에 대해서 그리고 자신들의 사회에서의 역할에 대해서 새로운 인식을 획득했다는 점이 중요하다.

노동야학은 새로운 노동자 정체성을 촉진하는 데 특별히 중요한 역할을 했다. 야학에 다닌 한 노동자는 "민중, 노동자, 수업시간에 이런 말이 나올 때마다 자꾸만 그 수업이 하기 싫어졌다. 노동자라고 강학들이 우리들을 비웃는다는 생각이 자꾸 머리를 맴돌았기 때문이다. 나는 그 때까지만 해도 내가 노동자라는 것이 부끄러워서 모든 사람들에게 나의 직업을 밝히기를 꺼려했다"고 회상하고 있다(김경숙 외 1986, 77면). 또다른 노동자는 "처음 제가 야학에 와서 '노동자가 사회의 주인이다' 또는 '역사의 원동력이다'라는 얘기를 들었을 때는 별로 실감이 안 났지요"라고 고백하기도 했다(김경숙 외 1986, 117면). 그러나 야간학교에 다닌 노동자들은 거의 모두 "전에는 제 자신이 노동자라는 것을 꺼리고 남에게 알려질까봐 두려워했던 적이 많았지요. 하지만 지금은 '내가 노동자다'라는 것을 남에게 떳떳이 얘기할 자신이 생겼어요. 또 내 자신이 노동자이면서 사회의 당당한 일원이라는 자부심이 생기고, 하나의 인간 경희를 느끼고 있어요."라고 말한 동료의 말에 동의를 표했다(김경숙 외 1986, 117면).

민중운동

한국노동계급의 정체성과 의식 발전에 기여한 또다른 중요한 요소는 대중적인 민중운동이다. 민중운동은 1970년대 후반부터 등장했다(Abelmann 1996; Koo Hagen 1993; Wells 1995 참조). 민중이라는 말은 인민 혹은 대중을 의미한다. 이 운동은 국내의 정치상황과 외부적인 영향에 의해 발전했다. 민중운동을 촉발한 가장 중요한 요소는 박정희(朴正熙) 권위주의체제의 경직성이었고, 더 구체적으로는 관료적 권위주의체제인 유신체제의 수립이었다. 유신체제는 학생들의 반체제투쟁을 강화했고, 지식인, 종교조직, 야당, 그리고 신중간계급 일부의 강력한 저항을 일으켰다. 이런 정치적 변화와 함께 분배문제와 계급불평등의 심화가 이 시기 대중들에게 중요한 문제로 부각되었다.

그러므로 1970년대의 정치적 · 경제적 현실에서는 이런 문제들을 설

득력 있게 부각하고, 학생·노동자·농민·도시빈민·언론인·작가 등
의 다양한 투쟁을 함께 묶을 수 있는 이념이 필요했다. 식민지시대와 해
방 후, 민족주의자들과 좌익이 널리 사용했던 정치용어인 민중은 이런
목적에 매우 적합했다. 민중이라는 단어는 민족주의적 감정을 포함했고,
맑스주의적 용어가 아니었으며(빨갱이라고 불리는 것을 피하는 것이 가
장 중요했으므로), 모든 대중적 부문들을 포괄할 수 있을 정도로 모호하
고 광범위해 정치적 운동과 문화적 운동 모두에 적합했다. 민중은 정치
적으로 억압받는 사람, 사회적으로 소외된 사람, 그리고 경제성장의 혜
택에서 배제된 사람들을 모두 포함했다(유재천 1984; 한완상 1984).

민중운동의 발달에는 외적인 영향도 중요한 역할을 했다. 해방지향적
신학들(특히 남미의 해방신학), 종속이론, 그리고 1970년대 말과 1980년
대 초 학생들 사이에서 대단히 인기있던 네오맑스주의 이론 등이 그 예
다. 이런 지적 경향에 자극받아 한국의 신학자들은 민중신학을 발전시켰
고, 학자들은 민중사회학, 민중사학, 그리고 민중문학을 주창하였다. 기
본적인 개념은 외국에서 들여왔지만, 한국의 지식인들은 궁극적으로 한
국 역사와 문화에서 지적인 영감과 해방의 길을 찾고자 노력하였다.[4]

민중운동의 핵심 이념은 민중이 역사의 주인이고 한국 역사는 지배계
급과 외세에 의한 민중억압의 역사라는 것이다. 민중운동은 한국의 진정
한 민족정체성과 고유한 문화를 민중문화와 그들의 일상적 투쟁에서 찾
아야 한다고 믿었다. 이런 광범위한 이념적 내용을 바탕으로 민중개념은
1980년대 다양한 정치적·사회적 투쟁을 결합하고 동원하기 위한 지배
적 담론이자 슬로건 그리고 전략적 도구가 되었다. 대체로 1980년대 한
국 정치는 권위주의적 정권과 느슨하면서도 대단히 활동적이고 강력한
연합을 이룬 민중진영 간의 지속적인 대결이라고 해도 과언이 아니다.

4. Abelmann, 1996; Choi Chungmoo 1995; Suh Nam-dong 1983a.

「일월천산」(오윤 1996, 86면).

　　그러나 민중운동의 중요성은 정치투쟁에 미친 영향에 한정되지 않았다. 민중운동은 정치운동인 동시에 문화운동이었다(Abelmann 1996; Wells 1995). 문화운동으로서의 민중운동을 통해 지식인·예술가들은 서구문화에 의해 오랫동안 가려졌고, 정부에 의해 무시되거나 억압받기도 했던 민중문화의 본질을 찾으려는 진지한 노력을 시작했다. 이러한 노력들은 한국 문화에 대한 재확인과 재수용 그리고 역사에 대한 새로운 시각을 불러왔다. 1980년대의 많은 베스트셀러 소설들은 민중문학에 속한 것이었다. 당대의 한국사회를 다룬 소설들은 하층계급이 겪는 사회적 불의를 드러내고자 했고, 역사소설들은 억압받는 계층의 고통과 투쟁을 극화하면서 새로운 역사적 의미를 이끌어내려고 했다(Kim Uchang 1993).

　　민중운동에서 야기된 가장 흥미로운 점 중 하나는 탈춤·풍물·마당극·마당굿 등 서민들이 향유하는 토속적인 문화형태를 재발견하고 재창조한 것이었다(김지하 외 1986; 민중예술위원회 1985). 전통적인 문화형태에 대한 관심은 1960년대 처음 나타났다. 이들은 박정희 군사정권이 일본과의 국교를 정상화시킨 한일기본조약 체결에 반대하는 시위를 주도한 민족주의적 성향의 전위적인 학생들이었다. 당시 학생들은 민족주의적 정서를 보여주기 위해서 과거의 무속의식을 시위에 도입했다. 그러나 1970년대 이런 문화운동은 민중이데올로기와 접합되면서, 단순한 전통문화의 재평가를 넘어 민중문화를 재해석하고 재창조하려는 진지한 노력으로 이어졌다. 1980년대에는 탈춤·풍물·마당굿·농민의식과 무속의식 등, 모든 종류의 민중문화가 번창했다. 탈춤반이 없는 대학이 없었고 풍물과 마당굿놀이가 동반되지 않은 학생시위가 없을 정도였다. 역동적인 춤, 요란한 악기소리를 동반한 이런 의식들은 경찰과의 격렬한 대결을 위한 집단적인 분위기 고조에 효과적인 역할을 했다.

민중문화를 수용하면서 한국문화의 고유한 속성을 보여주고 피지배계급의 비판의식을 높이는 수단으로 젊은 지식인들은 서민문화의 여러 측면들을 강조했다(민중예술위원회 1985). 첫째 모든 형태의 민중문화에 깔려 있는 공동체적·집단적 정신이었다. 탈춤·풍물·마당굿은 고정된 무대도 없고 연기자와 청중의 분리도 없으며, 엄격하게 따라야 할 대본이나 각 예술형태 사이의 뚜렷한 장르 구분도 없는 것이 특징이다. 공연 내내 청중들의 참여가 유도될 뿐만 아니라 필수적이었고, 공연의 끝에서 연기자와 청중은 고양된 기쁨과 해방정신으로 함께 춤을 추면서 역할 구분을 완전하게 무너뜨렸다. 자발적인 참여, 즉흥성, 자연스러움, 공동체적 연대감, 이 모든 요소들이 민중문화를 상층계급문화와 구별지었다. 반면 상류층 계급문화는 개인의 테크닉, 우아한 공연, 엄숙함, 청중과 연기자의 엄격한 구분을 강조했다.

민중문화의 두번째 중요한 요소는, 특히 탈춤에서 가장 분명하게 나타나는데, 계급체계에 뿌리를 두고 있는 사회적 부당성을 드러내고 비판하는 것이었다. 탈춤은 대부분 대립되는 두 계급——지배계급(양반·선비·승려) 대 서민——을 포함한다. 지배계급의 잘못된 행실과 위선을 조롱하는 것이 탈춤의 전형적 줄거리다. 유머, 풍자, 재기 넘치는 비유를 통해 탈춤 공연자들은 그들을 억압하는 당대의 부패하고 부정한 체제를 자유롭게 비판할 수 있었다. 그러므로 탈춤은 체제의 부당성을 드러내고 사람들의 비판의식을 높이는 훌륭한 수단이 되었다.

민중문화의 특징적인 점을 나타내는 세번째 요소는 '신명'(집단적인 도취감)이었다. 신명은 무속의 중요한 요소로 많은 학자들의 주장처럼 한국 토속문화의 핵심을 이룬다. 또한 무속은 '한'과 아주 밀접하게 연결되어 있다. 조선시대 민중의 삶은 한으로 간주되었고, 여자들의 경우에는 특히 그러했다. 무속은 그들에게 위안을 주고 오랫동안 축적된 슬픔과 분노를 해소해주었다. 신명은 이런 심리적 해소가 이루어질 때 나타난다. 그러나 신명은 무속의식만이 아니라, 춤과 음악 그리고 서민들의 일상적 놀이를 포함한 모든 형태의 토속문화에서 가장 중심적인 주제와 정서를 이루고 있다. 한 문화평론가는 "한국 춤은 근본적으로 한의 슬픔에서 벗어나려고 몸부림치는 역동적인 신명의 춤이다"라고 지적한다 (KOREANA Editorial Staff 1988, 42~43면). 탈춤과 풍물이 신나는 춤과 노래에 청중이 참여하는 것을 중요시하고 그들을 북돋우기 때문에 신명은 탈춤과 풍물에서도 핵심적인 요소이다.

요컨대 민중적 지식인들과 예술가들에 의해서 수용되고 재창조된 서민들의 일상적 전통문화는 민주화와 사회정의를 위한 투쟁에 알맞은 핵심적인 문화적 요소, 즉 공동체 정신, 민주적 참여, 사회적 불의에 대한 비판적 인식, 그리고 사회변화를 향한 집단적 투쟁을 위한 활기찬 정신을 포함하고 있었다. 1980년대와 그 이후 한국의 노동계급운동에서 가장 흥미로운 요소 가운데 하나는 이러한 문화운동과 노동자들의 경제투쟁이 교묘히 결합되어 역동적인 노동계급운동을 만들어낸 점이다.

노동계급 문화와 제도의 성장

1980년대 한국 노동계급운동은 민중문화운동에서 많은 이데올로기적·문화적 도움을 받았다. 물론 엄격한 의미에서 민중이 계급언어는 아니다. 민중은 산업노동자, 빈농, 써비스업 종사자, 소상인, 지식인 등 다양한 집단의 사람들을 포함한다. 그러나 민중운동은 지배적 헤게모니에 대한 저항이데올로기와 대안적인 문화의 틀과 담론을 제공함으로써 한국 노동계급운동에 크게 이바지했다. 노동계급의 문화적 전통이 부재하고 반노동적이며 친자본적인 국가권력이 지배하는 여건에서 이런 정치적·문화적 운동의 뒷받침은 노동계급투쟁의 발전에 핵심적이었다.

한국의 조직적 노동운동이 확장과 축소라는 주기적 발전을 거쳐 진행됐다면, 노동계급문화는 직선적인 경로로 꾸준히 발전해왔다고 볼 수 있다. 노동계급문화의 성숙은 여러 영역에서 관찰된다. 아마도 가장 두드러진 것이 노동계급문학의 성장일 것이다. 1970년대와 1980년대 초, 노동자들의 글은 일상경험에 대한 수기나 주요 노동쟁위에 관한 개인적·집단적 기록들이었다. 점차 노동자들의 글은 시·희곡·소설로 확대되었다. 노동자들의 글이 양과 질의 측면에서 성장함에 따라 그들은 지식인과 전문작가들이 주도하던 민중문학 분야에서 종속적인 지위를 넘어서고자 했다. 노동계급작가들은 일상적인 절망과 분노와 열망을 더 정확하고 진실하게 표현할 수 있었다. 그들은 민중이라는 범주가 자신들의 노동현실과 사회적 관계를 표현하고 이해하기에는 너무 넓고 모호하다는 것을 깨달았다. 1980년대 노동계급문학이 하나의 독자적인 장르로 성장함에 따라 지식인들은 과거의 민중문학을 좀더 비판적으로 바라보게 되었다. 이런 자기비판을 통해 초기의 민중운동지도자들은 '소시민' 정서—모호한 인본주의, 감상주의와 숙명주의—와 미래에 대한 확고하고 긍정적인 비전의 부족으로 비판받았다.

1980년대 진보문학에서 지배적인 흐름은 "민중 지향적" 문학에서 "민중 주도" 문학으로의 전환이었다(김사인·강형철, 1989). 이러한 변화는 서너명의 전문적인 노동자작가들과 문학적 재능이 있는 많은 노동자들 덕분에 가능했다. 그 중에서 가장 잘 알려진 사람은 노동자시인 박노해이다.[5] 『노동의 새벽』이라는 제목으로 1984년 출간된 그의 시집은 문학계에 큰 충격을 주었다. 그의 시들은 매우 간명하고, 설득력있게 노동자들의 소외감·분노·계급의식을 표현하고 있다.

어쩌면

어쩌면 나는 기계인지도 몰라
컨베이어에 밀려오는 부품을
정신없이 납땜하다 보면
수천번이고 로버트처럼 반복동작 하는
나는 기계가 되어 버렸는지도 몰라

어쩌면 우리는 양계장 닭인지도 몰라
라인마다 쪼로록 일렬로 앉아
희끄무레한 불빛 아래 속도에 따라 손을 놀리고
빠른 음악을 틀어 주면 알을 더 많이 낳는
양계장 닭인지도 몰라
진이 빠져 더이상 알을 못낳으면

5. 그의 본명은 박기평(朴基平)이다. 그는 혁명주의적 공산주의 노동조직(남한사회주의 노동자동맹, 사노맹)을 결성했다는 죄목으로 1991년 3월에 투옥되었다가 1998년 김대중정부의 특별사면으로 풀려났다.

폐닭이 되어 켄터키치킨이 되는
양계장 닭인지도 몰라

늘씬한 정순이는 이렇게 살아 무엇하냐며
맥주홀로 울며 떠나고
영남이는 위장병에 괴로워하다
한 마리 폐닭이 되어 황폐한 고향으로 떠난다
3년 내내 아귀차게 이 악물며 야간학교 마친 재심이는
경리자리라도 알아보다가 졸업장을 찢으며 주저앉는다
어쩌면 우리는 멍에 쓴 짐승인지도 몰라

저들은,
알 빼먹는 저들은
어쩌면 날강도인지도 몰라
인간을 기계로
        소모품으로
        상품으로 만들어 버리는
점잖고 합법적인 날강도일지도 몰라

저 자상한 미소도
세련된 아름다움과 교양도
부유하고 찬란한 광휘도
어쩌면 우리 것인지도 몰라
우리들의 피눈물과 절망과 고통 위에서
우리들의 웃음과 아름다움과 빛을
송두리째 빨아먹는

어쩌면 저들은 흡혈귀인지도 몰라

(박노해 1984, 89~91면)

이 시는 단순한 노동계급 정체성이나 계급적대감 이상의 것, 즉 계급 불평에 대한 확고한 구조적 이해와 대안적인 사회에 대한 암시를 포함하고 있었다. 박노해의 존재는 안또니오 그람시(Antonio Gramsci)의 용어인 "유기적 지식인"의 등장을 의미했다(Gramsci 1971, 5~14면). 1980년대 후반 한국 노동계급은 다수의 유기적 지식인을 양산했고, 그들은 많은 시 · 노래 · 희곡 · 소식지 등을 생산해냈다. 그러나 유기적 지식인들의 대부분은 학생 출신 노동자들이었고, 노동자들의 글쓰기활동은 비교적 접근이 쉬운 단편소설 · 논픽션 기록물 · 시 같은 장르에 제한되어 있었다. 본격적인 소설은 포함되지 않았다. 민중문학에서 지식인의 지배력은 당시까지도 부정할 수 없는 현실이었다.

1980년대에는 문학에서의 변화와 같이, 노동계급 문화활동에도 현저한 발전이 이루어졌다(김대호 1986; 정이담 · 박영정 1991). 1980년대 중반 무렵 거의 모든 노동조합에서 풍물패, 탈춤반, 그외 다른 문화활동이 생겨났다. 풍물과 탈춤은 도시산업선교회(UIM) 같은 진보적 종교기관이 운영하는 문화쎈터에서 가르쳤다. 이런 문화활동은 노동자들의 연대를 높이고 자본과 국가에 대한 비판적 태도를 발전시키는 데 역점을 두었기 때문에 수동적인 일반노동자들을 노동운동으로 끌어들이는 데에도 대단히 중요한 역할을 하였다. 이런 활동에 참여한 많은 노동자들은 처음에 재미 삼아 풍물패나 연극집단에 참여했지만, 점차 노사관계에 대해 비판적인 태도를 갖게 되고 동료노동자들과 강한 연대감을 느끼게 되었다고 기록했다. 한 노동자는 "풍물을 치면서 자주 느끼는 것은 '함께'라는 단체의식이다"라고 보고한다(이선영 · 김은숙 1985, 53면). 또한 이러한 문화활동은 노동활동가들이 기업간 · 지역간 긴밀한 유대를 유지하게

운동권문화로서의 민중문화 (사회사진연구소 1989, 209면).

해주는 수단이었다. 노동운동에 참여한 노동자들은 다른 공장의 노동자들과 함께 소풍·축제·운동경기에 참여했고, 여기서 노동자들은 간단한 북·징의 장단과 농민춤만으로 심리적·사회적 장벽을 넘어 동료의식을 느끼곤 했다(사진 참조).

풍물과 탈춤은 이처럼 노동운동의 전략적 도구가 되었다. 1980년대에 이런 활동을 동반하지 않은 농성이나 파업은 거의 없었다. 노동자 동원을 위한 음악과 춤은 대체로 전문적인 문화패에 의해서 이루어졌는데, 1980년대 많은 민주노조들은 문화패를 가지고 있었다. 이처럼 민중문화는 1980년대 한국 민주노동운동의 핵심적 요소가 되었다. "힘차게 울려퍼지는 풍물 소리는 수천명의 함성이었고 커다란 걸개그림 한 장은 수천 장의 성명서와 맞먹었으며, 비록 목은 쉬었지만 온 힘을 다해 부르는 노동가는 그 어떤 연설가의 웅변보다도 집단성을 고조시키며 감동을 주는" 것이라고 한 노동전문가는 말했다(연성수 1989, 40면).

1980년대 등장한 또다른 노동계급의 중요한 제도는 노동자신문이다. 주요 노동자신문은 『민주노동』『노동자신문』『원풍회보』『청계노조신문』『서노련신문』『일꾼자료』『노동주보』 등이었다. 이 신문들은 노동지향적 기독교단체들뿐 아니라, 전국적·지역적 노조조직에 의해 격주간 혹은 월간으로 간행되었다. 이러한 노동자신문들은 일반 신문들이 다루지 않는 노동자들의 투쟁소식, 노동법과 노동자 권리에 관한 교육적 칼럼, 정부 경제정책에 대한 비판적 분석을 다루었으며, 노동자서신·수기·시 등에 지면을 충분히 할애했다. 이런 정기적인 신문뿐 아니라 많은 노조소식지와 팸플릿이 단위노조와 운동단체들에 의해 출간되었고, 이들은 모두 직간접적으로 정부에 의해서 통제되고 있는 기성 보도매체에 대항하여 대안적인 정보채널의 제공을 목적으로 하였다. 예를 들어 『노동자신문』 창간호(1985년 2월 25일)는 이렇게 주장한다.

노동자를 업신여기는 관제언론에 의하여 노동자들은 아무 것도 모르는 채로 지내도록 강요당하고 있읍니다. 이러한 잘못된 현실의 벽을 부수기 위한 신문이 필요한 것입니다. 노동자들은 역사의 주체로서 이 땅의 현실을 정확히 알 권리가 있음에도 불구하고 그것을 박탈당하고 있기 때문입니다. (김대호 1986, 156면에서 재인용)

노동계급 제도 중에서 『노동자신문』은 가장 급진적이고 정치적인 의식을 가진 노동자집단에 의해서 운영되었다. 그들의 명백한 목표는 정부가 규정하는 현실인식과 세계관을 뒤엎고, 한국사회에서 노동계급의 대항헤게모니를 구축하는 것이었다(김대호 1986, 126~67면).

결론

한국에서 1980년대 전반부는 지배이데올로기에 대한 저항이데올로기와 반헤게모니 담론의 등장으로 특징지어진다. 물론 지배이데올로기인 민족주의, 가족주의, 국가안보, 사회적 화합은 강하게 남아서 계급경험에 기초해 새로 생겨나는 노동자들의 의식을 계속해서 억눌렀다. 그러나 지배 이데올로기에 반대하는 민주주의, 민중, 사회정의, 문화적 정체성 등의 새로운 담론이 등장하여 신중간계급과 노동계급으로 확산되었다. 다른 모든 이데올로기와 마찬가지로 이러한 담론들은 지식인들에 의해 만들어졌고 그들 특유의 문화적·지적 성향을 반영하였다. 그러나 이러한 담론의 구조적 원천은 현장수준에서 점증하는 노동계급의 투쟁과 권위주의 정권에 대항하는 격렬한 민주화운동이었다.

1980년대에 성장한 반헤게모니 담론은 노동자들의 새로운 집단적 정체성(collective identity)과 의식을 촉진하는 데 결정적인 역할을 했다. 이미 주장한 바 있지만 한국에서 노동계급의 정체성 발달은 노동계급 형성에 아주 중요한 의미를 갖는다. 이것은 한국 공장노동자들이 전통적인 장인문화와 공동체문화의 부재 속에서 비천하고 천대받는 문화적 이미지로 등장했기 때문이다. 공장노동의 문화적 환경과 물질적 조건은 노동자들로 하여금 되도록 공장노동에서 벗어나려는 이탈성향을 갖게 했다. 이런 조건에서 긍정적인 노동자 정체성을 발전시키는 것은 힘들었다. 신분상승이 부질없는 열망임을 그들이 깨달았을 때, 그리고 산업체제와 사회에서 자신들의 위치에 대한 긍정적인 인식을 발전시키기 위해 적절한 언어를 획득했을 때에만 강력한 노동자 정체성은 생겨날 수 있었다. 이런 점에서 민중운동과 다른 사회·문화운동이 제공한 새로운 대안 헤게모니적 언어가 노동자들의 집단적인 정체성과 계급의식을 발전시키는 데 결정적인 역할을 했다.

한국의 지배이데올로기와 문화적 환경에서 노동자 정체성은 필연적으로 "저항정체성"을 의미했다.[6] 1980년대 초 한국의 공장노동자들이 "나는 노동자다"라고 말했을 때 그것은 그들이 거의 확실히 산업체제와 사회에서 자신들의 위치에 대해 어떤 단호한 태도를—즉 공장노동자들을 낮고 천하게 보는 사회에 대해서 적대적이고 저항적인 태도를—나타내는 동시에 다른 동료노동자들과의 연대의식을 표현하는 것이라고 볼 수 있다. 따라서 노동자 정체성은 노동자들의 이탈성향을 목소리내기(voice) 성향으로 변화시키는 결정적이다. 즉, 노동자 정체성은 계급의식을 발달시키는 데 필수적인 요소이다. 계급의식이 인지(認知)적 (혹은 과학적이라고 말할 수 있는) 요소를 지니고 있다면, 노동자 정체성은 감정적이고 정서적인 요소를 지니고 있다. 그러나 뚜렷한 계급의식이 발전되기 전에 강한 계급적 감정이 발달하는 것은 필수적이라 볼 수 있다.[7]

1970년대와 1980년대에 발생한 한국의 구조적·정치적·문화적 과정은 새로 생겨나는 노동계급정체성과 "연대의 문화(culture of solidarity)"[8]를 소유한 노동계급의 등장을 촉진하였다. 그러나 이 모든 과정은 억압적인 노동체제로 유지된 산업평화의 이면에 가려져 있었다. 적어도 권위주의적 통제체제에 균열이 생겨 모든 산업갈등과 노동자들의 분노가 거대한 노동봉기를 통해서 분출하게 된 1987년까지는 말이다.

6. 매뉴얼 카스텔(Manuel Castells)은 세가지 유형의 정체성을 유용하게 제시하고 있는데 정당화정체성(legitimizing identity), 저항정체성(resistance identity), 그리고 과제정체성(project identity)이 그것이다(Castells 1997, 6~12면).
7. 레이먼드 윌리엄즈(Raymond Williams)의 개념인 "감각구조(structure of feeling)"는 (Williams 1977) 이러한 점에서 적절해 보인다.
8. 릭 판타지아(Rick Fantasia)는 "연대의 문화"를 "분명한 조직적 정체성으로 발전할 수도 발전하지 않을 수도 있는, 그러나 노동자 연대에 적대적인 산업체제나 사회 내에서 적극적인 노동자 연대의 표현을 대변하는 다소 제한된 집단화"라고 정의한다(Fantasia 1988, 19면).

제7장 거대한 노동공세

현대자동차 20년! 고요하기만 하던 노동자의 바다에 갑자기 태산같은 파도가 일었다. 쉼없이 돌아가는 콘베이어에 매달린 채 기계부속품 정도로밖에 대접받지 못하던 하찮은 노동자들이 기계임을 거부하고 인간임을 선언하는 장엄한 광경이 펼쳐진 것이다.

이수원(1994, 74면)

1987년 여름에 폭발한 거대한 노사갈등의 파도는 한국 노동계급투쟁사에서 분수령을 이루었다. 1987년의 여름은 한국 자본주의 발전과정의 은폐된 모든 모순과 오랫동안 누적된 노동자들의 불만이 노동투쟁으로 표면에 드러난 특별한 시기였다. 7월부터 9월까지 석달 동안 3,000건 이상의 노동쟁의가 발생했다. 이것은 지난 20년간의 급속한 산업화기간 동안 발생한 전체 노동쟁의 건수를 능가하는 것이었다. 거의 모든 대규모 사업장의 생산을 마비시키면서 노동쟁의는 놀라운 속도와 열기로 전국을 휩쓸었다. 노동쟁의는 모든 지역·산업·규모의 사업장에서 발생했다. 전국적으로 수십만명의 노동자들이 거의 동시에 참여한 이 거대한 규모의 노동투쟁은 한국 산업노동자들에게 새로운 의미의 집단적 정체성과 계급의식을 심어주었다. 1987년 여름에 폭발한 대규모 노동쟁의는 모든 점에서 한국의 노동자들과 노동전문가들이 부르는 것처럼 노동자

시위 도중 전투경찰이 쏜 최루탄을 맞고 사망한 이한열(李漢烈)의 운구행렬(1987년 7월 9일)에 동참한 시민들(중앙일보사 제공).

대투쟁을 의미했고, 분명히 한국 노동계급의 형성에서 가장 결정적인
국면이었다.

노동자대투쟁

이러한 전례없는 산업갈등의 열풍도, 이전의 대규모 노사분규처럼, 권
위주의정권에 반대하는 민주화운동이 야기한 급작스런 정치적 변화의
맥락 속에서 발생했다(Christian Institute for the Study of Justice and
Development 1998). 1987년 6월 29일, 집권여당인 민주정의당(民主正義黨,
민정당)의 대표 노태우(盧泰愚)는 야당[과 국민들]의 요구대로 대통령
직선제 개헌 요구를 받아들인다는 뜻밖의 선언을 했다. 이것은 거의 30
년간 지속된 군부통치 이후, 민주주의로의 이행을 연 한국 정치사의 주
요 전환점이 되었다. 당시의 대통령 전두환(全斗煥)은 선거인단에 의한
간접선거를 통해 육군사관학교 동기(同期)인 노태우를 새 대통령으로
임명하고자 하였다. 4월 중순 전두환은 헌법개정을 둘러싼 협상을 자의
적으로 중단하고 불필요한 정치적 갈등과 불안정을 피하기 위해 대통령
간선제를 유지하겠다는 4·13호헌조치를 발표했다. 이런 권위주의적 행
동으로 심화된 대중의 분노는 고문으로 한 학생시위자가 죽었다는 사실
과 한 여학생 노동운동가에게 가해진 수사관의 성고문 사건이 드러난
후 점점 더 커져가고 있었다. 학생시위가 확산되면서 많은 상점주인들,
화이트칼라 노동자들, 그리고 다른 노동자들이 학생들의 가두시위에 가
담하기 시작했고 정세는 차츰 혁명적인 분위기가 되어갔다. 6·29선언은
이런 정치적 위기에서 치명적인 결과를 피하기 위해 전두환정권이 전술
적으로 국민의 힘에 굴복한 결과였다.[1]

1. Diamond and Kim Byung-Kook 2000; Kim Sunhyuk 2000; Oh 1999; Shin, Doh
   Chull et al. 1994.

민주화로의 이행은 분명히 노동운동의 산물은 아니었다. 이전의 모든 정치적 봉기와 마찬가지로 주요 행위자들은 학생들이었고, 그들은 1970년대와 1980년대 내내 지속적으로 민주화를 위해 싸웠다. 그러나 1987년 여름, 학생들이 주도한 민주화투쟁의 성공은 화이트칼라 노동자들, 소규모 기업주들, 도시빈민들, 그리고 산업노동자들을 포함하는 많은 시민들이 참여한 덕택이었다. 거리시위가 전국으로 확산되면서 그즈음 만들어진 서너개의 화이트칼라 노조들이 민주화운동에 참여하기 시작했다. 5월과 6월에는 서울 시내의 은행과 다른 금융기관에 고용된 많은 화이트칼라 노동자들이 점심시간 동안 학생들의 거리시위에 가담하는 것을 볼 수 있었다.

그러나 민주화투쟁에서 산업노동자들의 역할은 그렇게 분명하지 않다. 많은 분석가들은 산업노동자들과 노동조합의 역할이 극히 미미했다고 생각한다. 민주화운동에서 노동계가 주변적인 역할에 머물렀다는 것은 1987년 봄 전두환정권에 반대하는 민간시위를 주도한 민주헌법쟁취국민운동본부(국본)에서 노조지도자들이 단지 작은 부분만을 차지하고 있다는 사실에서 확인할 수 있다. 2,191명 발기인 가운데 39명만이 노동자대표들이었다(임영일 1998, 143면에서 재인용). 비록 많은 노동자들이 개인적으로 시위에 참여하긴 했지만, 노동조합은 6월항쟁에서 특별한 역할을 하지 않았고 공장노동자들이 조직적으로 참여했다는 증거는 없다.[2] 이 시기 전국적인 노조조직인 한국노총이 취한 유일한 행동은 노골적으로 반민주적이었다. 한국노총은 전두환의 4·13호헌조치를 공개적으로 지지하는 성명을 냈다. 대중정치조직(MPO) 노선을 따르던 정치지향적

---

2. 임영일은 "학생-도시중간층-야당의 강력한 민주화연합이 '기동전'으로 묘사될 정도로 강력한 저항과 막대한 희생을 치루면서 군부 지배세력의 양보를 이끌어 내기까지 한국의 노동운동은 실제로 거의 한 일이 없었다"고 말한다(임영일 1998, 143면).

노동단체들은 이 기회의 중요성을 인식하였지만, 1987년 6월에 노동자들을 대중적 정치투쟁에 동원하는 데에는 실패하였다.[3]

그러나 또다른 분석가들은 한국의 민주화 이행에서 산업노동자들이 담당한 역할이 더 중요했음을 강조하기도 한다. 그들은 6월 거리시위에 실제로 화이트칼라 노동자들과 상점주인들보다 임금을 받는 육체노동자들이 더 많이 참여했음을 지적한다.[4] 그러나 산업노동자들은 실제 참여보다 그들이 지니고 있는 잠재적인 위협 때문에 더 중요한 의미를 가졌다. 최장집(Choi Jang Jip 1993)은 전두환정권의 계산된 정치적 자유화조치는 잘못하면 수많은 공장노동자들이 거리로 쏟아져나올 수 있는 가능성을 고려한 결과라고 제시한다(또한 Chu 1998 참조). 또한 노중기(魯重琦)도 "시민항쟁이 노동자 계급까지 확산되던 6월 말의 시점에서 지배블럭이 민주화선언을 급히 발표하였던 것도 노동운동의 이와 같은 현재적 잠재적 역량을 평가하지 않을 수 없었던 결과였다"라고 주장한다(노중기 1995, 81면).

이런 입장 차이에도 불구하고, 1987년 6월 민주화이행을 위한 정치적 개방을 불러온 주요 동인은 학생운동이었고 노동운동은 잠재적인 세력으로 혹은 위협적인 요소로 이런 정치적 발전에 이바지했다는 점에 대해서는 한국 노동전문가들 사이에 이견이 없다. 이런 노동계급의 위협이 없었어도 권위주의정권이 붕괴될 수 있었는지는 분명히 논쟁거리이다. 그러나 조직내부의 취약성 때문이든 1987년 봄 현저하게 강화된 국가의 통제 때문이든, 한국의 조직노동이 1987년 이전 효과적인 정치세력으로

---

3. 1985년과 1986년 이들 급진적인 노동활동가그룹들은 치열한 이데올로기적·전략적 쟁점을 둘러싸고 분열되었다(임영일 1998, 144~46면).
4. 비록 그들이 건설노동자나 비정규노동자들이긴 했지만, 이 시기 체포된 사람들 가운데 노동자들이 가장 큰 비율을 차지하고 있었다는 사실이 그것을 입증한다(김영수 1999, 207면 참조).

서 행동할 수 없었다는 것은 분명하다.

그러나 전두환정권이 정치적 개방화 계획을 선언하자마자, 곧바로 움직인 것은 노동자들이었다. 노태우가 정치적 자유화선언을 발표한 후 2주일이 채 지나지 않아서 격렬한 노동쟁의가 발생했다. 노사분규는 전대미문의 강도와 열기로 마치 들불처럼 전국을 휩쓸었다. 노동쟁의는 제조업에서 시작하여 점차 광업·교통·항만 및 다른 써비스 부문으로 확산되었다. 1987년 7월부터 9월까지 3,341건의 노동쟁의가 발생했는데, 거의 대부분은 작업중단, 비조직적 파업, 또는 시위의 형태를 띠었다. 그해 여름에 발생한 노동쟁의의 수는 1960년 초반 이후 수출지향적 산업화과정 전기간 동안 발생한 노동쟁의 총수를 능가했다(그래프 6). 노동쟁의가 절정에 달했던 8월 중순에는 하루에 100건 이상의 노동쟁의가 발생했고,

표 7.1 노동조합 조직률과 노사분규수

연도	노동쟁의 (건)	노동조합 (개)	노동조합원 (천명)	노조조직률(%)* A	B
1963	–	1,820	224	20.3	9.4
1964	126	2,105	272	23.3	11.5
1965	113	2,255	302	22.4	11.6
1966	117	2,359	327	22.7	11.8
1967	130	2,619	378	22.2	12.4
1968	135	2,732	413	21.1	12.1
1969	94	2,939	445	21.3	12.5
1970	90	3,063	473	20.0	12.6
1971	109	3,061	497	19.7	2.7
1972	–	2,961	515	20.4	12.9
1973	–	2,865	548	20.4	13.2
1974	–	3,352	656	22.1	14.8
1975	133	3,585	750	23.0	15.8
1976	110	3,854	846	23.3	16.5
1977	96	4,042	955	24.3	16.7
1978	102	4,301	1,055	24.0	16.9
1979	105	4,394	1,088	23.6	16.8
1980	407	2,618	948	20.1	14.7
1981	186	2,141	967	19.6	14.6
1982	88	2,194	984	19.1	14.4
1983	98	2,238	1,010	18.1	14.1
1984	113	2,365	1,011	16.8	13.2
1985	265	2,534	1,004	15.7	12.4
1986	276	2,658	1,036	15.5	12.3
1987	3,749	4,086	1,267	17.3	13.8
1988	1,873	6,142	1,707	22.0	17.8
1989	1,616	7,883	1,932	23.3	18.6
1990	322	7,698	1,887	21.5	17.2
1991	234	7,656	1,803	19.7	15.9
1992	235	7,527	1,735	18.4	15.0
1993	144	7,147	1,667	17.2	14.2
1994	121	7,025	1,659	16.3	13.5
1995	88	6,606	1,615	15.3	12.7
1996	85	6,424	1,599	14.7	12.2
1997	78	5,733	1,484	13.5	11.2
1998	128	5,560	1,402	13.8	11.5

* 노조조직률: A는 비농업 정규직 노동자 총수에 대한 노동조합원 수의 비율이고, B는 고용된 노동자 총수에 대한 노동조합원 수의 비율이다.

** 자료: 한국노동연구원 『(분기별)노동동향분석』, 1989; 2000.

이것은 박정희(朴正熙)와 전두환시대의 한해 평균 노동쟁의 건수에 해당하는 것이었다. 이러한 노사분규에 참여한 노동자들은 10인 이상을 고용한 기업체에서 일하는 정규직 노동자들의 거의 1/3에 해당하는 120만 명으로 추산된다(노동부 1988, 표 7.1 참조).

흥미롭게도 노사분규의 열풍은 노동운동이 가장 활발했던 경인지역에서 시작된 것이 아니라 남부 산업도시인 울산에서 시작되었다. 울산은 재벌기업인 현대그룹의 중심지이고 울산시의 대다수 주민들은 현대그룹에 고용된 사람이거나 가족이었다. 다른 재벌그룹처럼 현대그룹에는 노동조합이 없었고, 심각한 노사분규는 1974년 현대중공업의 조선소에서 발생한 격렬한 시위 1건뿐이었다. 그러나 6·29선언 이후 2주일 내에 거의 모든 현대그룹에서 노동쟁의가 발생했다. 현대그룹의 노동쟁의는 대규모 거리시위와 소규모 하청기업들의 노사갈등으로 퍼졌다. 파업의 열풍은 신속하게 중공업이 집중되어 있는 남부 해안지역의 주요 산업중심지인 부산·창원·마산으로 확산되었다. 8월 중순, 파업 열풍은 소규모 경공업이 집중되어 있는 경인지역까지 다다랐다. 그리고 노사분규는 다시 남서부지역의 소도시들로 확산되었다. 8월 말경에는 전국이 노사갈등에 휩싸이게 되었다.

그러나 1987년 노동자대투쟁은 대체로 자연발생적·비조직적·비통합적 노사갈등의 폭발이었다. 시간적인 차이는 있었지만 수천 건의 노동쟁의가 체계적인 계획·전략·리더십 없이 거의 동시에 전국에서 발생했다. 거대한 노동자투쟁을 조정할 수 있는 전국적·지역적 조직은 존재하지 않았다. 조직과 리더십이 없었음에도 불구하고 노동자들은 권위주의적 통제가 갑작스럽게 약화되는 기회를 포착하여 오랫동안 억눌린 분노와 불만을 표출했던 것이다. 물론 한국의 노동자들이 이런 폭발적인 성격을 보여준 것이 처음은 아니었다. 1980년 봄, 박정희 암살로 형성된 정치적 공백기에도 폭발적인 노동쟁의가 일어났다. 그러나 이 시기의 노사갈등은 규모도 훨씬 더 크고 광범위했으며, 조직적인 목표를 달성하는 데 훨씬 더 전투적이고 효과적이었다.

이 노동자대투쟁에서 노동자들이 요구한 주요 내용은 임금과 권위주의적 노사관계에 관한 것이었다. 많은 대규모기업에서 노동자들은 20~30%의 임금인상과 다른 여러가지 혜택을 얻어낼 수 있었다. 그렇지만 이전의 노동시위처럼 인간적인 대우와 민주적인 노사관계에 대한 요구 역시 정당한 임금에 대한 요구 못지않게 강력하게 제기되었다. 노동자들은 임금 및 상여금 인상, 노동시간 단축, 조장(組長)에 의한 자의적인 평가 폐지, 화이트칼라와 블루칼라 노동자 간의 지위구분 철폐, 식사의 질 개선, 복장과 머리길이에 대한 규제 철폐, 강제적인 아침체조 중단을 포함한 정말로 긴 요구목록을 제시했다.

여러 면에서 1987년 노동자대투쟁은 오랫동안 누적된 노동자들의 한(恨)이 폭발하고 분출되는 계기였다. 다른 말로 그것은 오랫동안 억눌린 불만과 분노가 충동적이고 감정적이며 격렬한 방식으로 발산된 노동자들의 거대한 한풀이였던 것이다.[5] 1987년 여름, 거의 모든 파업은 노동자들이 법으로 정해진 냉각기간과 다른 법적 요건들을 무시했기 때문에 불법적인 행동이었다. 노동자들은 정상적인 노동쟁의 절차와 방식에 만족하지 않았고, 공장건물을 점거한다든가 거리시위를 한다든가 경영간부를 볼모로 삼는다든가 하는 더 전투적인 행동을 택했다. 악질적이고 오만한 경영자와 고용주 들에 대한 노동자들의 보복으로 폭력이 자주 발생했다. 일부 고용주들은 육체적 위협이 두려워 노동자들의 무리한 요구를 억지로 수용하기도 했다. 한 노동분석가의 기술처럼 1987년의 격렬한 노동분규는 그렇게 오랫동안 참고 지낸 억압적 노동체제에 반대해서

5. 이 견해는 학생 출신 노동자로서 이후 고려대학교 대학원으로 돌아온 박동(朴東)이 처음 제시한 것이다. 1987년 그는 구로공단에서 일하고 있었다. 통찰력 있는 관찰을 제공해주고, 1995년, 경인지역의 여러 공장 방문을 주선해준 것에 대해 그에게 감사한다.

갑자기 힘을 얻은 노동자들이 일으킨 "계급전쟁"과 유사했다(Song Ho Keun 1994).

그러나 1987년 노동자대투쟁은 이전에 발생한 노동쟁의와는 달랐다. 1987년과 그 이듬해, 노동자들은 불만을 표출하고 더 높은 임금을 얻는 것뿐만 아니라 자신들의 장기적인 이해를 보호하기 위한 조직적 수단을 획득하는 데에도 그에 못지않은 관심을 가졌다. 노동조합 설립이 그들의 최우선 관심사였다. 노조가 존재하던 곳에서는 어용노조를 자주노조로 탈바꿈시키려 했다. 격렬한 노사갈등이 발생한 거의 모든 공장에서 투쟁의 핵심사항은 경영자들이 새로 설립한 노동조합 또는 어용노조를 대신할 민주노조를 인정하게 하는 것이었다. 이 시기에 나타난 강력한 노동조합의식은 의심할 여지없이 과거 투쟁의 결과였다. 노동자들은 쓰라린 경험을 통해서 자본과 국가의 일시적인 양보가 장기적으로 노동자들의 조건을 확실하게 개선할 수 없다는 것, 그리고 작업장에서 정당한 대우와 인간적인 존엄성을 요구할 수 있는 유일하고도 효과적인 수단이 노동조합이라는 것을 배웠다. 1987년의 투쟁을 예전의 투쟁보다 더 강력하고 전투적이며 지속적으로 만든 것은 바로 이러한 새로운 수준의 계급의식이었다.

따라서 노동자대투쟁은 노조의 수나 조합원 수에서 양적인 도약을 가져왔다. 노동자대투쟁이 일어난 후 1년 안에 4,000개의 노조가 새롭게 결성되었고, 약 70만명의 노동자들이 노동조합에 가입했다(김동춘 1995; 임영일 1998). 전체 노동조합 수도 1986년 말 2,658개에서 1988년 말 6,142개로 대폭 증가했다(표 7.1 참조). 1989년 초 당시 전체 조합수의 절반 이상이 1987년 노동자대투쟁 이후에 결성되었다. 같은 시기 동안 노조 조합원수도 100만명에서 170만명으로 증가했다. 노동조합의 결성은 중소기업보다 대기업에서 성공적으로 이루어졌다. 새로 조직된 노조들은 실질적으로 모두 민주노조였고, 회사 통제하에 있던 노동조합의 대부분은 자주노조로 바뀌었다.

1987년 노동봉기는 한국 노동운동의 주된 행위자에 근본적인 변화를 가져왔다. 앞에서 언급했듯이, 1987년과 1988년 격렬한 노동투쟁이 일어난 곳은 노동집약적 경공업 부문이 아니라 중화학공업의 대기업이었다. 이것은 또한 노동운동 주요 행위자들의 성별 구성에 큰 변화가 일어났다는 것을—여성노동자 중심에서 남성노동자 중심으로—의미한다. 노동쟁의의 들불이 울산·창원·마산 같은 남부지역 도시의 대기업체로 퍼졌을 때, 이전에 노동쟁의가 많이 일어났던 구로·부천·안양 같은 경공업지역은 상대적으로 조용했다. 중화학공업의 대규모공장 남성 반숙련노동자들이 거의 하룻밤 사이에 외롭게 싸우면서 1970년대 민주노조운동의 초석을 쌓았던 여성노동자들을 제치고 노동운동의 최전선에 나타난 것이다.

노동자대투쟁은 또다른 점에서 중요한 의미를 갖는다. 이전의 파업과는 달리, 이번 대규모 노동투쟁은 외부 지식인집단의 주도나 적극적인 지도 없이 발생했다. 그것은 전적으로 노동자들의 자발적이고 자생적인 집단참여를 통해 이루어진 결과였다. 예를 들어, 1987년 7월 현대그룹에서 시작된 노조조직 투쟁은 외부단체의 지원 없이 노동자들이 주도했다. 울산뿐 아니라 다른 산업도시에서도 시위와 파업의 지도자들이 각 공장 안에서 나타났다. 1980년대 초 노조조직 투쟁에서 중요한 역할을 했던 학생 출신 노동자들이 1987년에는 아무런 역할도 하지 못했다(임호 1992, 138면; 1995년 울산 현대그룹 노동자들과의 면담에서도 이러한 점을 확인). 1987년 이전 대부분의 학생 출신 노동자들은 경인지역에서 일했고, 일부가 대구에서 일했으며, 그들 중 극히 일부만이 남부 산업도시에 있는 대기업에 들어갈 수 있었다.[6] 1987년 노동자대투쟁은 한국의 노동자들이 더

---

6. 1995년 면접한 김호규(金虎圭)는 울산 현대그룹의 한 공장에서 일했던 학생 출신 노

이상 지식인집단에 의해 보호받고 대표될 필요가 없어졌음을 증명했다. 한국의 노동자계급은 스스로의 권리를 옹호하는 계급이 될 조직적 자원뿐 아니라 자신들의 지도자 및 '유기적 지식인'을 배출했다.

노동자대투쟁의 자연발생적 성격

앞서 1987년의 노동자대투쟁이 주로 자연발생적이고 비조직적인 노동갈등의 폭발이라고 기술하였다. 이 점에 대해서는 한국의 노동전문가들 사이에 광범위한 합의가 존재한다. 1987년 여름의 노동쟁의가 사전 모의나 계획 없이, 또한 미리 선택한 목표나 전략적 고려도 없이 발생했다는 점에 동의한다는 것이다. 이 노동투쟁은 갑작스럽고 너무 엄청난 규모로 발생해서 오랫동안 노동운동에 종사해온 많은 지식인 노동활동가들조차 당황한 나머지 주도적인 역할을 할 수가 없었다. 탁월한 노동연구자인 임영일(林榮一)이 지적하듯이 "조직적으로 준비된 파업은 거의 없었으며, 현장 내외의 활동가들에 의해 사전 준비 작업이 진행되고 있었던 몇 안 되는 사례들에서도 대중 진출의 속도와 규모, 그리고 격렬성에 비추어 볼 때 그 준비는 이미 큰 의미가 없는 것이 되었다"(임영일 1998, 89~90면).

1987년 노동쟁의의 폭발은 크게 보아 시민사회의 정치역학에 의해서 만들어진 갑작스런 정치적 개방의 산물이었다. 권위주의국가의 노동문제 개입이 일시적으로 중지되면서 노동자들에게는 오랫동안 억눌려온 불만을 표출할 흔치 않은 기회가 생겼다. 또다른 노동분석가인 김동춘(金東椿)이 지적하듯이, "〔1987년의〕 저항은 6·29 이후 권위주의 정권의

동자로서 그의 말에 의하면 1987년 노동자대투쟁이 발생하기 이전 학생 출신 노동자들은 울산으로 이동하려는 계획을 세우고 있었다고 한다. 그들의 활동은 수도권의 산업지역에 집중되어 있었고, 대단히 적은 수의 학생 출신 노동자들만이 서울에서 울산으로 갔다. 김호규 자신도 1987년 이후 울산으로 갔다.

통제가 이완된 직후에 발생하여 억압이 다시 강화되는 9월 이후 수그러들었다. 즉 과거 한국의 노동운동이 그러하였듯이 사업장 단위의 내생적인 변수보다는 외재적 변수, 특히 정치적인 변수가 쟁의 일반의 발생과 소멸에 더욱 결정적인 영향을 행사하였다"(김동춘 1995, 121면). 이처럼 정치적 기회가 기대하지 않던 상태에서 급작스럽게 주어졌기 때문에 노동자들의 반응도 대체로 자연발생적이고 비조직적이었다는 점에 대해서는 별다른 이견이 없다.

그러나 노동자들이 단순히 외부집단이 제공한 기회에 아무런 사전 노력이나 조직 없이 반응했다는 것을 의미하지는 않는다는 점이 중요하다. 실제로 이런 거대한 규모의 움직임이 사전 투쟁경험이나 노동자들간의 조직적 활동이 부재한 상태에서 발생할 수 있다는 것은 상상하기 힘들다. 그리고 이 노동투쟁의 지배적인 형태, 즉 전투적이고 공격적이며 민주노조 결성을 목적으로 하는 투쟁전략이 그동안 많은 산업노동자들 사이에서 발전한 계급의식 수준과 무관하다고 가정하는 것도 분명히 타당하지 않다. 1987년 대투쟁은 노동분규의 대다수가 사전모의, 계획, 혹은 조직적 지도력 없이 발생했다는 점에서는 자연발생적이었지만 사전에 집단적인 저항을 조직하려는 노력 없이 노동자들이 순전히 충동적이고 비합리적인 방식으로 상황에 대응한 것은 아니었다.

이런 점에서 왜 노동봉기가 울산에서, 현대그룹 내에서도 상대적으로 작은 사업체인 현대엔진에서 최초로 발생했는지를 생각해볼 필요가 있다. 1987년 7월 5일 노태우가 6·29선언을 한 지 1주일이 지나서 현대엔진에서 일하는 약 100명의 노동자들은 울산 도심지역에서 비밀리에 모여 노조를 결성하였다. 다른 현대그룹의 노동자들도 재빨리 뒤를 따랐다. 6·29선언 후 채 한달도 되지 않아 11개 현대사업장에서 이미 노조를 결성했거나 결성중에 있었다.

지난 20년 동안 현대그룹노동자들의 특징이었던 수동성과 침묵을 고

려한다면 이것은 정말로 엄청난 발전이었다.[7] 분명히 이런 극적인 변화
는 전두환정권의 정치적 위기 없이는 불가능했을 것이다. 그러나 실제로
현대의 노조조직 투쟁이 완전히 자연발생적인 것은 아니었다. 현대의 여
러 사업장에서는 많은 노동자들이 집단행동을 통한 노동조건의 개선을
위해 은밀히 노동조합을 준비해오고 있었다. 최초로 노조가 조직된 현대
엔진에서는 소규모의 노동자들이 다양한 소그룹활동을 통해서 동지애
와 계급 의식을 적극적으로 함양하고 있었다. 학생 출신 노동자들이 시
작하고 주도했던 1980년대 초 경공업 부문의 소그룹활동과는 달리, 현대
의 소그룹들은 노동자들 자신의 주도하에 만들어졌고 외부의 지식인 집
단과는 아주 미미한 관계만을 가졌다.[8]

이런 소그룹들 가운데 가장 중요한 것은 현대엔진에서 권용목(權容
睦)이 조직한 고적답사반이었는데, 권용목은 1987년 현대노동자투쟁에
서 카리스마적인 지도자로 떠올랐다. 소그룹활동에 참여한 다른 동료노
동자들처럼 고졸 출신이었던 권용목은 현대의 전제적인 경영방식에 대
해 예리한 비판의식을 소유하고 있었고 재야지식인들과의 접촉과 당시
인기있던 맑스주의 문헌들을 통해 대단히 높은 수준의 계급의식을 가지
고 있었다(권용목 1988; 이수원 1994). 그는 안또니오 그람시(Antonio
Gramsci)가 말한 '유기적 지식인'의 대표적인 예로 간주될 수 있다. 1980
년대 초 그는 주말에 문화유산을 답사하는 소규모 취미활동 모임을 조
직했다. 점차 모임의 관심이 작업장 문제를 토론하는 데로 기울어지면서

---

7. 1980년에 딱 한번 현대중공업에서 노조를 조직하려는 시도가 있었다. 흥미롭게도, 그
   주체는 노동자들이 아니라 노동지향적인 회사 과장 이민우였다. 그러나 그의 용감한
   시도는 다른 노동자들에게 심각한 영향을 미치기 전 새롭게 등장한 군사정권에 의해
   서 좌절되었다(이수원 1994, 34~35면 참조).
8. 모든 소그룹활동이 어떤 외부조직으로부터도 도움을 받지 않았다는 것을 의미하는 것
   은 아니다. 실제로 그들은 울산사회선교실천협의회로부터 조직적 도움을 받았다. 그
   러나 그들은 외부집단에 의존적이지는 않았다(이수원 1994, 23, 62면 참조).

노동법과 맑스주의 문헌들을 공부하게 되었다. 1986년 권용목과 동료들은 노사협의회를 장악하고 그것을 친경영적인 조직에서 좀더 노동자를 대표하는 조직으로 탈바꿈시키는 데 성공했다. 그들의 다음단계 목표는 민주노조를 조직하는 것이었고, 1987년 봄 작업을 위해서 몇명의 조합원을 선발했다(이수원 1994, 47~48면).[9] 1987년 7월에 기회가 나타나자마자 현대엔진 노동자들이 재빨리 노조를 조직하기 위해 움직일 수 있었던 것은 바로 이러한 준비작업 덕분이었다. 유사한 소그룹활동이 현대자동차·현대중전기·현대중공업(현중)을 포함한 울산의 다른 현대사업장에서도 이루어지고 있었다(이수원 1994, 39~79면).[10]

1987년 노동투쟁이 외부활동가들의 특별한 계획이나 지도 없이 발생한 것은 사실이지만, 일단 자발적인 봉기가 발생하자 외부집단들이 민주노조운동을 지원하는 데 대단히 중요한 역할을 담당했다는 점 또한 중요하다. 이 시기 파업노동자들은 민주노조 설립에 엄청나게 열성적이었지만, 노동조합에 대한 실제적인 지식, 즉 노동조합의 조직과 운영 또 노조활동에 필요한 법적 요건 등에 관해 아는 것이 거의 없었다. 1987년 7월과 8월 대부분의 노동자들이 참여한 수백건의 노동쟁의가 매일 발생하면서, 한국의 민주노조운동은 전기(轉機)를 맞았다. 이에 대응해서 많은 공식·비공식활동가 모임, 교회에 기반을 둔 노동상담쎈터, 그리고 지역노동단체 들이 빠르게 활성화되었다. 노조조직 투쟁에 참여한 노동자들로부터 쏟아지는 지원요청에 대응하기 위해 기존의 활동가단체 외에 많은 새로운 그룹들이 재빨리 조직됐다. 임영일과 인터뷰한 한 노동운

---

9. 이수원(李秀遠)의 기록에 따르면, 현대엔진 노동활동가들은 1987년 6월이나 7월에 노조결성 시도를 계획하였다.

10. 1985년, 현대자동차에서는 정치적으로 의식있는 5명의 노동자들이 동료노동자들의 의식을 일깨우기 위해 소모임을 조직했다. 유사한 모임이 대학을 졸업한 천창수에 의해 현대중전기에서도 조직되었다.

동가(해고노동자들에 의해서 조직된 경남노동자협의회〔경노협〕활동
가)의 말은 시사적이다.

> 아무 것도 생각할 겨를이 없었다. 그리고 아무 것도 생각할 필요가 없었
> 다. 이것은 우리가 만든 일도, 감히 만들 수 있다고 생각했던 일도 아니었지
> 만, 그러나 목표는 분명했다. 파업 사업장마다 민주노조를 만들도록 해야
> 한다. 만든 노조는 지켜야 한다, 그리고 이들을 함께 모이도록 해야 한다.
> 일이 너무 많았고, 사람이 부족했고, 시간이 부족했지만, 어렵지는 않았다.
> 노동자들은 오히려 너무 쉽게 이를 받아들였다. 파업 과정 속에서 부각된
> 현장 지도부들을 중심으로, 노동자들 스스로 자기 사업장의 문제가 일단락
> 되면 너나 할 것 없이 사무실에 모였고, 복사한 전단을 들고 이웃 사업장으
> 로 달려갔다. (임영일 1998, 93면)

이 활동가의 언급이 분명히 보여주듯이, 1987년 노동봉기는 노동자대
중의 자연발생적인 참여로 만들어졌지만, 그 투쟁이 아무런 조직적 지원
이나 지도 없이 전개된 것은 아니었다. 비록 대부분이 비공식적이고 소
규모였지만 조직이 없는 곳에서는 새로운 조직들이 빠르게 결성되었다.
그리고 지도부가 없는 곳에서는 새로운 현장지도부가 파업을 통해서 빠
르게 등장했다. 우리는 1987년 한국 노동계급운동에서 사용 가능했던
조직적 자원이 1980년과 뚜렷하게 달랐음을 알 수 있다. 또한 노조의식
과 노동계급의 연대수준에서도 뚜렷한 차이가 발견된다. 의심할 여지없
이 이런 모든 변화는 1987년 이전 시기 투쟁의 산물이었다.

현대노동자투쟁

1987년 노동자대투쟁이 울산의 현대그룹 투쟁에서 시작되었다는 점
은 중요한 사실이다. 현대는 한국에서 가장 큰 재벌그룹이면서 가장 큰

자동차공장과 조선소를 가지고 있었다. 규모면에서나 한국 경제에서의 역할면에서 현대는 분명히 산업권력의 핵심을 대변했다. 다른 재벌기업에서처럼 현대에서도 노동조합은 금기시되었다. 창업주인 정주영(鄭周永)은 반노조주의로 유명했다. 삼성그룹의 창업주인 이병철(李秉喆)처럼 그도 노동자들에게 "내 눈에 흙이 들어가기 전에는 노조를 인정할 수 없다"고 경고했다(이수원 1994, 35면). 그러므로 현대그룹에서 노조가 결성된 것은 다른 기업의 노조활동가들에게 대단히 의미있는 사건이었다. 현대에서 일어난 노동투쟁의 형태는 여러면에서 이 시기 한국 노동투쟁의 가장 흥미로운 모습들을 선명하게 드러낸다.

현대에서의 노조조직은 반란과 유사했다. 정치적 자유화 선언 일주일 후인 1987년 7월 5일, 약 100명의 현대엔진 노동자들이 울산시 중심가 디스코텍에 몰래 모여서 노조를 결성하였다. 이미 언급한 것처럼, 이것은 일정 기간 노조조직을 준비해온 소규모 노동자들 활동의 결실이었다.

이러한 선례를 따라서 6·29선언 이후 한달 이내에 다른 12개 사업장에서도 노조조직 투쟁이 일어났다. 그러나 다른 사업장에서의 노조조직은 현대엔진에서처럼 순조롭게 진행되지는 않았다. 노조결성에 충격을 받은 후 정신을 차린 현대 경영진은 노조조직운동을 막고자 노력하였다. 현대 경영진의 첫번째 시도는 극단적으로 유치했을 뿐만 아니라 역효과만을 내었다. 한 예로 7월 16일 현대미포조선 노동자들이 새롭게 결성된 노동조합 신청서를 시청에 제출하려고 할 때, 서너명의 남자들이 갑자기 나타나 등록서류를 빼앗아 차로 도주하였다. 이런 어설픈 반노조행위는 언론에 보도되어 사회 도처로부터 비판을 받았다. 이러한 경영진의 실수 덕택에, 현대미포조선 노동자들은 신규 노조설립을 공식적으로 인정받을 수 있었다.

그러나 이런 실수를 했다고 해서 경영측이 다른 사업장에서의 노조결성을 막기 위한 또다른 시도를 주저한 것은 아니었다. 현대그룹 내에서 가장 큰 두 사업장인 현대중공업과 현대자동차가 사용한 방법은 좀더 교묘하고 효과적이었다. 그것은 강력한 독립노조가 결성되기 이전에 경영진에 호의적인 노동자들을 동원해서 먼저 노조를 결성하는 전략이었다. 한국의 노동법은 복수노조를 금지하기 때문에, 이러한 전술은 나중에 설립된 노조의 법적 지위를 부정하는 데 효과적이었다. 현대자동차에서 이 방법은 강력한 독립노조 결성을 막지 못했지만, 현대중공업에서는 독립노조를 약화하고 오랫동안 노동자들을 분열시키는 데 성공하였다. 그러므로 현대그룹의 가장 치열한 투쟁은 진실로 노동자를 대표하는 노동조합의 인정을 둘러싸고 현대중공업에서 일어났다.

어쨌든 노조가 성공적으로 결성되자, 현대그룹의 노동자들은 긴 요구사항 목록과 함께 오랫동안 억눌렸던 불만을 토로했다. 25~30% 임금인상에 덧붙여, 노동자들의 요구는 노동자들 사이의 차별적인 임금체계 철폐, 머리길이에 대한 통제 폐지, 강제적인 아침체조 중단, 점심식사 개선 등을 포함했다. 흥미롭게도 머리길이나 작업 전 체조 같은 개인적 자유에 대한 요구가 현대그룹의 모든 파업에서 나타났다. 이것은 군대식 작업환경에 대한 노동자들의 강한 불만을 보여주는 것이다. 한국의 대규모 제조업체들 대부분이 예외는 아니었지만 현대의 군대식 규율관행은 특히 유명했다. 공장경비들이 출입구에서 노동자들의 머리길이를 재서 회사규정보다 길면 그 자리에서 가위로 머리를 잘랐다(이수원 1994, 30면). 생산직 노동자들은 또한 퇴근할 때 몸수색을 당하곤 했다. 현대에서 파업이 시작됐을 때, 노동자들이 제일 먼저 경비실을 부숴버린 것은 놀랄 일이 아니다.

개별 사업장에서의 노조조직운동은 빠르게 그룹 차원의 연대투쟁으로 발전하였다. 1987년 8월 8일 11개 사업장 노조대표들이 모여서 현대그룹노동조합협의회(현노협)를 결성하였다. 현대엔진의 권용목이 현노협 의장으로 선출되었다. 노조지도자들은 중앙집중화된 현대그룹의 권

1987년 8월 17일, 울산 공설운동장을 향해 행진하는 현대그룹 노동자들(중앙일보사 제공).

위구조와 상대하기 위해서는 노조활동도 그룹 단위의 조정이 필요하다고 느꼈다. 그들은 현대그룹의 모든 결정이 그룹 상부에 의해 그리고 궁극적으로 제왕 같은 회장에 의해 이루어진다는 것을 알고 있었다. 현노협은 두 가지 문제로 경영진과 대립했다. 하나는 그룹 수준의 임금협상 요구였고, 다른 하나는 현대중공업에서 결성된 민주노조의 인정에 관한 것이었다.[11] 그러나 경영진은 불법적인 조직과는 협상할 수 없다고 거부하였다. 노동자들은 그들의 힘을 보여줄 준비가 되어 있었다. 8월 17일 아침 수천명의 현대그룹 노동자들이 현대중공업에서 모여 시내를 향해 행진하였다(사진 참조). 대열 앞쪽에 덤프트럭, 지게차, 소방차와 샌딩머신(sanding machine, 금속이나 목재의 표면을 연마하는 기계—옮긴이)을 실

11. 절대 다수의 노동자들로부터 지지를 받는 진정한 노조가 결성되기 직전에 사측은 소수의 친경영노동자들이 노조를 결성하고 그것이 유일한 법적 노조로 등록되도록 도왔다. 비록 그후 노동자들이 거의 만장일치 투표로 친경영노조간부들을 새로운 민주노조지도자들로 교체하였지만, 회사는 새로운 지도부를 인정하지 않았다.

은 대형 트레일러가 있었다. 북과 꽹과리 소리에 맞추어 군중들은 새로 배운 노래를 부르고, "정주영은 물러가라"고 소리쳤다. 그들은 거리에서 전투경찰과 마주쳤다. 경찰은 최루탄을 발사했지만, 곧 성난 군중들에게 겁을 먹고 도망가는 신세가 됐다. 경상남도 경찰청 국장이 협상을 제의했다. 4차선 도로 한복판에 경남 경찰청 국장과 권용목이 마주앉아 협상을 했다. 평화로운 행진을 하겠다는 권용목의 약속을 받고, 경남 경찰청 국장은 시위대가 시내 중심가에서 조금 떨어진 남목고개까지 행진하고 현대중공업으로 되돌아가는 것을 허락했다. 노동자들은 구호를 외치고 노래를 부르면서 남목고개까지 3킬로미터를 행진한 후, 현대중공업으로 평화롭게 되돌아왔다.

다음날 시위는 더 커졌고, 좀더 잘 조직되었다. 울산에 있는 여러 현대 그룹 노동자들이 8월 18일 이른 새벽 현대중공업 운동장에 모였다. 약 4만명으로 추산되었다. 10~11시쯤 3천명의 아내들과 아이들이 가담했다. 그들은 다시 덤프트럭, 지게차와 다른 중장비를 앞세우고 시내로 향했다. 시위행진을 주도하는 사람들은 방진마스크와 헬멧으로 무장한 채 울산공설운동장을 향해 나아갔다. 행진 도중 시위대는 4,500여명의 전투경찰과 마주쳤으나, 경찰은 중장비를 앞세운 4만명의 시위대에 상대가 될 수 없음을 알았고 따라서 시위대가 행진하도록 둘 수밖에 없었다. 노동자들은 갑자기 무적이 되었다. 시위대가 평화롭게 공설운동장에 도착했을 때, 그들은 6만명으로 불어났다. 어머니 · 아내 · 아이 들이 시위대와 함께 행진했다. 시위대의 길이는 4킬로미터에 이르렀고, 공설운동장까지 16킬로미터를 행진하는 데 5시간이 걸렸다.

공설운동장에서 시위대가 만난 것은 현대경영자들이 아니라 정부대표들이었다. 노동자들과 협상하기 위해 노동부 차관이 서울에서 울산으로 내려왔다. 그는 권용목과 노동부 소장 간의 협상을 지휘했다. 차관이 발표한 합의내용은 사측과의 임금협상을 9월 1일까지 타결할 수 있도록 정부가 보장하겠다는 약속과 현대중공업 자주노조 인정을 포함하여 사실상 노동자들의 모든 요구사항을 받아들인 것이었다. 운동장에 모인 6만의 노동자와 가족들은 환호했고, 다시 집으로 향했다. 나중에 현대에서 주도적이었던 한 노동활동가는, "8월 18일은 현대 노동자들이, 아니 이 땅의 노동자들이 한을 딛고 오늘 이 땅의 주인으로 새롭게 태어나는 위대한 탄생이었으며, 인간다운 삶을 누리는 내일을 향한 장엄한 진군이었다"라고 적고 있다(이수원 1994, 103면).

그러나 그것은 단지 상징적인 승리였고, 오래가지는 못했다. 현대경영진은 노동부 차관이 약속한 것을 그저 무시해버렸고, 현대중공업의 새로운 노조지도부와 현노협의 정당성을 부인했다. 결과적으로 임금협상은 결렬되고 노동쟁의는 계속되었다.

두번째 현대노동자투쟁은 1988년 말 현대중공업에서 일어났다. 이 해의 노사분규는 단체협약과 4명의 해고 노조지도자들의 복직문제를 둘러싸고 진행되었다, 노사 양측 모두 양보할 기세가 아니었고, 결국 12월 12일, 노조는 파업을 결행했다. 128일간의 이 파업은 한국 노동사에서 가장 긴 파업이 되었다. 파업이 그렇게 길어진 것은 노조지도부의 내분과 강성 노조지도자들을 제거하려는 경영진의 전략 때문이었다. 이 파업이 있기 전 현대중공업 노동자들은 서태수를 새 노조위원장으로 뽑았다. 그러나 당선 후, 서태수는 오래 끌어오던 단체협약을 조합원들의 승인 없이 위원장 직권으로 회사측과 조인해버렸다. 성난 조합원들은 조합원총회 투표를 통해 이 합의서를 무효화하고, 서태수를 위원장에서 제명한 후 이원건을 새 노조위원장으로 선출했다. 그러나 회사측은 비합법적이란 이유로 이 선거를 무시했고 서태수 역시 퇴임을 거부해서 현대중공업 노조는 계속 조직상의 문제를 겪었다.

울산 현대중공업에서 파업이 진행되던 1988년 12월 15일, 171명의 현대중공업 노동자들이 정주영 회장을 만나기 위해 서울로 올라갔다. 현대중공업 노동자들이 정주영을 만나기 위해 서울에 있는 현대 본사를 찾아간 것은 이번이 세번째였다. 첫번째는 1987년 가을, 새로 설립된 현대중공업 노조간부들이 노조를 승인받기 위해 찾아간 것이었고, 두번째는 1987년 11월, 현대엔진 노동자대표들이 권용목 등 수감된 노조지도자들의 석방을 요청하기 위해 찾아간 것이었다. 현대그룹의 노동자들은 현대그룹의 모든 중요한 결정을 정주영이 직접 내린다는 것을 알고 있었고, 경찰의 노동자 구속이나 석방도 어느정도는 그의 손에 달려 있다고 믿고 있었다. 그러나 정주영은 찾아온 노동자들의 면담을 거부했다. 노동자들은 현대 본사 앞에 텐트를 치고 농성했지만 12월 29일 경찰의 공격을 받고 해산하였다.

1988년 12월 28일, 대통령 노태우는 1987년 6월 이래 비교적 개방적이었던 정치분위기의 종결과 억압적 조치의 복원을 알리는 '민생치안과 법질서 확립에 관한 특별지시'를 발표했다. 이런 정치적 분위기의 변화와 신정연휴가 울산 현대 파업노동자들의 사기를 꺾어놓았다.

그러나 1989년 1월, 꺼져가는 불에 기름을 붓는 새로운 사건이 터졌다. 1월 8일 저녁 무장을 한 사람들이 현대해고자복직실천협의회(현해협) 사무실에 난입하여 자고 있는 사람들을 야구방망이와 각목으로 구타하고 집기를 부수는 난동을 부렸다. 현해협은 1988년 감옥에 수감된 직후 회사로부터 해고된 노조지도자들에 의해서 조직된 것이었다. 여기에는 권용목과 다른 핵심 활동가들도 포함되어 있었다. 1988년 현해협은 현노협의 역할을 맡아 개별사업장에서 노조활동을 지도하는 중심적인 역할을 담당하였다.[12] 분명히 현대그룹의 경영진은 이 전투적인 외부노동조직을 파괴하고 이 조직과 현장 노조지도자들 간의 관계를 단절시키고자

---

12. 현해협은 울산사회선교실천협의회와 밀접한 관계를 유지했는데 두 단체에는 권용목과 다른 노조지도자들을 적극적으로 지원한 서너명의 학생 출신 노동자들이 있었다 (울산노동정책교육협회 1995; 이수원 1994).

했다. 흥미롭게도 이 습격은 현대중공업이 고용한 노조파괴 전문가인, 한국계 미국인 제임스 리(James Lee, 한국명; 이윤섭)가 조직한 것이었다. 이 사건이 공개되자 울산의 노동자들이 분노한 것은 말할 것도 없고, 회사측이 저지른 테러를 규탄하기 위해 다른 지역으로부터도 3만여명의 노동자들이 대규모 울산집회에 모여들어 현대중공업 파업노동자들과 연대투쟁을 다짐하였다.

노동자와 경영진 사이의 격렬한 대립은 1989년 봄까지 지속되었다. 파업기간이 길어지자, 노동자들과 경영진 사이, 친경영 노동자들과 반경영 노동자들 사이에 폭력이 난무하였다. 다른 많은 사업장도 그랬던 것처럼, 현대중공업 경영진은 관리직 사원, 공장경비원, 용역폭력배로 구성된 구사대(救社隊)를 조직하고 소극적인 노동자들이 파업에 참여하지 못하도록 이 조직을 활용하였다. 그러나 남성폭력의 희생자가 된 1970년대 여성노동자들과는 달리 현대중공업과 다른 중공업사업장 남성노동자들은 폭력에 쉽게 무너지지 않았다. 현대그룹 노동자들이 경찰개입에 대응한 방식은 변화된 노사분규의 지형을 생생하게 보여주었다. 쉽게 만여명에 달하곤 하는 그들의 규모뿐 아니라 다양한 방어무기의 사용으로 그들은 통제하기 두려운 존재가 되었다. 이러한 파업노동자들을 통제하는 데 경찰의 폭력은 비효과적이었다. 심오한 사회학적 의미를 떠나, 바로 이런 물리적인 의미에서 1987년 이후 한국 노동운동은 여성이 지배적이었던 이전의 민주노조투쟁과는 성격이 뚜렷하게 달랐다.

현대중공업의 요청으로 경찰이 1989년 3월 30일 공장에 진입할 것이라고 발표하였다. 그러나 파업노동자들은 투표를 통해 끝까지 싸우기로 결정하였다. 경찰의 공장진입 예정일 전날 파업노동자들은 기자회견을 열고, 그들이 만든 화염병·박격포 등 자체제작 무기들을 보여주었다. 3월 30일 새벽, 파업 109일째 하늘을 향해서 여러 발의 총성이 울리면서 대규모 군대식 작전이 시작되었다. 지상에서는 현대중공업 정문에 집결한 진압경찰이 최루탄을 쏘면서 전진하기 시작했다. 해상에서는 진압경찰 8개 중대를 수송하는 해군함정이 도착했다. 공중에서는 헬리콥터가 공장건물 상공을 배회하며 "너희들은 완전히 포위됐다. 범법근로자는 순수히 자수하라!"고 노동자들을 향해 방송하였다. 그것은 '울산 30작전'이라고 명명된 거대한 군사작전이었다. 이 작전을 위해서 15,000명의 경찰이 동원되었다.

그러나 경찰이 공장 안으로 진입했을 때, 공장 안에는 한명의 노동자도 없었다. 지난밤 파업노동자들은 모두 공장을 빠져나가 현대 기숙사건물인 오좌불 앞에 재집결하였다. 정오 무렵 경찰이 과격시위 진압을 전담하는 무장경찰인 백골단과 함께 오좌불에 진입했다. 백골단은 저항하는 노동자들을 무자비하게 구타하고 수백명을 체포하였다. 그러나 그것이 파업의 끝은 아니었다. 오후 늦게, 노동자들의 저항은 대규모 시가전으로 발전했다. 근처에 있는 현대엔진에서 약 1,500명의 동료노동자들이 당일 파업을 선언하고 거리로 쏟아져나왔다. 현대자동차·현대미포조선 등 계열사 노동자 수백명도 거리로 나왔다. 울산 동부지역은 전쟁터로 변했다.

그 이튿날 시가전은 점점 더 커지고 격렬해졌다. 인근지역 수십명의 학생들도 현대노동자투쟁에 참가하기 위하여 도착했다. 많은 주민들도 거리시위에 동참하였다. 백골단이 잔인하게 자신의 남편과 아버지를 구타하는 것을 보고, 많은 현대노동자의 부인과 자녀 들이 분노해서 시가전에 참여하였다. 그들은 도망가는 노동자를 쫓는 경찰을 막았고 돈을 모금했으며, 노동자들을 지원하기 위해 온 학생들을 집에 숨기고 화염병을 만들기 위해 빈 병을 모았다. 시가전은 10일 이상 지속되었다. 결국 55명의 노조지도자들이 구속되었고 55명의 노동자들이 해고되었으며 4월 18일 시가전은 막을 내렸다. 후에 노동자들은 이 시가전의 종결을 이렇게 표현하였다. "고난의 현대 중공업 128일 파업투쟁! 87년 온갖 희생을 무릅쓰고 민주노조의 깃발을 움켜쥐고 달려온 현대중공업 노동자들의 자존심이었던 128일 장기파업은 현대의 잔인한 테러와 가공할 공권력의 힘 앞에 무참히 짓밟히면서 또다시 현대노동자들의 가슴속에 깊은 한을 남기고 그 막을 내리고 있었다"(이수원 1994, 255면).

그러나 128일간의 현대중공업 파업은 결코 패배가 아니었다. 노동자들은 그들이 요구한 노조지도자들의 석방을 이루어내지는 못했지만 이 투쟁을 통해서 아주 귀중한 것을 얻었다. 연대의식이 형성되었을 뿐 아니라 투쟁에 참여한 많은 노동자들이 높은 수준의 계급인식과 정치의식을 획득했다. 노동조합은 더욱 강력해졌고, 조합활동이 훨씬 민주적으로 되었으며, 조합원수 역시 현저하게 증가하였다. 작업장에서도 노동자들은 소그룹이나 위원회로 조직되어 작업과 관련된 여러가지 문제들에 대해서 자기 목소리를 내기 시작했다. 이 모든 변화들은 현장노동자들에 대한 경영자들의 영향력이 상실되었음을 의미했다. 경영자들은 전투적인 노동자들을 두려워하기조차 했다.

골리앗투쟁으로 알려진 세번째 현대노동자투쟁은 비교적 사소한 문제를 둘러싸고 현대중공업에서 다시 발생했다. 1990년 1월 현대중공업 노동자들은 제5대 노조집행부를 선출하였다. 현대중공업 노조위원장의 임기는 2년이었지만, 2년 반 동안 5번이나 지도부가 교체된 것은 파업중 노조지도부가 구속됐거나 노조지도부 내에 갈등이 발생했기 때문이었다. 노조운동이 전개되면서, 대부분의 현대노조들은 내부적으로 기업 단위를 넘어선 계급연대와 억압적 노동정책 개혁을 위한 정치투쟁의 중요성을 강조하는 전투적 민주파와, 집단행동을 당면한 기업 수준의 목표에 한정하고자 하는 좀더 온건한 실리파로 나뉘어 있었다. 현대중공업 노조는 급진적인 조합원들이 지배적이었지만, 현대자동차 노조는 좀더 온건하고 실용주의적인 노선의 지도부가 이끌고 있었다.

현대중공업의 노사갈등은 새로 당선된 노조위원장 취임 축하모임을 근무시간에 갖고자 하는 노동자들의 요청을 회사가 거절했기 때문에 발생했다. 회사는 또한 128일간의 파업으로 구속된 노조지도자 5명의 법원 심리에 참석하기 위해 노동자들을 조기퇴근시켜달라는 노조의 요청도 거부하였다. 새로운 노조지도자들은 경영진의 결정을 무시하고 계획을 강행하였다. 회사는 즉각 경찰에 신고하였고, 경찰이 노조지도자들을 체포하였다. 급진적인 조합원들은 경영진의 이런 비우호적인 행동이 노조를 약화시키기 위한 계획적인 의도라고 보고 맞서 싸울 수밖에 없다고 결정했다.

구속되었던 노조지도자들에게 중형이 선고되자 노동자들은 더욱 분노했다. 얼마 전 있었던 KBS파업 참가자들에게 구형된 낮은 형량과 비교하여 훨씬 무거운 형(刑)이기 때문이었다(KBS파업에 가담하였던 약 100명의 방송사 노동자들은 모두 석방되었다). 현대노동자들은 정부와 사회가 공장노동자를 멸시한다고 믿었기 때문에 분노했다. 노조 전단지는 "펜과 방송은 무섭고, 용접기나 망치를 들고 있는 노동자는 힘이 없다라는 발상을 우린 이번 기회에 완전히 뜯어고쳐야" 한다고 규탄했다(이수원 1994, 292면). 문제가 된 것은 분명히 당장의 경제적 이해가 아니었다. 이수원은 "이러한 못 배운 노동자들에 대한 사회적 차별대우라는 정서는 현대중공업 파업을 촉진시키는 역할을 했다"고 지적하고 있다(이수원 1994, 291면). 현대중공업 노조신문의 속보는 이 파업을 "금번투쟁은 현대중공업 노조만의 싸움이 아니라 이천 오백만 노동자의 의리와 자존심을 건 독재정권과의 한판 싸움이 될 것"이라고 정의했다(울산노동정책교육협회 1995, 71면). 노동계급의 자존심과 동료노동자에 대한 의리는 현대 파업노동자들이 그들의 집단행동에 부여한 지배적 의미였고, 이것은 1987년 이후 한국 노동계급투쟁의 일반적인 성격이기도 했다(김동춘 1995, 445~48면).

그러나 파업을 결정한 후, 노조는 심각한 지도자 공백 문제로 어려움을 겪게 됐다. 많은 노조지도자들이 교도소에 있거나 파업주도를 기피했고, 비상대책위원회를 이끌도록 선발된 두명이 가족문제를 이유로 그 자리를 고사했다. (두 사람은 출소한 지 얼마 되지 않았기 때문에 다시 교도소로 가게 될 역할을 사양한 것은 이해할 만하다.) 비상대책위원회의 의장으로 두 사람이 더 천거되었으나 거절했고, 마지막으로 이갑용(李甲用)이 책임을 맡게 되었다. 그리하여 골리앗투쟁이 시작되었다. 그것은 또 하나의 대규모 현대중공업 노동자투쟁이었고, 전국 민주노조들의 총파업을 불러일으켰다. 전년도와 마찬가지로 이 투쟁은 강력한 노조지도부 때문이 아니라, 급진적인 일반조합원들의 밑으로부터의 압력 때문에 가능했다. 상당한 수로 증가한 선진노동자들과 공장 외부의 급진적 지도자들은 1987~90년 노동투쟁을 결정짓는 핵심요인이었다.[13] 현대 노조지도자들은 비교적 온건하고 실용주의적 노선을 선호하는 경향이 있었으나, 급진적인 노조원들에게 밀려 전투적 노선을 택할 수밖에 없었다.[14]

1990년 현대중공업의 임투(賃鬪)는 파업 시작부터 억압적인 정부에 대항해 싸운다는 정치적인 의미를 지녔다. 전투적인 조합원들에게 뚜렷한 투쟁전략은 없었지만 끝까지 싸우겠다는 강한 투쟁의지가 있었다. 그들은 '우리는 죽을 수는 있어도 결코 항복하지는 않는다'고 결의하였다. 진압경찰의 기습이 임박했을 때 78명의 파업지도자들이 지상 82미터 위의 거대한 골리앗크레인으로 올라갔다. 그들은 이 위에서 투쟁을 무한정으로 끌고 갈 계획이었다. 지상에서는 1,000여명의 노동자들이 거대한 경찰력과 대치하고 있었다. 4월 28일 아침 대규모 군사작전을 방불케 하는 공격이 또 시작됐다. 12,000여명의 경찰과 백골단이 현대중공업으로 쳐들어왔다. 울산시 동구는 또다시 폭력이 난무하는 전쟁터로 변했다.

13. 현해협은 현대의 노조활동을 조정하고 지도했는데, 특히 격렬한 노동쟁의기간 동안 가장 중요한 역할을 담당했다.
14. 김동춘 1995, 342~60면; 울산노동정책교육협회 1995; 임호 1992, 185~86면.

현대중공업 노동자들의 골리앗투쟁은 일개 사업장에서 일어난 단순한 파업이 아니었다. 한국의 전투적인 노동단체들은 이 투쟁을 억압적인 국가와 자본가를 상대로 한 전체 노동계급의 정치투쟁으로 보았다. 그래서 현대중공업에서 파업이 시작되자 즉시 다른 곳의 급진적 지도자들이 지지파업을 주도했다. 4월 28일 아침 현대자동차 노동자들이 거리로 나와 진압경찰의 현대중공업 진입을 막은 것을 필두로 4개 계열사 노조들이 연대파업에 들어갔다. 그리고 4월 30일, 새로 결성된 전국노동조합협의회(전노협)이 총파업을 결정하였다. 5월 4일 전국적으로 약 146개 사업장, 12만명의 노동자들이 현대중공업 노동자투쟁을 지지하는 총파업에 참여하였다.

그러나 지지파업은 며칠 이상 지속되지 못했다. 현대그룹에서 가장 크고 영향력 있는 노조인 현대자동차 노조조차도 5월 4일 파업중단을 결정하고 일터로 복귀하였다. 전노협은 민주노조진영에서 차지하는 위상에도 불구하고 상대적으로 약한 조직이었으므로 현대중공업 노동자투쟁을 지지하는 대규모 총파업을 일으킬 수 없었다. 외부지원이 약화되자 시가전도 잦아들었고, 골리앗 위의 핵심멤버들은 고립되고 사기가 저하된 채로 남겨졌다. 그들은 단식파업으로 저항했으나, 5월 10일 마침내 투항하였다. "5월 10일 오후 2시, 51명의 '외로운 늑대' 골리앗 대원들이 82미터 골리앗의 계단을 타고 한 명씩 내려오고 있었다. 모두의 눈에서는 억제할 수 없는 눈물이 하염없이 흘러내리고 있었다 (…) 전국 노동자들의 투쟁에 횃불이 되었던 역사적 투쟁이 자신들에겐 엄연히 패배한 투쟁이었기 때문이었다"(이수원 1994, 299면).

연대의 탄생

노동자대투쟁에서 가장 중요한 성과는 급속하게 성장한 노동자정체성과 연대의식이었다. 공장노동자들은 더이상 공순이나 공돌이와 같은 사회적 조롱의 대상이 아니었다(비록 그 단어들이 대중언어 속에서 완전하게 사라진 것은 아니었지만). 그리고 노동자들은 더이상 자신을 노동자라 부르는 것을 부끄러워하지 않았으며, '나는 자랑스러운 노동자다'라고 말했을 때, 그것은 더이상 억지로 스스로를 규정하는 말이 아니었다. 1980년대 후반 산업노동자층의 인구학적 변화(고등학교를 졸업한 도시 출신의 노동자비율이 높아짐)와 그들의 지속적인 경제적 지위 향상은 좀더 긍정적인 노동자정체성을 형성하는 데 기여했다. 민중담론의 영향과 서서히 늘어나는 노동계급커뮤니티 또한 노동계급 연대를 촉진하는 역할을 했다. 그러나 한국 산업노동자의 강력한 정체성 성장에 가장 핵심적인 요소를 제공한 것은 사회로부터 존경을 요구하며 거대하고 강력한 투쟁을 벌인 노동자들 자신이었다.

1987년 이전에 강력한 노동계급정체성이 상대적으로 소수 선진노동자들에게 한정되어 있었다면, 노동자대투쟁의 경험은 그것을 산업노동자 대중에게 확산시켰다. 많은 노동자들은 투쟁에 적극적으로 참여함으로써, 또한 투쟁에서 상당한 승리를 쟁취함으로써 고용주와 경영자에게 영향을 미칠 수 있는 자신들의 힘을 느낄 수 있었다. 그들은 노동자들이 진정 공장을 닫을 수도 있고, 전체 경제를 마비시킬 수도 있다는 사실을 깨달았다. 노동자대투쟁은 사회와 노동자 자신들에게 그들이 단결해서 대규모로 결집할 때 얼마만큼 무시무시한 힘을 발휘할 수 있는지를 보여주는 기회였다. 왜냐하면 계급정체성은 단지 같은 위치를 차지해서 생겨나는 것이 아니라, 소속된 집단에 대한 어느정도의 긍정적 인식을 바탕으로 생겨나는 것이기 때문이다. 노동자들의 이 새로운 권력감은 계급정체성을 촉진시켰을 것임에 틀림없다. 그러므로 노동자대투쟁의 경험은 오랫동안 노동자들을 지배해온 패배주의와 현실 도피를 극복하는 데 결정적인 역할을 하였다.

이렇게 탄생한 노동계급 연대는 같은 작업장의 노동자들에게만 한정된 것이 아니라 동일한 사업이나 동일한 지역의 동료노동자들에게까지 확대되었다. 현대의 사례에서 볼 수 있듯이, 개별기업 수준에서 노조결성이 성공하자마자, 같은 그룹 내 다른 사업장의 노동자들도 그룹 수준의 연합노조협의회를 조직하였다. 현대그룹노동조합협의회(현노협)가 결성된 지 몇달 지나지 않아서 그룹 수준의 노조조직들이 대우·선경·기아·쌍용그룹에서도 만들어졌다. 이들 노조협의회는 법적으로 인정된 조직들은 아니었지만, 그럼에도 불구하고 가입된 개별노조들 사이의 연대를 강화하고, 그룹 수준에서 단체교섭을 지원하는 데 적극적인 역할을 담당했다.

그러나 더 중요한 발전은 같은 지역에 있는 기업들 사이에 노동자연대가 강화된 것이었다. 지역에 기반을 둔 연대투쟁은 구로연대투쟁에서 보듯이 1980년대 초에 나타나기 시작했다. 1980년대 초에는 이러한 연대투쟁이 드문드문 나타났지만, 1980년대 후반에는 민주노동운동의 큰 흐름을 이루게 되었다. 또한 이전의 기업간 연대가 같은 지역에서 활동하고 있는 활동가들 사이의 비공식적 네트워크에 주로 기반을 두고 있었다면, 새로운 형태의 연대투쟁은 같은 지역의 일반노동자들 사이에 확산되고 있는 연대의식에 기반을 두었다. 울산뿐만 아니라 마산-창원, 경인지역과 같은 산업도시에서도 노동자들이 동료노동자들의 파업과 시위를 지원하기 위해 이웃 공장을 방문하는 일이 아주 흔했다(울산사회선교실천협의회 1987; 한국기독교사회문제연구원 1987b). 노동자연대는 항의방문, 거리시위, 파업기금 모금, 동조파업 등 여러 가지 형태로 표현되었다. 기업간 연대투쟁은 소규모 기업들에서 더 자주 발생했다. 소기업 조합원들은 적대적인 경영진의 행동에 대해서 노조를 방어하는 것이 어려울 때 한국노총이나 다른 조직에게 도움을 요청하기 전에 자주 이웃 공장의 동료노동자들에게 먼저 도움을 청했다. 릭 판타지아(Rick Fantasia)의 용어를 빌리면, 1980년대 말 한국의 노동자들 사이에는 "연대의 문화"가

탄생했고 많은 산업도시에서 이 현상을 감지할 수 있었다(Fantasia 1988).

예전과 달리, 노동자대투쟁 과정에서 나타난 노동자연대는 쉽게 사라지지 않았다. 노동자들은 계급조직을 건설하는 것이 대단히 중요하다는 것을 배웠다. 1987년 투쟁 이후 노동지도자들은 재빨리 기업간 지역노조연대조직 건설하기 시작했다. 최초의 지역노조연대조직은 중화학공업이 집중되어 있고, 중소제조업 사업장에서 전투적 노조가 많이 결성된 마산-창원지역에서 조직되었다. 마산창원노동조합총연합(마창노련)은 1987년 12월에 마산-창원지역의 19개 노조로 조직되었다. 1988년 봄 서울 · 인천 · 성남지역을 시작으로 다른 지역에서도 지역노조연대조직을 결성하였다. 1988년 말에는 11개 지역노조연대조직이 건설되어 403개 단위노조와 113,500명의 조합원을 대표하였다(허상수 1989, 162면).

지역노조연대조직의 결성으로 지역노조들간 파업조정뿐만 아니라 기업간 노동교육과 선전활동이 대단히 촉진되었다. 그러나 그들은 단지 느슨하게 조직된 상담조직이었을 뿐 내적인 통합성이나 조직력은 없었다. 임호(林皓)는 "대다수의 지노협이 조합원 대중의 교류와 연대를 형성하면서 조직되기 보다는 노조 상층부간의 교류에 바탕을 두었기 때문에 결속력이 미약한 상태였다"고 기록하고 있다(임호 1992, 147면).

생산직 노동자들의 조직성장과 더불어 사무직 노동운동에서도 중요한 발전이 이루어졌다. 좀더 일찍 조직된 금융노동자들에 이어 언론, 병원, 인쇄업, 정부 출연 연구소들에서 근무하는 사무직 · 전문직 종사자들이 노동조합 조직에 성공하였다. 이 시기 활발한 사무직 노조운동은 주로 두 가지 요인에 기인했다. 첫번째 요인은 사무직 노동시장의 악화였다. 산업화가 심화되면서 사무직 하층노동자가 급증하였고, 사무직 노동의 지속적인 자동화와 합리화로 화이트칼라 노동자들이 노동의 성격과 경제적 지위에서 점차 프롤레타리아트가 되었다. 금융업에 종사하는 노동자들, 특히 대학을 나오지 않아서 승진길이 막혀 있는 노동자들이 이

화이트칼라 노동자들의 시위(사회사진연구소 1989, 302면).

러한 화이트칼라 노동자의 프롤레타리아트화에 의해서 피해를 입었다. 그들은 노동조합이 악화되는 노동시장에 대처해서 싸우기 위한 가장 좋은 수단임을 인식했다.

그러나 한국에서 사무직 노조운동을 "도구적 집단주의"(Goldthorpe et al. 1969)의 표현으로만 볼 수는 없다. 한국 사무직 노동운동에서 경제적 이해 못지않게 중요한 요인은 정치적인 것이었다. 언론노동자, 교사, 정부 출연 연구기관의 연구자들과 인쇄업 종사자들의 공세적인 노동조합 결성투쟁은 비민주적인 조직운영과 지적 생산에 대한 국가의 정치적·이데올로기적 통제에 대한 반발이었다. 생산직 노동자들뿐만 아니라 사무직 노동자들도 한국 기업조직의 심한 권위주의 문화로 피해를 받아왔다. 장시간 노동, 자의적인 업무할당, 비합리적인 작업과정, 불만을 표출할 수단의 부재, 그리고 일반적으로 폭력적인 노사관계가 생산직 노동자들과 사무직 노동자들의 공통된 작업조건이었다(Janelli 1993; Kim Choong

Soon 1992). 더욱이 기자·교사·연구원 들의 경우 국가가 이데올로기적으로 그들의 일을 통제했고, 그들은 자주 국가가 요구하는 것을 생산하도록 강제되었다.[15] 비록 식민지시대 이래 지적 노동에 대한 이데올로기적 통제는 항상 존재해왔지만, 대단히 정치화된 1980년대에 대학을 다닌 새로운 지식인세대는 그것에 반발했다(사진 참조). 그들은 학생 때의 운동문화를 직업세계로 가져왔고, 그들의 일터를 더 민주적이고 인간적으로 만들기 위해 노력했다. 그리하여 활발한 화이트칼라 노조운동이 1980년대 말에 시작된 민주노조운동의 또다른 축이 되었다.[16]

화이트칼라 노조는 건설 초기에 업종별·산업별 연맹으로 조직되었다. 이것은 주로 동일한 업종이나 산업 범주에 속하는 화이트칼라 노동자들이 한 시장의 압력을 받았고, 때때로 자신들을 보호하기 위하여 정부와 협상을 해야 하기 때문이었다. 그리하여 1988년 말 전국사무금융노동조합연맹(사무금융노련), 전국언론노동조합연맹(언론노련), 전국병원노동조합연맹(병원노련), 민주출판노동조합협의회(민출노협), 전국대학교직원노동조합협의회, 전국건설노동조합협의회(건설노협) 등 8개 업종별·산업별 연맹이 결성되었다.

노조결성 활동의 전성기에 민주노조운동의 궁극적 과제는 보수적인 한국노동조합총연맹(한국노총)과 구별되는 민주노조들의 전국조직을

15. 이러한 점에서 매체의 보도내용에 대한 정부 개입에 반대하여 두 주요 방송사인 KBS와 MBC 언론종사자들이 벌인 투쟁은 주목할 만하다. 그러나 가장 중요한 도전은 정부의 이데올로기적 통제에서 교육을 해방시키기 위해 오랫동안 노동조합 조직을 열망해온 교사들로부터 시작되었다. 교원노조운동은 해방 후부터 강력한 좌파 역사를 가지고 있었고, 국가는 특별히 가혹하게 교원노조운동을 탄압했다. 정부는 불법으로 조직된 교원노조에 가입한 1,500여명의 교사들을 해직시켰지만, 그에 맞선 투쟁은 결국 1999년 김대중(金大中)정부에서 인정받을 때까지 지속되었다.
16. Suh Doowon 1998; 김진영 1994; 민주화운동직장청년회 1989; 서관모·심성보 1989; 조우현·윤진호 1994.

건설하는 것이었다. 많은 내부 논쟁[17]을 거쳐서 1990년 1월 22일 민주노조운동단체들이 새로운 전국조직인 전국노동조합협의회(전노협)를 결성하였다. 결성 당시 전노협에는 전체 노조의 5.8%인 456개 조합과 전체 조합원의 8.6%인 16만명의 조합원이 속해 있었다(김동춘 1995, 400면). 14개 생산직 지역별 노조협의회와 2개의 업종별·산업별 노조연맹이 전노협에 가입하였다.

그러나 전노협은 비교적 취약한 조직이었다. 전국조직임에도 불구하고, 주로 중소제조업 노조들과 지역협의회들을 대표하는 적은 수의 노조들을 포함하고 있었을 뿐 현대나 대우 같은 대규모 노조들과 대부분의 화이트칼라 노조를 포함하지 못했다. 현대와 대우 등 크고 강력한 노조들이 전노협에 상징적인 지지를 보내면서도 가입하지 않기로 결정한 것은 민주노조운동 내부에 분열이 있음을 보여주었고, 새로운 전투적 노조협의회가 직면할 중대한 조직적 어려움을 예고했다. 조직적으로 취약하고, 정부에 의해 심한 탄압을 받았지만, 전노협은 가장 선명하게 노동자들의 목소리를 대변했고, 헌신적인 지역노조 조합원들로부터 지지를 받았다(김금수 1995, 49~51면).

노동운동에서 여성의 주변화

1987년 노동자대투쟁은 한국 노동운동에서 주된 행위자의 변화를 가져왔다. 1987년 여름 노동투쟁의 불을 지피고 전국적인 노사분규를 시작한 노동자들은 이전에는 상대적으로 조용했던 중화학공업의 반숙련 남성노동자들이었다. 그들은 갑자기 역사의 무대에 나타나 1970년대부터 1980년대 중반까지 민주노조운동의 중심을 이루었던 여성노동자들로부

---

17. 1987년에 노조운동가들은 서너 개의 진영으로 나뉘었다(김금수 1995, 46~53면; 김동춘 1995, 365면; 김용기·박승옥 1989을 참조).

터 주도권을 이어받았다.

한국 노동운동이 여성 중심에서 남성 중심으로 바뀐 것은 당시 한국의 산업구조가 여성이 지배적인 경공업으로부터 남성이 지배적인 중화학공업으로 바뀌고 있었기 때문에 어느정도 예상된 것이었다. 1960년대와 1970년대에는 여성노동자가 남성노동자보다 빠르게 증가했지만 1980년대 중반에 들어 이러한 흐름은 역전되었다. 1980년대 초 한국 산업구조의 핵심은 중화학공업이었고, 이 부문에 압도적으로 많은 숙련·반숙련 남성노동자들이 고용되었다.

그러나 이러한 거시적·구조적 변화만으로는 1987년 여름 갑자기 도래한 정치적 기회에 왜 과거 노동운동이 활발했던 경인지역의 노동자들이 남부 산업도시의 남성노동자들에 비해 잠잠하고 더디게 반응했는지를 충분히 설명할 수 없다. 이런 상대적 소극성을 설명하기 위해서는 다른 정치적·경제적 요인들이 고려되어야 한다. 첫번째 요인은 과거 활동의 부정적인 결과들이었다. 구로공단처럼 활발하게 노동운동이 일어났던 경인공업지역에서는 많은 노조들이 심한 탄압을 받아 와해되었고, 노동자들은 집단행동의 효과에 대해서 더 소극적이고 회의적으로 되었다 (김동춘 1995, 114면).

두번째 요소는 학생운동의 경향이었다. 1980년대 중반, 특히 구로연대투쟁 이후, 학생운동은 현장 중심 노조조직에서 계급투쟁의 광범위한 정치조직으로 중심을 이동했다. 많은 학생 출신 노동자들이 공장을 떠났다. 또한 학생운동은 1980년대 중반 내부 노선투쟁에 많은 시간과 에너지를 소모하면서 어느정도 노조활동에서 멀어졌다. 그러므로, 시민봉기로 갑작스럽게 정치자유화가 이루어졌을 때, 경인지역에서 노동자들을 동원해야 할 전위 노동활동가들은 이런 기회를 활용할 준비가 되어 있지 않았다.

세번째 중요한 요인은 1980년대 경인지역 대부분 중소기업의 경제사정이 매우 나빴던 점이다. 1980년대 노동집약적 수출산업 부문이 계속 쇠퇴하고 있어서, 섬유, 의류, 기타 경공업에 고용된 노동자들의 시장 지위는 중화학공업 노동자들보다 훨씬 더 열악했고, 매우 불안정한 상태였다.

그러나 경인지역 노동자들도, 좀 뒤늦기는 했지만 그리고 더 작은 규모이긴 했지만, 단체행동을 일으키고 1987년 노동자대투쟁에 참여했다는 사실을 기억할 필요가 있다. 실제로 이 시기 노동쟁의는 중소기업에서 더 많이 발생했다. 한 통계에 의하면 1987년 발생한 3,749건의 노동쟁의 가운데 37%가 100명 미만의 노동자들을 고용한 소기업에서, 다른 40%가 100~299명을 고용한 중소기업에서 발생했다. 단지 299건의 노동쟁의만이 1,000명 이상을 고용한 대기업에서 발생했다(한국기독교사회문제연구원 1987b, 44면). 높은 비율의 여성 노동력이 중소기업에 고용되어 있었다는 점을 감안하면 1987년 노동자대투쟁에서 여성노동자들의 참여가 남성노동자들에 크게 뒤지지 않았다고 추산할 수 있다. 실제로 인천·대구·마산공업단지 내의 대부분의 섬유업체와 전기업체 들이 노사분규에 휘말렸다. 특히 마산수출자유지역에서는 격렬한 노동쟁의가 일어났고, 쟁의 중의 일부는 학생 출신 노동자들이 이끌었다(Kim Seung-Kyung, 1997, 113~28면; Nam Jeong-Lim 2000). 경인지역에서는 미혼여성들보다 일반적으로 더 보수적이고 수동적이던 기혼 여성노동자들이 노동운동에 가담하기 시작했다. 더욱이 파업중인 남성노동자들의 부인들도 자주 파업에 참여하였다(Nam Jeong-Lim 2000; 한국기독교사회문제연구원 1987b, 70~105면).

그러므로 한국 노동운동에서 주된 행위자가 여성에서 남성으로 바뀌었다는 것은 남성들이 적극적으로 나선 반면 여성들이 갑자기 수동적이고 비활동적으로 되었다는 것은 아니다. 그보다는 노동운동의 주도적인 역할담당자에서 변화가 있었다는 것이고, 이 변화에 따라서 노동투쟁의 역학관계에서 중요한 변화가 나타났음을 의미한다. 남성노동자들의 등장은 활동가나 학자 들에게 다같이 환영을 받았다. 그것은 남성노동자들이 여성노동자들보다 더 전투적이고, 계급의식이 투철하며 교육수준이 높고, 폭력적인 탄압에 대해 더 강하게 저항할 능력이 있는 것으로 보였기 때문이다. 노동을 억압하는 주된 수단이 폭력이었기 때문에, 남성노동자들의 우월한 투쟁능력은 1987년 노동투쟁 기술에서 자주 언급된다. 한 기독교 노동단체의 보고서는 남성노동자들이 주도하는 파업이 일어난 대기업에서는 파업을 분쇄하기 위하여 자주 사용되던 구사대의 조직을 회사가 오히려 두려워했다고 관찰하고 있다(한국기독교사회문제연구원 1987b). 이 보고서는 현대노동자들이 스스로의 힘으로 경찰의 탄압을 저지한 것을 강조하면서 "이러한 점은 부산의 국제상사 등 여성 중심의 사업장이 구사단과 경찰의 폭력적 진압에 의해 초반에 깨져버린 것과는 크게 대비되며, 앞으로의 한국 노동운동이 중화학공업 남성 노동자에 의해 주도될 수 밖에 없음을 보여주는 한 단면이라 할 수 있다"고 적고 있다(1987b, 85~86면).[18]

다른 학자들은 경공업과 중화학공업에서 발생한 노사분쟁의 양상에서 중요한 차이를 지적했다. 예를 들면, "섬유업종 사업장이 대부분을 차지하는 대구지역은 '대투쟁' 당시 쟁의가 8월 10일 이후에야 본격화되었고, 단기간에 혹은 발생 당일에 종결되었으며, 그것도 '민주노조' 수립을 위한 요구로 발전되지 않았다. 반면 울산지역의 경우 전국에서 가장 먼저 쟁의가 확산되었으며, 그 대부분이 신규노조 결성으로 연결되었다는

---

18. 이 점에서 김현미는 "남성적인 속성을 강조하는 노동의 이미지가 폭력을 자연적인 남성성의 일부로 이상화한다. 노동운동은 이상적인 남성적 노동자의 이미지를 내세우면서 노동자들의 전투성을 발전시키고 또 확보한다. 이로 인한 자연스러운 결과는 노동자들이 자기들의 육체적인 저항의 강도를 계급의식의 지표로 해석한다"고 주장한다(Kim Hyun Mee 1997, 64면).

차별성을 갖는다"(김동춘 1995, 119면). 물론 이러한 차이가 성별보다는 업종이나 기업규모의 차이에서 유래했지만, 산업노동력의 성별 분리를 고려한다면, 경공업노동자들의 특성은 쉽게 여성노동자들의 특성으로 이어진 것이다. 여하튼 울산·마산·창원·거제의 전투적이고 공격적인 노동운동은 전국에 걸쳐서 발생한 많은 노동분규와 많은 여성노동자들이 남성노동자들만큼 적극적으로 참여한 노동쟁의 및 노조건설 투쟁을 빛 바래게 했다.

1987년 노동계급 투쟁에서 일단 남성노동자들이 중심을 차지하자, 여성노동자들은 급속히 주변으로 밀려났다. 1987~88년 결성된 많은 노조들은 압도적으로 중화학공업의 남성노동자들을 대표하였고, 노동운동 전체에 더 큰 영향력을 행사했다. 지역이나 전국 수준의 새로운 노조지도부는 노동자대투쟁 때 격렬한 파업을 주도했던 전투적인 남성노동자들에 의해서 장악되었다. 1989년 노동부 조사에 의하면, 여성노동자들은 전체 조합원의 27.4%를 차지하였지만, 전국적으로 노조위원장을 하고 있는 여성노동자는 3.6%에 불과하였다(박기성 1991, 78면). 가장 전투적이고 정치지향적 조직인 전노협은 중소기업노조들을 대표했기 때문에 조합원의 43%가 여성이었다. 그러나 몇명의 여성들이 간부급 지위를 차지한 것을 빼면 전노협은 주로 남성지도부에 의해서 운영되었다(노회찬·김지선과의 면접). 이처럼 1987년 이후 한국 노동운동은 다른 산업국가들과 동일한 추세를 나타냈다. 즉 노동운동이 금속산업과 화학산업에 종사하는 남성노동자들에 의해 좌우되면서 이런 노동운동에서 여성노동자들과 그들의 이해가 주변화되는 것이다.

그러나 여성의 주변화는 노동운동뿐 아니라, 더 중요하게는 여성노동투쟁에 관한 학계의 논의에서도 일어났다. 페미니즘적 비판에서 지적되듯이, 노동운동가나 학자들은 한국 노동계급투쟁에서 여성노동자들의 역사적·현재적 역할을 평가절하하는 경향이 있다. 김승경이 지적하는 대로 1987년 투쟁 이래 "여성들의 활동은 노동운동가들이나 동정적인 관찰자들에 의해서조차 급속히 이차적인 지위로 격하되었다"(Kim Seung-Kyung 1997, 130면). 김현미는 여성노동에 대한 성차별적 재현을 더 강하게 비판한다. "마치 여성노동자들은 별로 노동사에서 질적으로나 양적으로나 성공적이지 못한 민주 노조운동을 한때(70년대) 벌이고 난 후 80년대 전국적으로 열띠게 진행되었던 노동 운동에는 적극적으로 참여하지 않은 것처럼 기술되고 있다. 실제로 87년 대투쟁 이후 여성 노동자 중심의 민주 노조 운동이 '주류' 담론에 포함된 적은 거의 없다"(김현미 1999, 139~40면).

여성노동투쟁에 관한 성차별적인 설명은 1987년 이후 여성의 역할에 한정된 것은 아니다. 1987년 이전의 노동운동에 관한 많은 저작들도 여성노동자들이 주도한 1970년대 노조운동의 의미를 격하하는 경향을 뚜렷하게 보이고 있다. 대체로 1970년대의 노동투쟁은 자연발생적이고 경제주의적이며 수동적이고 계급연대와 정치의식이 부족한 것으로 제시되었다. 이런 묘사는 학생운동가들이 1980년대 중반 정치적 노조주의와 비교하여 경제주의적 노조주의를 비판할 때 이미 등장했다. 기업 단위의 노동조합주의는 극복해야 할 그릇된 전략으로 간주되었다. 이러한 잘못된 전략은 당시 노동운동이 경공업 여성노동자들에게 기반을 두었기 때문에 생긴 것으로 직간접적으로 기술되었다. 일부 필자들은 "어쨌든 70년대 노동운동이 경공업 여성 노동자중심으로 된 것은 노동운동의 질적 발전에 커다란 장애로 되었던 것"이라고 회고한다(양승조 1990, 137면). 다른 필자들은 초기 노동투쟁에서 여성노동자들의 역할을 높이 평가하기는 하지만, 그 투쟁의 계급적 성격을 평가절하하는 경향을 보인다.[19] 한국 현대노동운동사에 관한 저작들은 대체로 김현미가 주장하듯이 "80년

19. 예를 들어, 임영일은 "노동집약적 제조업 분야의 미숙련 미혼 여성노동자들이 중심

대 노동자 투쟁의 정치적 성향과 계급적 성격을 강조하고 미화하기 위해, 현재적 관점에서 여성 노동자 중심의 노동 운동의 한계를 드러내고, 80년 후반 여성노동자의 참여를 비가시화시킨다"(김현미 1999, 140면).

비록 한국 노동운동에 관한 담론들에 대해서 페미니스트들의 비판이 대부분 정확하긴 하지만, 나는 이러한 설명이 김현미(1999, 140면)가 주장하듯이 전적으로 성적 편견이나 "가부장제적 음모" 때문이라고 믿지는 않는다. 1987년 이전의 투쟁과 그 투쟁에서 여성들이 한 역할을 충분히 인정하지 못하는 또 하나의 이유는 근시안적인 역사관이라고 생각한다. 1970년대 투쟁을 투쟁의 규모, 강도, 전투성, 그리고 정치적 성격면에서만 1987년 투쟁과 비교한다면, 1970년대 투쟁의 의미는 쉽게 평가절하될 수 있다. 이런 점에서는 분명히 양적인 도약과 질적인 변화가 있었다. 또한 1987년의 노동쟁의가 이전 투쟁에 참여한 경험이 없는 노동자들의 자생적인 행동으로 갑자기 폭발했기 때문에, 1987년 노동자대투쟁이 그 이전의 노동운동과 거의 연관성이 없다고 생각하기 쉽다. 실제로 많은 젊은 학자들이 1987년 이후의 노동운동은 이전의 투쟁과 관련이 없으며, 한국 노동자들이 이러한 상태에 도달한 것은 노동계급 내부의 구조적 변화와 민주화과정에 의해서 이루어졌다고 믿고 있는 듯하다. 아마 이 때문에 1987년 이후에 씌어진 한국 노동운동에 관한 많은 책과 박사학위 논문들의 대부분이 노동자대투쟁을 그들 연구의 출발점으로 삼고 있는 것 같다. 전국민주노동조합총연맹(민주노총)에서 실시하는 노동운동사 교육도 주로 1987년 이후에 초점을 맞추고 있다고 한다. 일부 사려 깊은 노동전문가들에게조차 한국의 역사적 계급형성 과정에서 1987년 이전 투쟁의 의미를 경시하는 경향이 있다. 예를 들어, 임영일은 "1987년

이었던 이 시기의 노동운동은 '노동자계급운동'으로서는 상징적인 의미 이상의 비중을 지닐 수 없는 것"이라고 주장한다(임영일 1998, 80면).

'노동자 대투쟁'의 시기 이전까지 한국의 노동자계급은 계급정치의 주요 구사자나 혹은 주요 변수가 되었던 적은 없었던 것으로 보인다"고 말하고 있다(임영일 1998, 76면). 그는 더 나아가 "1961년에서 1987년 '노동자 대투쟁' 이전까지의 전 기간 동안 한국의 노동운동은 최소한의 수준에서도 '정치적 노동운동'으로 상승 발전하는 과정을 전혀 보여주지 못하고 있었다"(임영일 1998, 78면)고 주장한다.

지난 몇년 동안 내가 면접한 오랜 노동운동의 경력을 가진 운동가들은 성별에 관계없이, 최근의 저서들의 1970년대 노동운동을 지나치게 경제주의적이고 기업노조주의적이며 정치의식이 부족했다고 단정하는 것에 대해서 큰 불만을 표시했다. 자신들이 민주노조를 결성하기 위해 투쟁할 당시의 상황이 얼마나 어려웠는지 사람들이 이해하지 못하고 있다고 섭섭해했다. "1970년대 우리는 죽음의 공포에 맞서서 싸워야했다"고 동일방직 노조의 석정남은 말했다(2000년 6월 면접). 민주노조를 건설하고 또 그것을 와해시키려는 경영진의 공격을 막아내는 것 자체가 엄청난 용기와 희생을 필요로 했던 것이다. 원풍모방 노조위원장이었던 방용석(方鏞錫)은 1970년대의 편협한 노동조합주의를 비판하는 사람들에게 "그러한 상황에서 무엇을 더 요구할 수 있는가?"라고 묻고 싶다고 했다(1994년 6월 면접; 방용석 1994). 그는 1970년대 노동자들에게 계급의식적 정치투쟁을 기대하는 것은 완전히 비현실적이라고 주장했고, 노동자들이 그렇게 많은 희생으로 건설한 민주노조들의 파괴에 이바지한 것은 사실 학생들의 정치적 모험주의였다고 주장했다. 1980년대 초 청계피복 노조위원장이었던 민종덕(閔鍾德) 또한 사람들의 "근시안적인 안목" 때문에 그들이 한국노동운동에 기여한 바를 격하하는 경향이 있다고 섭섭해했다. 그는 이전 투쟁이 없었다면 현재의 노동계급 지위가 획득될 수 있었겠는지 물었다(2000년 6월 면접).

왜곡된 성문화에 기초한 시각과 근시안적 역사관, 이 두 요소로 인해

한국 노동운동에서 여성들의 역할은 주변적이고 눈에 띄지 않게 되었
다.[20] 실제로 1980년대 중반까지 민주노조운동에 활동적이었던 대다수
여성들은 산업현장을 떠났다. 그들 대부분이 주부가 되었지만, 대부분
평범한 가정주부를 거부하고 계속해서 여러 형태의 사회활동(여성단체,
환경단체, 다른 사회운동단체들)에 참여하고 있다. 그리고 그들 중 누구
도 계급불평등에 대한 날카로운 인식과 노동계급의 강한 정체감을 잃지
않았다.[21]

결론

1987년 노동투쟁의 폭발은 한국 노동계급투쟁에서 분수령을 이루었
다. 1987년 이후의 노동운동은 갈등의 양상과 조직력뿐만 아니라 주된
행위자, 지역, 산업 및 성별 구성에서도 그 이전의 투쟁과 질적으로 달랐
다. 이런 대규모 노동공세의 폭발 이후, 한국 노동운동은 좀더 잘 조직되
고, 강력해졌으며 더 공격적이고 남성 주도적인 그리고 상대적으로 외부
지식인집단으로부터 독립적인 모습을 갖추었다. 이와 같이 1987년 노동
자대투쟁은 자본과 노동 간 힘의 균형 변화와 일반 산업노동자들의 노
동계급 정체성 및 의식에 중대한 변화를 가져왔다.

그러나 1987년 이후 한국의 노동운동사를 단절적으로 보는 것은, 즉
한국의 성숙한 노동운동이 이전에 발생한 노동투쟁과 무관하게, 단지
1987년의 자연발생적인 노동투쟁의 폭발 이후에서야 시작되었다고 간

20. 나의 가까운 동료인 조은(曺恩)은 내가 '근시안적 역사관'이라고 부른 그 현상 자체
   가 '성 편견'(gender blindness)과 무관하지 않다고 나에게 지적해주었다. 일리있는
   말이지만, 나는 아직도 성에 관한 편견만으로 이 현상을 설명하는 것은 무리가 있다
   고 생각한다.
21. 이것이 1970년대 민주노조운동에 적극적으로 참여했던 12명의 여성들을 면접하였을
   때 내가 받은 가장 또렷한 인상이었다.

주하는 것은 잘못된 인식이다. 그것은 한국 노동계급운동의 발달에 관한 비역사적인 이해이며, 여성노동자들의 역할이 지배적이었던 1970년대와 1980년대 초에 일어난 노동투쟁의 역사적 역할을 크게 왜소화하는 일이라고 생각한다. 한국 노동자들이 권리에 대한 인식과 집단적 정체성(collective identity)을 획득하고, 연대와 자주노조 건설의 중요성을 깨닫게 된 것은 일찍이 용기있는 많은 노동자들의 외롭고 피나는 투쟁을 통해서였다. 1987년 노동자대투쟁에서 보여준 투쟁성과 계급연대는 우연히 발생한 것이 아니라 과거 소수의 승리와 다수의 실패를 겪으며 축적된 투쟁의 결과였고, 그런 투쟁을 통해서 노동자들의 계급의식과 정치의식이 지속적으로 성장한 결과였다. 대체로 수면 속에 감추어져 있던 이런 노동계급의식의 점진적 변화는 화산처럼 폭발한 1987년 노동자대투쟁의 밑거름이 되었다.

이전의 '경제주의적' 투쟁이 1987년 이후 '새로운 노조주의(new unionism)'에 기여한 또다른 중요한 점은 은밀한 활동가네트워크의 형성이었다. 남부 산업지대의 노동자들이 운동권문화와 사회적 네트워크에서 상대적으로 유리되었던 것은 사실이지만 완전히 차단되었던 것은 아니었다. 실제로 현대노동자들의 사례에서 본 것처럼, 지적이고 정치적으로 의식화된 노동자들이 적지 않게 등장했고, 그들은 주로 경인지역에 집중되었던 정치활동가들과 연결되거나 그들의 영향을 받았다. 직간접적 접촉을 통하여 급진적인 정치문화가 초기 노동운동의 중심지를 훨씬 넘어서며 확산되었다. 물론, 이러한 새로운 '연대의 문화'가 노동대중에게까지 확산되지는 않았지만, 상당히 많은 선진노동자들에게 확산되었다. 이 자생적인 노동계급운동 지도자들의 등장은 과거 여성들이 지배적이었던 경공업 분야 노동자들의 투쟁 없이는 불가능했을 것이다.

1987년과 그 이듬해 노동투쟁의 양상은 전제적 노사관계와 권위주의적 노동통제의 유산을 분명히 보여준다. 엄격한 통제가 순간적으로 약화되자 오랫동안 억눌린 노동자들의 분노와 불만이 자연발생적이면서도 격렬하게 폭발했다. 오랫동안 누적된 한의 분출은 저임금과 열악한 작업환경뿐만 아니라 관리자들의 비인간적인 대우와 노동자들에 대한 사회의 경멸적 태도를 향한 것이었다. 이전 시기처럼, 이 시기 노동운동은 대단히 감정적이고 도덕적이었다. 노동자들은 구체적인 물질적 목표의 달성보다는 인간적 존엄과 사회적 존경을 회복하는 데 더 관심이 있었고, 노동조합이 자신들의 긍지와 인간적 존엄을 보장해줄 수 있다고 믿었기 때문에 노조 건설을 위해 투쟁했다. 노동투쟁은 빈번히 노동자들의 강한 반자본주의적 정서와 회사·정부에 대한 불신에 의해 야기됐고, 또 이런 감정적인 요소에 의해서 진전되었다. 그러므로 단체교섭은 자주 계급전쟁의 형태를 띠었고 어떠한 양보도 완전한 굴복으로 해석되는 격렬함을 보였다(김동춘 1995, 444~45면). 분명히 이 모든 점들은 극단적으로 억압적이고 배제적이었던 이전 노동체제의 산물이다. 1987년 투쟁의 의의는 노동자들이 분연히 일어나서 지난 20년 동안 눈부신 경제성장을 지탱해온 혹독한 권위주의적 노동체제에 대해 대규모 정면공격을 가했다는 점이다.

제8장 기로에 선 노동계급

계급은 결코 완결되었다거나 혹은 어떤 정형화된 모습을 띠었다는 의미에서 형성되지 않는다. 계급은 계속해서 변하는 실체이다.

에릭 홉스봄(Eric Hobsbawm 1984, 194면)

계급은 항상 등장하거나 사라지는, 진화하거나 퇴화하는 과정에 있다.

위르겐 코카(Jürgen Kocka 1986, 283면)

1987년 여름 이후 약 2년간 지속된 미증유의 노동투쟁은 한국 노동계급에 중요한 변화를 가져왔다. 이 시기 발생한 많은 노사갈등은 개별 기업을 넘어서는 연대를 보여주었고, 노동자들의 요구는 고양된 계급이해에 대한 인식과 권리의식을 표현했다. 현장에서 힘의 균형이 노동쪽으로 기울었고, 많은 경영자들은 사업장에서의 현장통제권을 노조에게 양도해야 했다.

지역과 전국 수준에서 노조건설 노력이 지속되었다. 이제 노동자들은 멸시받는 하층계급 성원이 아니라 훌륭한 사회구성원으로 그리고 한국 사회 변혁의 주체로 그들 자신을 새로운 눈으로 보기 시작했다. 그러므로 1987년 대규모 노동봉기는 이전의 어떤 사건보다 한국 노동계급의 형성 촉진에 이바지했다. 한국의 노동계급이 하나의 진정한 계급으로서 형성되기 시작한 것은 1980년대 말이라고 이야기할 수 있을 것이다.

그러나 1990년대에 이런 발전을 중단 혹은 후퇴시키는 중요한 변화가 발생했다. 1990년대 들어 국가는 노사관계 안정을 위한 새로운 시도를 했고, 자본 역시 노동에 대한 통제를 다시 확보하기 위해 새로운 공세를 폈다. 1987년 이후 강경해진 노동조합을 약화하고 전투적 노동운동을 와해하려는 국가와 자본의 전략은 해가 갈수록 정교해졌다. 또한 산업구조와 세계경제에 한국 노동운동에 불리한 변화가 나타났다. 한편으로는 한국 경제의 구조적 변화의 결과로, 다른 한편으로는 자본가들의 새로운 노동시장 유연화전략에 의해, 한국 노동계급은 물질적 조건과 의식 차원에서 내부적인 분화현상을 보이기 시작했다. 향상된 경제조건과 개선된 공장 내의 노사관계가 산업노동자들의 집단적 정체성(collective identity)과 의식에 상당한 영향을 미쳤다.

국가와 자본의 공세

국가는 한국 노동계급운동의 발전에서 항상 핵심적인 변수였다. 노동자대투쟁을 가능케 한 것은 의심할 여지없이 1987년 권위주의정권의 일시적 붕괴였다. 노동투쟁이 폭발했던 1987년과 1988년에 국가는 맹렬한 노동공세 속에 자본가들을 내버려둔 채, 최초로 산업전선에서 후퇴했고 노사관계에서 손을 떼겠다고 선언하였다. 이런 상황에 전혀 대비하지 못한 자본가들은 갑자기 힘을 얻은 노동자들의 요구에 많은 양보를 해야만 했다. 1987년 많은 대규모 사업장에서 노동자들은 20% 이상의 임금인상을 얻어냈다. 다행히 1986년부터 1988년까지 한국의 경제는 이른바 '3저 호황'—낮은 국제금리, 낮은 유가, 낮은 달러가치—을 누렸기 때문에, 기업들은 대폭적인 임금인상을 통해 산업평화를 유지할 수 있었다. 그러나 1980년대 말 이런 유리한 외적 조건들이 사라지자 한국 경제는 하강하기 시작했다.

국가의 노사관계 재개입은 1988년 말 대통령 노태우(盧泰愚)의 민생

치안과 법질서 확립에 관한 특별지시로 시작됐다. 1989년 봄 정부는 풍산금속·서울지하철공사·현대중공업(현중)에서 발생한 파업을 진압하기 위해 경찰을 투입했다. 이 시기 재야지도자 문익환(文益煥) 목사의 방북사건과 동구권의 붕괴 같은 일련의 정치적 사건들 역시 정부의 안보체제 부활에 빌미를 제공했다. 정부는 공식적인 전국노조인 한국노동조합총연맹(한국노총)과 별개로 전국적 단위의 노조협의회를 결성하려는 전투적인 노동자집단의 활동을 특별히 탄압했다. 국가안전기획부(안기부)와 경찰은 급진적 노동운동지도자들을 구속·수감하여 민주노조지도부의 활동을 억압했다. 그러므로 1990년 1월 전국노동조합협의회(전노협)가 결성되었을 때, 대다수 전노협지도자들은 감옥에 있거나 수배상태에 있었다. 결성 이후에도 정부는 전노협의 법적 지위를 인정하지 않았고, 세무조사 및 그와 유사한 위협적인 수단으로 전노협 가입 노조들을 탄압했다. 정부의 압력 이외에도 소규모 기업에 심각한 타격을 준 경기침체 때문에 전노협은 결성된 지 1년이 지나지 않아 절반에 가까운 가입노조를 잃었다. 1990년 1월과 1991년 1월 사이 가입노조의 48%와 조합원의 45%가 전노협을 탈퇴했다.

그렇다고 해서 국가의 노동정책이 전혀 바뀌지 않은 것은 아니었다. 노사분규에서 정부는 과거의 노골적인 친자본적 입장을 유지하기보다는 노사간 관계에서 중립을 지키면서 노조운동이 평화적이고 '책임있는' 방식으로 나아가게 하려고 노력하였다. 이제 국가의 정책은 원자화된 기업노조의 틀 안에서 산업평화를 회복하고 협조적 노사관계체제를 발전시키는 것이었다. 이를 위해 국가는 1987년 11월, 노동법을 개정하고 노조설립과 단체협상을 용이하게 하였다. 국가는 노조운동을 어느정도 허용하면서도, 복수노조 금지조항과 제3자개입 금지조항의 철폐는 거부하였다. 국가의 목적은 노조들 사이의 기업간 연대를 막고, 정부가 통제하는 한국노총과 경쟁하는 전국적 노조조직의 결성을 막는 것이었다. 요컨대 국가정책의 주요 변화는 노사화합을 위한 교육캠페인을 강화하면서 노골적인 억압에서 좀더 세련된 법적·행정적 접근으로 나아가는 것이었다.

국가의 노동통제 부활에 힘입어 자본은 조직노동에 대한 공세를 시작했다. 현대그룹 경영진의 예에서 보았던 것처럼, 한국 자본가들은 지난 2년 동안 노동공세에 조야하게 대응해 많은 실수를 범하고 나서야 노동통제 회복을 위해 새로운 전략을 고안해냈다. 자본가들의 첫번째 대응은 노동의 도전에 대한 자본측의 조율된 전략을 위해 효과적인 자본가조직을 구축하는 것이었다. 전노협 결성 한달 전인 1989년 12월, 경제단체협의회(경단협)가 결성되었다.[1] 경단협이 추진한 최초의 주요 정책은 '무노동 무임금' 원칙이었다. 노조의 재정상태가 빈약했기 때문에(조합비는 노조원 월 임금의 2%를 초과할 수 없었다) 이 정책은 고용주의 노동비용을 절약해줄 뿐만 아니라 파업에 대한 효과적인 제재로 기능했다. 노조의 강력한 저항에도 불구하고, 1990년대 초부터 이 정책은 점차 제도화되기 시작했다. 이 정책에 관련된 국가의 역할은 전투적인 노조의 압력에 굴복해서 이 원칙을 따르지 않는 기업들을 제재하는 것이었다.

더 중요한 변화는 자본가들의 생산과정 재조직방식에서 일어났다. 점증하는 노조의 힘과 임금상승을 막기 위해 대기업 경영진은 일본과 미국에서 사용된 선진 경영기법들을 적극적으로 도입했다. 1990년대 대기업에서 유행한 '신경영전략'은 신인사정책, 유연한 노동, 노조에 대한 전략, 기업문화라는 4가지 요소를 지녔다.

첫째, 자본가들은 전통적인 호봉체계 대신 업적급 혹은 성과급이라 불리는 임금체계를 도입하고 (과거 노조의 압력으로 중단된) 직무평가제

---

1. 1970년부터 존재해온 한국경영자총협회(경총)가 크게 확대되면서 2년 후 경단협의
   기능은 경총으로 넘어갔다.

의 재도입을 포함하는 새로운 인사제도를 실시했다. 많은 대기업들이 새로운 인사제도 도입을 위해 인사과 혹은 인적자원 관리부서를 설치하였다. 1987년 이전에는 독립적인 인사부서가 없었던 기업이 많았으며 이는 대기업도 마찬가지였다(이균재 1997). 새로운 인사정책이 강조하는 것은 노사관계의 권위주의적 성격을 완화하는 것이었다. 기업가들은 권위주의적 노사관계가 관리자에 대한 노동자들의 강한 적개심의 원인이란 점을 깨달았다. 현대중공업의 한 인사담당 이사는 "우리는 모든 것이 결국 인간관계에 달려 있다는 것을 알고 있다. 우리는 생산직 노동자들을 다루는 과거의 방식이 잘못되었다는 것을 알게 됐다. 그래서 회사가 노동자들에게 관심을 갖고 존중한다는 것을 보여줌으로써 노동자들이 만족할 수 있도록 최선을 다하려고 했다"고 이야기한다(2000년 6월 서문화 면접). 경영자와 감독 들은 불필요하게 노동자들을 적대시하지 않으려고 노력했고, 두발규정이나 강제체조처럼 개인적인 자유를 제약하는 많은 규제들이 폐지되었다. 작업복 명찰의 모양, 식당에서의 자리, 식기종류, 통근버스 이용방법 등에서 나타나던 육체노동자와 비육체노동자 간의 차별규정들도 최소화하였다. 많은 기업들이 화이트칼라와 블루칼라 노동자들을 사원이라는 하나의 명칭으로 통일해 부르고 단지 그 앞에 기능직 또는 사무직이란 수식어를 붙여서 구분하였다.

둘째, 노동력 활용의 유연성을 높이기 위해 여러가지 새로운 전략을 채택하였다. 이런 전략 가운데 하나는 노동과정의 유연성과 생산성을 높이기 위해 자동화를 도입하는 것이었다. 철강과 자동차 같은 중공업에서 인력을 대체하는 로봇을 도입하면서 자동화는 빠르게 진행되었다. 동시에 대기업에서는 임시직과 시간제노동자들을 더 많이 고용하고 하청제도를 확대 발전시켜 유연성을 높이고자 하였다. 소규모 기업들은 임금이 낮은 외국인노동자들의 고용을 늘렸다.[2] '수량적 유연성'을 높이는 동시에 경영자들은 품질관리 씨스템, 불량률 제로, 적기(適期)생산체제 등의 일본식 인적자원 관리체제를 채택하여 "기능적 유연성"을 높이고자 하였다.[3] 많은 대기업에서 경직된 위계구조를 탈피한 팀체제가 실시되었다 (박준식 1996, 141~69면 참조).

셋째, 많은 고용주들은 노조에 대한 반감에도 불구하고 노조를 불가피한 현실로 인정하기 시작했고, 노조와 공존할 길을 찾기 시작하였다. 관리자들은 자주노조를 파괴하기보다는 노조지도자들을 길들이고, 매수하려 했으며, 법적 제재를 동원하여 노조를 제약하려고 노력했다. '무노동 무임금' 원칙은 이런 점에서 효과적이었다. 또 노동법의 여러 제한조항들도 경영진측이 노조활동을 막기 위한 수단이 되었다. 기업주들은 불법파업을 일으켜 회사에 물질적 손해나 생산차질을 끼친 노조지도자들을 자주 법원에 고발하였다. 전투적인 노조들은 점차 국가의 강경노선뿐만 아니라 활동을 제약하는 법적 · 제도적 기제로 수세에 몰리게 되었다.

넷째, 자본가들의 이데올로기 공세가 더 강해지고 교묘해졌다. 전투적인 노조운동에 비우호적인 분위기를 전국적으로 조성하기 위하여 자본가들은 언론에 영향력을 행사하였다. 보수적인 성격에 더해 악화되는 경제로 언론은 자본의 관점을 적극적으로 대변하는 역할을 담당했다. 언론의 지배적인 논조는 한국 경제사정의 악화가 노동자들의 책임이라는 "노동자 책임론"을 반영하는 것으로 노사분규와 임금상승이 한국 기업의 경쟁력 약화요인이라고 비난하면서 암묵적으로 정부의 노동탄압을 지지하는 것이었다.[4]

더 체계적인 이데올로기적 접근은 재벌그룹이 경영하는 대규모 제조업체들에서 나타났다. 1990년 초부터 대기업경영자들은 '기업문화운동'

2. 외국인노동자는 1994년 81,824명에서 1997년 267,546명으로 늘었다(Uh Soo-Bong 1999 참조).
3. Lee Chang-Hee 1998; 박준식 1996; 송호근 1994.
4. Koo Hagen 1991; 신광영 1999; 임현진 · 김병국 1991; 최장집 1993.

을 통해 거친 권위주의적 이미지를 없애면서 피고용자들의 사고방식을
다시 통제하려고 했다. 회사마다 차이는 조금 있었지만 기업문화는 회사
구성원들에게 운명을 같이하는 유사(類似)가족이라는 느낌을 주기 위해
온정주의적 언어와 상징을 활용했다. 대기업들은 교육프로그램, 여가활
동클럽, 소모임활동, 축제, 노래경연대회, 수련회, (주로 몰락한 사회주
의국가로의) 노조지도자 해외연수 등에 상당한 자금을 투자했다. 예를
들어, 현대중공업은 경영자와 노동자 들을 이틀간 휴양지에 데리고 가서
단체수련회를 가졌다. 그곳에서 그들은 지위의 구분없이 소집단으로 나
누어 팀정신·가족정신을 함양하는 도전적인 집단활동에 참여하였다(이
균재 1997). 기업문화운동은 노동자의 가족 역시 대상으로 삼았다. 부인
들의 공장방문이나 회사조직 문화활동에의 참여를 장려하면서, 경영자
들은 교묘하게 노동자와 그 가족들의 회사에 대한 충성심을 촉진하려고
노력하였다.

또한 국가는 다물(多勿)민족주의를 통한 새로운 이데올로기 캠페인을
시작하였다. 1990년대에 나타난 다물이데올로기는 노동자들을 상대로
한 이념교육에서 자주 활용되었다. 단군사상에서 도출된 상대적으로 새
로운 이 이데올로기는 강한 민족주의적·국수주의적 성격을 지녔다(이
명숙 1993). 다물민족주의는 한국이 고대에 만주를 포함해서 광대한 영토
를 차지했다는 점과 선조들이 빛나는 문화를 발전시켰다는 점을 상기시
킨다. 다물 민족주의는 한민족의 위대한 역사와 문화를 복원해야 한다고
주장하고, 이를 위해 노동자들은 국가와 경제가 항상 경쟁적이고 적대
적인 국제체제에서 차지하는 위태로운 위치를 이해할 필요가 있으며,
"작은 불만, 작은 분노, 작은 슬픔에서 벗어나 역사를 이루는 주체세력으
로 자부심을 가져야 한다"고 강조했다(이명숙 1993, 163면). 다물프로그램
은 강의·전통음악·예술·무술수업을 절묘하게 통합시켜 효과적인 교
육을 진행했다. 많은 기업들이 이 프로그램에 노동자들을 등록했고 또

대단히 만족스러운 효과를 거둔 것으로 짐작된다.

노동운동의 후퇴와 전진

국가와 자본의 공세와 경제구조의 불리한 변화로 한국 노동운동은 1990년대 초 큰 어려움에 직면했다. 노동운동의 약화는 여러 형태로 나타났다. 먼저 노조수가 눈에 띄게 줄어들었다. 노조수는 1989년, 7,883개로 정점에 달한 후 줄어들기 시작했다. 조합원수는 1989년 1,932,000명에서 1993년 1,667,000명으로, 1997년에는 1,484,000명으로 감소했다. 결과적으로 노조조직률은 1989년 18.6%에서 1993년 14.2%로, 1997년 11.2%로 떨어졌다(표 7.1 참조).

둘째, 단체행동은 더욱 급격하게 감소했다. 1989년 노사분규 수는 1,616건으로 아직 높은 편이었다. 그러나 1990년 그 수가 322건으로 급격히 줄었고, 1993년 144건, 1997년 78건으로 계속해서 감소했다. 1990년대 초 전투적인 노동운동은 분명 위축되었고 많은 지역노조들에서는 전투적이고 연대지향적인 지도자들보다 좀더 실용주의적이고 유화적인 접근을 선호하는 온건한 지도자들을 선출하였다. 취약한 한국경제에 대한 우려가 커진 1990년대에는 산업계에서 보수적인 분위기가 형성되었고, 노조지도자들에게 노사협력의 필요성이 더 설득력있게 받아들여졌다. 1993년과 1994년 한국노총과 경총이 전국적인 수준에서 임금인상에 합의하였고, 일부 노조들은 "무쟁의선언"을 했다(Lee Won-Duck and Choi Kang-Shik 1998, 57~86면).

민주노조들은 산별노조와 새로운 전국조직을 만드는 데 극히 힘든 장애물을 만난 셈이었다. 전노협은 정부의 극심한 탄압과 감시를 받았고, 노동집약적 분야의 소규모 산업 이상으로 조직기반을 확대할 수 없었다. 재벌노조들과 화이트칼라 노조들은 전노협에 가입하지 않았다.[5] 전노협은 한해 동안 조합원의 절반 정도를 상실했고, 계속되는 구속으로 지도

노동법개정을 요구하는 노동자 투쟁, 1980년대 말(사회사진연구소 1989, 22면).

5. 한국노총에 가입하지 않은 화이트칼라 노조연맹들이 참여하여 1990년 5월 전국업종
   노동조합회의(업종회의)를 결성하였다.

력 확보에 어려움을 겪었다. 궁지에 몰리면서 조직기반이 좁아지고 사회의 보수적 영역을 소외시킬 위험에도 불구하고 전노협은 국가와 전투적으로 대치하는 노선을 취하게 됐다.

1980년대 후반 이후 조직노동이 뚜렷한 진보를 이루어내는 데 실패한 것은 제도적인 개혁의 측면에서 가장 명백하게 나타났다. 많은 집회와 항의서명에도 불구하고 노동세력은 그들이 원하는 대로 노동법 개정을 이루어내지 못했다. 국가는 노조 조직과 활동을 더 용이하게 하는 미미한 변화를 허용했지만 복수노조의 건설 금지, 노사분규에서의 제3자개입 금지, 노조의 정치활동 금지를 포함하는 노동법상의 기본적인 제약조항들을 단호하게 유지했다. 또한 교사와 공무원 들의 노조결성을 계속 허가하지 않았다.

따라서 1990년대 중반, 한국 노동운동에 대한 초기의 낙관주의는 비관주의와 실망으로 대체되었다. 학자와 노동전문가 들은 1990년대 노동동향을 1980년대 말 노동의 대약진으로부터 반전 혹은 후퇴한 것으로 기술하고, 투쟁의 결과를 "민주주의 이행과정에서 조직적 공간과 정치적 공간을 확대하는 데 실패한 이중적 실패"로 규정했다(Song Ho-Keun 1994, 3면). 이러한 실패를 설명하는 요인으로는 국가의 노동통제 부활, 자본가의 공세, 급진적 노동운동 내부의 지도력 문제, "중간계급의 배신" 등이 언급되었다(임현진 · 김병국 1991; 최장집 1992).

그러나 자세히 들여다보면, 1990년대 한국 노동운동의 상태는 이런 비관적인 평가들이 제시하는 것보다 더 복잡했다. 비록 1989년부터 전체적인 노조조직률이 지속적으로 하락한 것은 사실이지만, 이런 통계는 중요한 반대경향을 감추고 있다. 좀더 신중한 분석에 의하면 조합원수의 감소는 세계화된 경제에서 고전을 면치 못한 노동집약적 · 소규모 경공업에 한정되어 있음을 알 수 있다(Lee Won-Duck and Choi Kang-Shik 1998; 박준식 1996). 노동집약적 부문의 많은 소규모 공장들이 문을 닫거나 중국이나 동남아시아로 이전했다. 대조적으로 대기업 노조의 조합원수는 변함없는 수준을 유지했다. 1989년 말 50~99명을 고용한 소규모 기업들에서 노조조직률이 9.5%였던 반면, 300명 이상을 고용한 기업들의 노조조직률은 60%였다(100~299명을 고용한 중간 규모 기업의 노조조직률은 26%였다. Lee Won-Duck and Choi Kang-Shik 1998, 64면). 이런 자료들은 1990년대 초 대규모 제조업체에서 노조조직률이 포화점에 다다랐음을 보여준다. 중소기업의 노조조직 및 조직력 강화가 퇴보한 것은 국가의 반노조정책보다는 이들 기업이 직면한 경제적 어려움 때문이었다.

　1990년대 화이트칼라 노조의 급격한 성장추세를 언급하는 것은 더욱 중요하다. 화이트칼라 노조는 1987년 정치적 자유화 직후 금융노동자들과 전문직 노동자들에게서 나타난 이후 1990년대 들어서는 더 증가하여 다양한 써비스산업 직종으로 확산되었다. 병원노동자, 교통노동자, 통신산업노동자, 신문방송 종사자, 정부 출연 연구소 연구원, 대학직원, 외국 투자회사 직원과 금융노동자 들 사이에서 활발하게 노조조직이 이루어졌다. 공무원노조 결성을 위한 시도가 법에 의해 지속적으로 차단되었지만, 진보적인 교사들은 전국교직원노동조합(전교조)을 결성했고, 불법으로 규정된 노조의 법적 지위를 확보하기 위해 끈질기게 투쟁했다. 약 1,500명의 교사들이 전교조 결성에 참여했다는 이유로 교단에서 쫓겨났다.[6]

　화이트칼라 노조의 목표는 노동자들의 물질적 조건 향상뿐 아니라 기업 내 민주화와 국가통제로부터의 자율성 확보를 위한 제도적 변화를 포함하고 있었다. 그러므로 1987년 시작된 화이트칼라 노조운동의 주된 의제는 사회의 민주화였다. 국가의 이념통제로부터 자율성을 확보하는

---

6. 전교조는 1999년 합법화되었고, 해직교사들의 대다수가 수년간의 고생 후 교단으로 복귀했다.

것은 지식인노동자 운동에서 특별히 중요한 목표였다. 화이트칼라 노조의 급격한 성장은 규모별로 본 상위 5개 산별연맹의 순위 변화에서 잘 볼 수 있다. 1980년 이전 가장 큰 산별연맹은 전국섬유노동조합연맹(섬유노련)이었다. 1988년부터 전국금속노동조합연맹(금속노련)이 최고를 차지했고, 전국화학노동조합연맹(화학노련)이 그 뒤를 따랐다. 1980년 이전에는 상위 5대 연맹에 들지 않았던 전국사무금융노동조합연맹(사무금융노련)이 1990년에는 4위를 차지했고, 1996년에는 3위로 올라갔다.

민주노조운동의 지속적인 진보는 보수적인 한국노총에 대항하는 새로운 전국연맹을 조직하는 노력에서도 나타났다. 1990년대 초 민주노조진영은 전노협, 업종회의, (현대와 대우그룹의 노조 들로 구성된) 대기업노조협의회(대노협)의 3개 집단으로 나뉘어졌다. 1991년 12월 한국이 국제노동기구(ILO) 회원으로 가입하자 민주노동진영은 정부에 노동법 개혁 압력을 가하기 위해 전국적인 연합을 결성하였다. 이 느슨한 동맹은 1993년 6월 전국노동조합대표자회의(전노대)로 발전했다. 1995년 11월에는 드디어 전국적인 연맹에 기초한 새로운 전국노조조직인 전국민주노동조합총연맹(민주노총)이 탄생했다. 민주노총은 설립 당시 862개 노조와 42만여명의 조합원을 보유했다. 법적으로 인정되지는 않았지만, 민주노총은 금속노조, 현대노조, 한국통신 노조와 기타 공공 부문 화이트칼라 노조 같은 강력한 노조들을 회원으로 하는 영향력 있는 전국노조로 급부상했다. 강력한 국가의 탄압에도 불구하고, 민주노총의 회원수는 결성된 해에 약 50만명으로 늘어났다.

민주노조들의 전국적 기구 창설을 위한 꾸준한 노력과 함께 정치영역에서도 노동세력을 대표하고 조직하려는 시도가 여러차례 있었다. 그러나 1987년 이후에도 정당정치는 이전과 거의 차이를 보이지 않았다는 점을 먼저 언급할 필요가 있다. 정당들은 중간계층의 지지 상실을 두려

위해 노동세력과 동맹 맺기를 꺼려하였다. 이러한 점에서는 야당들도 여당과 별로 다르지 않았다. 어떤 정당에 의해서도 대변되지 못하고, 또 집단적인 행동이 법적으로 금지된 상태에서 노동자들은 원자화된 개인으로, 더 적절히 말해서 지역·마을·학교·친족 등 기존의 사회적 연줄관계로 선거과정에 흡수되었다(최장집 1993). 그러나 민주화이행 시기에 서너차례 정치적 실험이 있었다. 1987년의 정치적 자유화 이후 많은 지식인 노동활동가들이 다른 정치활동가들과 연합하여 진보적 정당인 민중의당(1988. 3. 6)과 한겨레민주당(1988. 3. 29)을 결성하였다. 비록 두 정당이 진보적 중산층뿐 아니라 도시 노동계급과 빈농에게도 지지를 호소하긴 했지만, 둘다 노동계급 정당은 아니었다. 민중의당은 1988년 총선(4. 26)에 참여했지만 그 결과는 참담했다. 15개 지역구 선거에 참여한 민중의당 평균 지지율은 4.3%에 불과했다. 1990년 민중의당과 한겨레민주당이 통합하여 민중당(11. 10)을 창당하였다. 1992년 14대 총선(3. 24)에서 민중당은 13대 총선에서보다는 좀더 많은 표를 얻었지만 그 결과는 참담했다. 51명의 후보가 출마하여 평균 6.5%의 지지를 받았다(노회찬 1999). 공식적인 정당으로 인정받기 위한 최소 요건인 1인 이상의 당선에 실패하면서 민중당은 해산되었다. 그후 1992년 1월, 한국노동당창당추진위원회가 만들어졌지만, 정당결성계획을 실천에 옮기지는 못했다.

노동계급을 정치적으로 대표하려는 시도는 완전히 실패하고 말았다. 여러 요소들이 이런 결과를 만들어냈다. 지속적인 안보 이데올로기의 영향, 보수적인 정치문화, 소수정당에 불리한 선거제도, 노조의 정치참여를 금지하는 법적 제재, 그리고 노동계의 정치적 참여에 관한 노조지도부 내부의 분열 등 많은 장애물이 놓여 있었다. 1990년대 진보적 노동운동 진영의 지배적 견해는 견고한 조직적 토대와 전투적 경제투쟁을 통해서 높은 수준의 노동계급의식과 연대를 이루어낼 때까지 선거에 참여하지 않는 것이 좋다는 것이었다. 2000년 1월 30일, 최초의 노동자정당인 민주노동당을 건설할 때까지 노동운동 진영은 몇년 더 정치적 실험과 내부논쟁을 거쳐야 했다.

총파업

노동운동이 수포로 돌아가지 않았다는 것을 증명이나 하듯이, 노동자들은 1987년 노동자대투쟁 10년 후에 다시 일어섰다. 1996~97년 겨울에 발생한 전국적인 총파업은 모든 사람을 놀라게 하면서 한국 노동운동의 투쟁성을 전세계에 과시했다.

1996년 12월 26일 이른 아침, 거리에 호외가 뿌려졌다. 이날 새벽 야당 의원들이 불참한 가운데 여당 국회의원들이 비밀리에 국회의사당에 모여 7분 만에 국가안전기획부법과 새 노동관계법을 통과시켰다. 새로운 노동관계법은 앞으로도 몇년간 더 복수노조 결성을 허용하지 않으면서, 고용주들에게는 노동자를 해고하고, 임시직 노동자를 고용하거나 파업 대체 노동자를 고용할 수 있는 더 큰 권한과 유연성을 부여했다.

뉴스가 보도되자, 노동계의 격렬한 반발이 뒤따랐다. 민주노총 지도부는 즉시 모여서 총파업을 결정하였다. 같은날 오후 현대와 기아, 두 개의 대규모 자동차공장 노동자들이 주도하여 약 145,000명이 파업에 들어갔다. 그 다음날 한국노총도 규탄성명을 내고 120만 조합원의 부분파업을 선언했다. 파업 3일째, 자동차산업, 조선업, 그리고 다른 대규모 산업 대부분을 마비시키면서 약 372,000명의 노동자들이 파업에 참여했다. 한국 전쟁 이후 최초의 전국적 총파업이 시작된 것이다.[7]

신정연휴 때문에 총파업은 며칠간 중단되었다. 정부지도자들은 파업

---

7. 처음이자 유일했던 이전의 총파업은 해방 직후 격동적인 시기인 1946년에 전투적 좌익 노동운동단체인 조선노동조합전국평의회(전평)에 의해 조직되었다.

이 신정연휴 이후 흐지부지 끝날 것으로 예상했고, 실제로 그 법안을 연말에 서둘러 통과시킨 것도 이런 요인을 계산해서였다. 노조지도자들도 긴 연휴 동안 파업의 동력이 한번 상실되면 다시 총파업을 지속하는 것은 어려울 거라고 걱정했다. 그러나 놀랍게도 노동자들의 파업참가는 연휴 후에도 줄어들지 않았고, 보험·은행·병원·방송 종사자 들이 동참하면서, 총파업은 더욱 확산되었다. 3백만명에 달하는 노동자들의 참여와 놀라울 정도의 계급연대를 보여주면서, 총파업은 민주노총과 한국노총 공동지도부의 유연한 전략과 지휘 아래 3개월 동안 지속되었다. 1월 21일 대통령 김영삼(金泳三)은 야당 지도자들을 만나 정부가 문제의 노동관계법을 철회하고 다시 개정할 의사가 있음을 통고했다.

　노동자들의 투쟁이 성공한 것은 그것이 당시 많은 한국인들에게 절실한 문제에 관한 투쟁이었기 때문이었다. 한국 경제가 세계 경제체제에서 계속 흔들리고, 노동비용을 줄이기 위하여 고용주들이 여러가지 방법을 모색하면서 화이트칼라 노동자에 대한 종신(終身)고용의 전통이 사라졌고, 해고위협이 모든 노동자들에게 현실로 다가왔다. 제조업 노동자뿐만 아니라 많은 화이트칼라 노동자와 중간관리자 들도 똑같이 실업의 위협에 직면하게 되었다. 고용안정의 댓가로 회사에 전적으로 헌신하는 것을 노동자들에게 요구해온 사회에서 직업안정은 특별한 의미를 갖는다. 일시적인 재정상의 어려움 때문에 노동자들을 해고하는 것은 한국기업의 제도적 관행과 사회적 가치를 깨뜨리는 행위였기 때문에 불공정하고 도덕적으로 정당하지 못한 것으로 널리 인식되었다. 더욱이, 가족 이외의 사회적 안전망이 거의 존재하지 않는 사회에서 일자리를 잃는 것은 한 개인의 유일한 생계수단뿐 아니라 개인의 주된 사회적 소속감의 박탈을 의미했다. 노동운동은 대부분의 사람들이 지대한 관심을 가진 이러한 가치의 방어를 위해 투쟁하면서 이전에 상실했던 도덕적 정당성을 되찾았다.

총파업은 또한 외부에서 강력한 지원을 받았다. 국제노동기구(ILO) · 경제협력개발기구(OECD) · 국제자유노동조합연맹(ICFTU, 국제자유노련)이 한국정부에 대표를 보내 새로운 노동법에 대해 항의했다. 23개국에서 노동단체와 인권단체 들이 시위를 했고, 다양한 외국 노동단체와 노동자 들이 223통의 지지서한을 보냈다. 국제자유노련은 한국정부에 압력을 가하기 위해 한국상품 불매운동까지 조직했다(Sonn 1977).

이렇게 유리한 외부조건과 성공적인 전국적 노동자 참여에도 불구하고 결과적으로 1997년 1월 파업이 별다른 성과를 거두지 못했다는 것은 어느정도 놀라운 일이라고 할 수 있다. 파업이 끝난 후, 정치인에게 압력을 가하기 위해 반나절씩의 파업이 계속되는 동안, 문제의 노동법이 다시 국회로 되돌아갔다. 비교적 짧은 기간 안에 새로운 노동법안이 만들어지고, 3월 10일 국회에서 다수의 지지를 받아 통과되었다. 그러나 개정된 노동법은 노동단체들이 격렬하게 반대했던 이전의 노동법과 별다른 차이가 없었다. 새로 개정된 노동법은 2년간의 유예기간을 두었으나 (이전에 문제가 된 노동법처럼) 고용주들의 해고권을 허용하는 조항을 존속시켰다. '무노동 무임금' 원칙과 노조전임자 임금지급 축소 및 5년 후 금지조항, 실질임금 삭감을 목적으로 하는 변형근로시간제도 새로운 노동법에 포함되었다. 그 댓가로 노동운동 진영은 민주노총의 즉각적인 인정과 상급단체에서 복수노조를 결성할 권리를 얻었지만(2001년 3월 노동법 개정으로 단위사업장에서는 2007년부터), 교사와 공무원의 노조 결성은 여전히 합법화되지 못했다(KOILAF 1999, 178면).

성공적인 파업이 초라한 결과로 끝난 아이러니를 제대로 이해하기 위해서는 세계화의 맥락에서 파업을 살펴볼 필요가 있다. 노동시장 개혁의 구조적 동력은 전지구적 자본주의의 충격과 약화되는 한국경제의 위치로부터 나왔다. 1997년 한국 총파업의 결과는 세계경제체제의 강압적 요구와 그것의 헤게모니적 이데올로기인 신자유주의에 의해 이미 결정되었다고 볼 수 있다. 국가가 주도하고 재벌이 지배하는 한국 경제구조는 치열한 세계경쟁체제에 노출되었을 때 낮은 기술력, 낡은 금융제도, 재벌의 과도한 확장, 대기업의 엄청난 부채, 끝없는 관료적 형식주의, 높은 생산비와 생산성 하락을 포함해 많은 문제를 드러냈다.

한국 자본가들은 노동시장의 경쟁력 상실을 특히 걱정했다. 노조의 힘이 커지면서 지금까지 막강했던 그들의 권력이 심각하게 손상됐고 세계시장에서 한국의 임금이 더이상 경쟁력을 갖지 못했기 때문이었다. 한국경제의 자유화와 세계화로 인한 세계자본과의 경쟁이 한국 자본가들을 점점 더 불안하게 만들면서, 자본가들의 노동시장 개혁 요구는 더욱더 커졌다. 유연성이 경쟁력과 경제적 성공의 동의어가 되는 포스트포드주의 생산체제시대에 한국경제를 더 유연하게 만들 제도적 틀을 요구하는 의견에는 막강한 지적 권위가 실리기 시작했다. 반면 자명해 보이는 시장자유의 논리에 반대해서 형평성과 경제정의를 강조하는 노동자들의 요구는 점차 고루하고 비이성적으로 들리게 됐다. 1996년과 1997년 한국경제의 하락으로 기업파산이 늘어나자, 정책당국자들은 노동자들에게 일자리 몇개를 보장해주는 것보다는 기업을 살리는 것이 더 중요하다는 자본가들의 주장에 설득되었다. 변화하는 경제현실과 신자유주의 이데올로기가 자본가 및 국가에 대항해서 노동자들이 얻어낼 수 있는 것을 제한했던 것이다.

경제위기의 충격

1997년 한국경제가 세계화에 성공적으로 적응하지 못했음이 여실히 드러났다. 김영삼정부는 1997년 11월 21일 국제통화기금(IMF)에 구제금융을 요청하여, 12월 570억달러의 융자 승인을 받았다. 한국인들이 느낀 깊은 굴욕감은 차치하더라도 국제통화기금의 구제금융은 막대한 기업파산, 대량실업, 급격한 소득감소와 가족붕괴로 야기된 문제 등 한국인들의 삶에 치명적인 결과를 가져왔다. 실업자 수가 1997년 12월 658,000 명에서 1998년 12월 170만명으로 세배나 늘어났다. 연간 실업률은 1997년 2.6%에서 1998년 6.8%로 증가하였다. 이것은 분명히 한국전쟁 이래 최악의 경제위기였다.

국제통화기금의 구제금융 이후 한국 노동계급은 한국정부, 기업 소유주들, 국제금융기관, 미래의 투자자들 등 모든 당사자들의 관심의 초점이 되었다. 국제통화기금이 요구하는 구조조정은 불가피하게 대량해고와 노동시장의 유연성을 위한 제도적 변화를 필요로 했기 때문에 모든 당사자들은 노동세력이 경제위기 극복을 위한 핵심 열쇠를 쥐고 있다는데 동의했다. 자유로운 정리해고는 해외투자자본 유치뿐 아니라 파산·합병·매입을 통한 대규모 기업 구조조정 추진에 핵심적인 열쇠로 여겨졌다. 이렇게 국제통화기금 체제하에서 구조조정의 성공 여부는 대체로 노동자들이 산업불안정이나 사회불안을 야기하지 않고 희생을 받아들이도록 강요하는 것에 달려 있었다. 그러므로 구조조정 과정에서 산업평화를 유지하는 것이 새로 선출된 대통령 김대중(金大中)의 주요 과제가되었다.

김대중의 첫번째 제안은 사회조합주의 모형에 따라서 노사정위원회를 구성하는 것이었다. 노사정위원회는 1998년 1월 15일 설립되었고, 같은해 1월 20일 최초의 노사정 공동성명서를 발표했다. 그 성명서에서 3자는 구조조정의 부담과 고통을 공평하게 분담한다는 기본 원칙에 합의했다. 곧이어 힘든 협상을 거쳐 노사정위원회는 2월 6일 역사적 합의를 이끌어냈다. 이 합의는 기업이 긴급한 상황에서는 앞당겨 정리해고를 실시할 수 있게 하는 조항을(1998년 3월의 개정노동법은 이 조항을 2000년부터 시행하도록 규정하고 있었다) 포함했다. 대신 이 합의서는 노조의 정치활동과 교사와 공무원의 단체교섭권을 인정했다.

이 합의는 국내외의 환영을 받았고 역사적 타협이라는 찬사도 받았지만, 노동자들은 결코 만족하지 않았다. 한국노총 내부 조합원들의 비판은 상대적으로 가벼웠지만, 민주노총 지도부는 해고조항을 받아들인 것에 대해 일반조합원들에게서 신랄한 비판을 받았다. 2월 9일 민주노총은 특별노조대표자회의를 개최하고, 이 합의를 비판하는 결의문을 채택했다. 또한 그들은 기존 지도부를 교체하고 강경한 현대중공업 노조위원장 이갑용(李甲用)을 신임 위원장으로 선출했다. 노사정위원회는 민주노총 대표들의 여러차례에 걸친 항의퇴장과 위원회 복귀거부로 이어지는 험난한 길을 걸어야 했다.

우리는 경제위기가 한국노동에 상반된 결과를 가져왔음을 알 수 있다. 금융위기는 한국 노동자들의 삶과 생계를 유린했지만, 동시에 조직노동의 정치적·사회적 지위 향상에는 도움을 주었다고 볼 수 있다. 대통령 직속으로 노사정위원회를 설치한 것은 한국 역사상 최초로 노동운동조직이 국가적인 의사결정기구에 실질적인 성원으로 초대받았음을 의미했다. 그러나 이 싯점에서 역설적인 것은 한국 노동자들의 권한은 강화되었지만 노조지도부가 이렇게 강화된 지위와 권력을 가지고도 노동자들의 노동시장에서의 지위를 심각하게 훼손하고 불안정하게 만드는 제도적인 변화를 받아들여야 했다는 점이다. 노동자들이 그토록 오랫동안 갈구해온 정치적 참여를 얻음과 동시에 노조지도자들은 노동자들을 달래고 구조조정 기간 동안 산업평화를 유지하는 데 협조할 것을 요구받은 것이다. 이와 같이 한국 노동운동의 현 동향은 다른 선진국 산업경제와 비슷한 상황으로 가고 있다. 리처드 하이먼(Richard Hyman)이 지적하듯이, "대부분의 나라에서 경제가 〔노조들의〕 실질적인 성취범위를 제약했다. 노조들은 점점 더 단계적이고 상징적인 결과에 안주해야 했고 자주 노조원들을 제지하고 규율을 지키게 하는 역할을 수행해야 했다"(Hyman 1992, 157면). 한국도 이런 일반적 유형의 예외가 아니었다.

1998년에는 새로운 조합주의 틀 안에 노조가 정치적으로 포섭됨으로써 실업이 증가하고 산업영역 내 부당노동행위가 만연했음에도 불구하고 상대적으로 높은 수준의 산업안정이 유지되었다. 공공연한 노동쟁의는 대체로 강력한 노조가 있는 대규모 사업장에서만 발생했다. 핵심 쟁의사안은 주로 해고문제였다. 소규모 사업장의 노동자들은, 특히 노동집약적인 부문의 노동자들은, 기업 구조조정이나 공장 이전에 저항할 수가 없었다. 강력한 노조들은 대규모 재벌기업에 집중되어 있었고, 나머지 노조들은 대부분 대단히 작고 허약하여 기업들이 무너지면서 쉽게 해체되었다. 경제위기의 영향이 커짐에 따라 대부분의 노조들은 소속 조합원들의 일자리 보호와 임금삭감 저지에 몰두하게 되었고, 다른 일반 노동자들과 관련된 광범위한 문제들에 관심을 기울일 여유가 없었다.

비교적인 관점에서 볼 때 한국노조운동의 일반적 동향에는 흥미로운 측면이 하나 있다. 다른 신흥공업국들의 경험과는 달리 한국의 노동운동은 게이 싸이드먼(Gay Seidman)이 말하는 "사회운동노조주의(social movement unionism)"(Seidman 1994)를 발전시키지 못했다. 브라질과 남아프리카공화국의 "신노조주의"에 관한 훌륭한 비교연구에 기초하여 싸이드먼은 "두 나라의 노동운동은 1980년대 사회운동노조주의로 발전했다. 원래 임금과 작업조건에 관해 고용주에게 압력을 가하기 위해서 반숙련 산업노동자들이 만든 현장조직들이 빈민촌 지역단체들과 함께 광범위한 노동계급의 요구를 표명하기 시작했다"(Seidman 1994, 28면). 더 나아가 그는 "이 사례들은 후발 산업화국가들에서 국가 주도의 권위주의적 산업화가 공장문을 훨씬 뛰어 넘는 요구를 하는 전투적인 노동계급운동을 낳는다는 것을 보여준다"(Seidman 1994, 12면)고 주장한다. 따라서 싸이드먼은 한국의 노동운동도 이러한 양상을 보일 것이라고 추측한다.

그러나 한국에서는 그렇지 않았다. 비록 브라질과 한국의 노동투쟁 발생방식에 여러가지 유사점이 있었지만, 1987년 이후 한국의 '신노조주의'는 사회운동노조주의로 발전하지 않았다. 좀더 구체적으로, 1987년 노동자대투쟁 전후 한국의 민주노조운동은 노동계급 일반의 광범위한 이해를 드러내고 대변하고자 하지 않았고 도시의 빈민지역운동을 지원하려 하지도 않았다. 작업장과 지역조직 간에 연계가 아주 없었던 것은 아니지만 극히 빈약했다. 이것은 흥미로운 차이점이다. 왜냐하면 한국도 국가 주도적이며 권위적인 산업화를 경험했고, 또한 교회단체와 학생들은 브라질과 남아프리카공화국에서 공장과 지역사회를 연결하는 역할을 했듯이, 한국에서도 노동운동을 촉진하는 핵심적인 역할을 했기 때문이다.

이 차이를 무엇으로 설명할 것인가? 이런 질문에 만족스럽게 대답하기 위해서는 더 깊이있는 경험적 연구가 필요하겠지만, 한국 노동운동이 사회운동노조주의로 발전하지 못한 이유를 몇가지 고려해볼 수는 있다. 첫째는 한국의 기업별 노조에 가해진 법적·정치적 제약이다. 박정희(朴正熙) 유신시대부터 한국의 노동체제는 지속적으로 노동운동을 기업의 울타리에 한정시키고자 했다. 국가는 '제3자개입 금지' 조항 같은 법적인 수단과 보안기관을 이용하여 노동운동이 공장문 밖으로 넘어가지 못하도록 통제했다.

두번째는 브라질과 남아프리카공화국보다 한국의 실업수준이 매우 낮았고, 비공식 부문의 규모도 매우 작았다는 점이다. 브라질과 남아프리카공화국에서는 높은 실업률과 인플레이션이 작업장과 지역사회를 연결하는 중요한 기제로 기능했다. 마그릿 켁(Margaret Keck)이 지적하는 것처럼 브라질에서는 "실업의 확대가 또한 노동자와 비노동자의 경계선을 흐리게 했고, 계급정체성의 범위를 국가가 구조화한 관계 밖의 공통경험 영역으로 확장시키는 역할을 했다"(Keck 1989, 286면). 이 나라들보다 더 성공적으로 발전한 한국 경제는 공장과 인근지역 간의 연계와 활발한 빈민지역운동의 구조적 요인을 축소했다고 볼 수 있다.

세번째는 한국의 현장 노조운동의 성격과 목적에 관한 것이다. 한국 노동자들은 임금이나 생활수준을 높이기 위해서보다는 인간적인 대우와 존엄성을 요구하기 위해 민주노조운동을 벌였다. 명예와 존엄에 대한 요구는 모든 나라 노동운동의 공통적인 주제라고 볼 수 있지만, 지나치게 전제적인 노사관계가 지배하던 한국에서 노동자들은 이런 가치를 특별히 강조하였다. 다른 나라의 상황도 크게 다르지 않았다고 주장할 수 있지만, 내가 강조하려는 것은 한국 노동자들은 공장 특유의 문제들에 몰두하였고, 지역사회의 소비 관련 문제들에 관심이 적었거나 관심을 돌릴 여유가 없었다는 점이다. 싸이드먼이 그리는 브라질과 남아프리카공화국노동자들의 경우와는 달리, 아마도 한국의 노동자들에게는 지역과 공장이 곧 '동전의 양면'이라는 것이 그렇게 분명하지 않았을 것이다.

요컨대, 노동운동의 발전에 외부단체와 여성노동자 들이 중요한 역할을 했음에도 불구하고, 다양한 경제적 · 정치적 · 사회적 요인들은 한국 노동운동을 사회운동노조주의 대신에 경제노조주의로 형성했다. 노동운동이 지역사회 문제들을 다루지 못했다는 사실은 민주화이행 이후 시민운동이 번창할 수 있는 문을 열어주었다. 활발한 시민운동들이 진보적인 지식인에 의해서 주도되었고, 이 지식인 가운데 많은 사람들은 1987년 이전 노동운동에 적극적으로 참여했던 이들이었다(Kim Sunhyuk 2000; 조희연 1998). 이런 현상이 노동계급운동과 중간계급 주도의 사회운동 간의 분리를 낳았고 노동운동의 범위를 더 좁게 만들었다.

노동계급의 내적 분화

1980년대 중반까지 한국 노동계급의 뚜렷한 특성은 사회인구학적 특성과 시장에서의 지위라는 두 측면에서의 동질성이었다. 노동계급의 대다수가 반숙련노동자들이었고, "주변부 포디즘(Peripheral Fordism)"이라고 불릴 수 있었던 대량생산체제에 고용되어 있었다(You Jong-Il 1995;

김형기 1988). 연령이나 가족배경, 기술수준뿐만 아니라, 회사로부터 제공받는 임금, 직업안정, 복지혜택에서도 거의 차이가 없었다. 대기업과 소기업, 노조원과 비노조원 간의 임금격차도 그다지 크지 않았다(김형기 1988, 378~417면; 송호근 1991, 107~36면). 노동조건은 산업종류와 기업규모에 관계없이 똑같이 나빴고 위험스러웠다. 이러한 점에서 한국 공장노동자들은 전형적인 산업 프롤레타리아트에 가까운, 대단히 동질적인 노동계급을 이루고 있었다.

그러나 1980년대 이후 한국 경제는 주변부 포디즘을 넘어서기 시작했다. 재벌기업들의 주도하에 대규모 제조업체들이 세계 생산체제에서 기술도약을 도모했고 선진공업경제와 새로 등장한 수출경제 사이에 끼인 불안정한 위치에서 벗어나고자 노력하였다. 급등하는 임금과 점증하는 노조의 힘은 자본가들로 하여금 저임금에 기반을 둔 대량생산체제 혹은 폴 크루그먼(Paul Krugman)의 말대로 "영감(inspiration)"보다는 "땀(perspiration)"에 의존한 생산체제(Krugman 1994)를 넘어서려고 노력하게 한 주된 요인이 되었다. 1996~97년 겨울의 총파업은 이런 구조적 맥락에서 발생했다. 즉 자본가들이 포스트포드주의 자본축적체제에 어울리는 법률적 틀을 만들려고 시도한 것이 총파업의 계기를 제공한 것이다.

이런 법률 투쟁 이전에도 한국 자본들은 적극적으로 고용 유연성을 높이려고 애썼다. 1980년대 중반 이후 대기업들이 노동비용을 줄이고, 노조결성을 약화시키기 위해 생산공정의 많은 부분을 외부·내부하청으로 돌림에 따라, 한국 제조업에서 하청생산이 빠르게 증가했다. 1990년대 제조업과 써비스업 분야의 대기업들은 정규직원을 줄이고 임시직·시간제·재택근무 노동자들을 대규모로 고용하는 전략을 채택했다. 1997년 금융위기가 이런 추세를 가속시켰다. 한국 노동계급의 내적 구조는 인상된 임금과 생활양식의 변화에서 볼 수 있듯이 노동계급의 물질적 조건이 전체적으로 나아지고, 노동시장구조의 양극화로 인해 노동계급의 분해가 진행되면서 다른 산업사회에서 나타나는 공통적인 유형으로 수렴되기 시작했다.

1990년대 한국 노동계급의 내적 분화는 여러 차원에서 이루어졌다. 첫째, 대기업과 중소기업 피고용자들의 고용조건과 임금에서 중대한 차이가 나타났다. 1980년대 말부터 대기업 노동자들은, 특히 재벌기업 노동자들은, 소규모 기업에서 일하는 사람들보다 훨씬 더 높은 임금인상을 얻어내 결과적으로 대기업 노동자들과 소기업 노동자들 사이의 경제적인 격차가 더 크게 벌어졌다. 1980년 10~29명의 노동자를 고용한 소기업들의 평균임금은 500명 이상을 고용한 대기업 평균임금의 92.9%였지만, 1987년에는 87.5%로, 1997년에는 72.3%로 낮아졌다(KOILAF 1999, 133면). 1980년 30~99명의 노동자를 고용한 기업체들의 평균임금은 대기업 평균임금의 99.1%에서 1987년 90.7%로 그리고 1997년에는 73.6%로 낮아졌다. 기업이 제공하는 복리후생에서도 소기업과 대기업 간의 경제적인 격차는 더욱더 커졌다. 이러한 차이가 1987년 이전에도 어느정도 존재한 것은 사실이지만, 1987년 이후 대기업들이 노동자들의 협조와 기업에 대한 충성을 얻어내기 위해 주택보조, 통근버스, 의료보험, 자녀교육비 지원, 장례비 지원, 기타 가족과 관련된 지원을 포함한 관대한 복지 써비스를 노동자들에게 제공하면서 격차는 크게 증대되었다.

1990년대 들어서 더욱 중요해진 노동계급의 결정적 균열은 정식으로 고용되어 법적 계약과 노조에 의해 보호되는 사람들과 고용상의 지위가 비정규적이고 불안정하며 그리고 쉽게 해고될 수 있는 사람들 간에 존재한다. 이것은 선진 산업사회들에서 중심—주변, 공식—비공식, 혹은 노동력의 내부자—외부자 구분의 문제로 잘 알려진 현상이다(Hyman 1992). 1987년까지는 빠른 경제성장 덕분에 지속적으로 고용이 창출되었고, 정규직 피고용자들이 특별한 교섭력을 갖지 못했기 때문에 자본가는 정규직 대신 임시직 노동자를 고용할 절박한 필요를 느끼지 않았고 따라서 노동시장의 분절은 심각하지 않았다.

1990년대 한국 노동시장에 발생한 가장 중요한 변화 가운데 하나는 비정규직 노동자가 급증한 것이다. 정부 통계에 따르면, 1988년과 1997년 사이에 비정규직 피고용자가 2,766,000명에서 4,204,000명으로 늘어난 반면(매년 4.8% 증가), 정규직 피고용자수는 5,348,000명에서 7,133,000명으로 늘어났다(매년 3.3% 증가)(KOILAF 1999, 41면). 1990년대 후반 특히 1997년의 금융위기 이후 비정규직 노동자수는 더 빠르게 증가하였다. 1999년에는 피고용자의 절반 이상(52%)이 임시직이나 일용직 노동자로 추정되고 있다(불안정노동연구모임 2000, 43면). 정부의 통계가 5명 미만을 고용하는 소기업을 제외했기 때문에 아마도 비정규직의 실제 규모는 이것보다 더 클 것이다. 또한 정규직으로 분류된 많은 노동자들이 단기계약 상태에 놓여 있다는 사실도 주목할 필요가 있다.

여성이 이러한 유연화전략의 주된 희생자라는 것은 놀랄 만한 사실이 아니다. 1999년 69%의 남성노동력이 정규직인 데 반해 여성노동력은 31%만이 정규직이었다(불안정고용노동연구모임 2000, 47면). 1980년대 말부터 노동집약적 산업에서 심각한 노동력 부족사태가 나타남에 따라 많은 기혼여성들이 경제활동에 참여하게 되었지만, 그들 대다수는 임시직·시간제직·파견직 사원으로 일했다. 1997년 금융위기의 충격은 여성노동력에게 더 가혹했다. 대부분의 기업체에서 여성이 먼저 해고되었고, 화이트칼라 노동자들인 경우에 특히 그러했다. 블루칼라 여성노동자들도 (대부분이 경쟁적인 부문에 있는) 고용주들이 금융위기를 견디지 못하고 사업을 줄여야 했기 때문에 심각한 피해를 입었다.

노동계급 내에 나타나는 구조적 균열은 필연적으로 노동계급 연대에 부정적인 영향을 미쳤다. 이전에 지적한 것처럼, 한국 노동운동이 급격하게 발전할 수 있었던 중요한 구조적 요소는 노동계급의 동질성이었다. 이들은 거의 모두 반숙련노동자들이었으며, 저임금, 제도적 보호부재,

그리고 사회적 경멸로 고통받았다. 이런 높은 동질성에 더해 노동자들의 지리적 집중 역시 연대를 용이하게 했다. 그러나 1990년대에는 이러한 구조적 조건이 더이상 계속되지 않았다. 송호근(宋虎根)이 주장하는 것처럼, "과거 투쟁에서 동지였던 노동자들이 경쟁이 강화된 노동시장에서 이젠 자기 이익만을 좇는 경쟁자들이 되었다. 실리적인 관심에 몰두하고 있는 분열된 노동자들이 한국 민주화의 초기 단계에서 보였던 노동계급 연대의 자리를 대신하게 됐다"(Song Ho Keun 1994, 16면). 노동시장에서의 상이한 지위가 점차 노조의 지향에 반영되기 시작했다. 주변부 노동자들을 대변하는 전노협이 정치노조주의에 집착한 반면, 특권적인 중심 노동자들을 대변하는 노조들은 점차 실리적인 경제노조주의를 채택했다. 그러므로 1990년대 한국 노동운동의 일반적인 추세는 기업별 노조의 범위에서 내부 지향적, 실용주의적으로 되는 것이었다. 이러한 경향은 일반적으로 재벌기업 노조들에서 더 강했다.

그러나 이런 지배적인 경향에 반대하는 운동이 일어났다. 1997~98년에 있었던 경제위기의 파괴적인 충격이 취약한 노동자들의 조직과 그들의 이해 방어를 위한 새로운 노력을 낳았다. 건설업·판매업·써비스업 부문에서 임시직과 시간제 노동자들을 조직하려는 노력이 일어났다. 또한 민주노총은 임시직과 실업자들을 노동조합으로 조직하는 정책을 공식적으로 채택했다.

1990년대 말, 또다른 중요한 발전은 남성이 주도하는 노조와는 별도의 독립적인 노조를 조직하려는 여성노동자들의 시도였다. 1990년대에는 여성 노조운동가들의 여성의식이 크게 신장되었다. 민주노총과 한국노총 내부에서 여성노조원들은 여성의 발언권을 더 많이 요구했고 노조 지도부에도 더 많은 여성대표 자리를 보장받았다. 그러나 많은 여성들은 변화가 너무 더디다고 느꼈고 여성 자신들의 노조조직이 필요하다고 생각했다. 1999년 초 여성들은 8개 지역에 산업과 직종을 가로지르고 정규직·임시직·시간제 노동자 들을 포괄하는 여성노조를 조직하였다. 같은해 8개 지역 노조들은 전국적인 조직으로 전국여성노동조합을 결성하였다. 여성노조의 지배적인 지향점은 서울여성노동조합의 결성선언문에 잘 나타나 있다. "여성노동자의 권리는 여성노동자의 힘으로 쟁취하고자 우리는 여성독자노조를 결성하였습니다. 수많은 여성들이 감원되고 무권리상태의 임시직으로 추락하는데도 기존의 노조들은 대응력을 상실하고 있습니다. 기존 노동조합의 가부장적인 운영은 여성노동자들의 세력화에 오히려 걸림돌이 되고 있습니다"(불안정노동연구모임 2000, 270면).

여성노동자들의 다수가 임시직·시간제·하청 노동자들이기 때문에 지역적 기반 위에 성립된 여성노조는 다양한 범주의 노동자들을 포함하면서 고용문제뿐만 아니라 직장 내 성차별, 성희롱, 양육시설 부족 같은 여성노동의 여러가지 쟁점들을 제기했다. 이처럼 시작부터 여성노조운동은 남성이 주도하는 기존 노조들보다 좀더 사회운동노조주의적 성격을 보여주었다. 2000년 현재 여성노조운동의 미래는 대단히 불확실하지만, 여성노조운동은 한국 노조운동이 노동계층의 대상을 확대하고 지역사회에 대한 관심을 넓히도록 자극하는 역할을 했다고 볼 수 있다. 그래서 비록 권위주의적 산업화의 초기단계에서는 아니었지만, 브라질의 맥락에서 싸이드먼(Seidman 1994, 38면)이 제시했던, 작업장과 지역사회를 연결하는 여성노조 특유의 성향과 능력이 민주화이행 이후 한국에서도 나타나기 시작했다.

사라져가는 골리앗 노동자

수출산업화 초기에 공장노동자들의 집단정체성(collective identity)은 다소간 외부에 의해 규정되었다. 노동자들은 산업전사·공순이·공돌이로 불려졌다. 산업전사라는 단어가 노동자들에게 성실과 규율, 국가를 위한 희생을 고취하기 위해 국가가 만든 이미지였다면, 공순이와 공돌이는 전통적인 유교적 신분체계에 기초하여 사회가 공장노동자들에게 씌운 낙인의 산물이었다. 두 경우 모두 지배이데올로기와 전통문화가 공장노동자들을 동원(mobilization)하는 동시에 탈동원(demobilization)하며 추어올리는 동시에 경멸하기 위해 사용한 용어들이다.

1987년 노동자대투쟁은 사회의 힘있는 사람들이 노동자들을 대하고 바라보던 방식에 대한 한국 노동자들의 뿌리깊은 적개심과 분노의 폭발이었다. 그것은 단순한 경제적 이익이 아니라 인간적 존엄성과 존중을 요구하는 투쟁이었다. 1987년의 노동공세는 산업전사·공순이·공돌이라는 경박한 정체성을 땅에 묻어버릴 수 있을 만큼 강력하고 결정적인 투쟁이었다. 정치적 전환기의 노동투쟁은 공세적이었고 강렬했다. 이 시기 등장한 노동투쟁의 새로운 노동자정체성은 '골리앗 전사'라는 이미지에서 가장 잘 나타났다. 1990년, 지상 82m 높이인 골리앗크레인 위로 올라간 현대중공업 파업노동자들은 1987년 이후 투쟁적이고 전투적이며 계급의식 있는 노동자를 상징했다. 파업노동자들이 주장하듯이, 그것은 노동자들의 긍지와 존경을 위한 투쟁, "2천 5백만 노동자의 의리와 자존심이 걸려 있는 독재정권과의 한판 싸움"이었다.

골리앗전사의 이미지는 분명히 과거의 가혹한 억압과 착취의 산물이었다. 그것은 산업전사·공돌이·공순이라는 허울 좋은 혹은 낙인 찍는 정체성에 대한 대항정체성이었다. 골리앗전사의 이미지는 경영전제주의에 대한 '오랫동안의 비굴한 복종'을 끝내려는 노동자들의 투쟁결의를 표현했다. 그리고 그것은 '오랫동안의 노예 같은 생활'에 대한 노동자들의 깊은 분노를 표현한 것이었다.

1987년 이후 한국 노동계급투쟁에서 지배적인 구호는 '노동해방'이었다. 이 새로운 담론은 노조활동가들 사이에서도 분명하게 정의되지 못했지만 적어도 두가지 의미를 함축하고 있었다. 억압과 비인간적인 대우로부터의 해방, 더 나아가 '노동자들이 주인되는 사회'의 건설을 위한 긍정

적인 욕구가 그것이었다. 대부분의 노동활동가들이 인정하듯이, 노동해
방이라는 말은 다소 추상적이고 노동자대중이 널리 사용하지는 않았지
만, 작업장과 사회에서 정의와 존경을 요구하는 노동자들의 욕구를 그런
대로 표현했기 때문에, 1987년 이후에 노동자들에게 어느정도 호소력을
지녔다.[8] '노동해방'의 또다른 적극적인 의미, 즉 사회주의 변혁으로서의
해방은 주로 선진노동자들의 주목을 받았다. 여하튼 골리앗투쟁은 어느
정도 '노동해방'을 위한 투쟁을 상징했고 전국의 노동자들로부터 폭넓은
지지를 받았다.

　1987년 노동자대투쟁 12년 후인 1999년 골리앗노동자들은 대개 산업
현장에서 사라졌다고 볼 수 있다. 그렇게 급진적이고 저항적이며 계급
의식 있는 노동자들은 이제 대부분의 대규모 중공업에서 점점 줄어들고
있는 소수만을 대변한다. 현대중공업 노동자들과 다른 대규모 산업체의
노동자들은 점차 실리적이고 개인주의적이며, 이기적이고 비정치적으
로 변해갔다. 노조 조합원들에 대한 이런 인상은 내가 면접한 현대중공
업 노조지도자와 관리자 들 모두가 공유하는 것 같다.[9] 한 관리자는 나에
게 "노동자들은 노조가 자기들의 자존심을 위해 싸워주기를 바라기 때
문에 전투적인 지도부를 지지하지만, 강성지도부가 좋은 결과를 가져다
주지 못하면 바로 그런 지도부를 버린다. 노동자들은 대단히 실리적이고
이기적이다"라고 말했다. 또한 노조지도자들도 조합원들은 노조가 강경
한 입장을 취하는 것을 좋아하면서도 조합원들의 지원이 필요할 때, 스
스로 참여하려고 하지는 않는다고 불평했다. 노조지도자들은 또한 노동
자들이 주로 회사 내부문제에만 관심을 갖고 있으며, 즉각적인 관심사에

---

8. 김해윤 · 김호규 · 노회찬 · 이상도를 포함한 여러 노동운동가들과의 면접에 기초한 것.
9. 나는 1995년과 2000년 두 번 현대중공업을 방문했다. 2000년 6월에 노조지도자들과
　　회사경영자들은 전보다 더 단호하게 노동자들이 실리적이고 개인주의적으로 바뀌었
　　다고 표현했다.

서 벗어난 큰 문제들을 둘러싼 파업에는 별로 참여하고 싶어하지 않는다고 말했다. 일반조합원들은 더이상 노동계급에 대한 '긍지와 헌신'을 위해서 기꺼이 직장을 잃고 감옥에 갈 의사가 있던 과거의 골리앗전사들이 아니다.

1997년 현대중공업 노조가 활동가들을 대상으로 실시한 설문조사는 조합원들의 태도와 의식의 변화를 잘 보여준다.[10] 이 보고서는 "현중의 조합원들은 이제 더이상 과거의 '골리앗의 전사'가 아니라고 한다. 표면적으로는, 현중의 조합원들은 아파트를 소유하고 자가용도 굴리면서, 현실에 안주하고자 하고, 퇴근 이후 노조 집회에 참여하기보다는 자녀의 과외비를 조금이라도 더 벌기 위해서 잔업을 하거나 서둘러 가정으로 돌아가는 가족중심적이고 이기적인 안락함만을 추구하는 듯이 보인다" 라고 쓰고 있다(현대중공업노동조합 1997, 77면). 또한 이 보고서는 현대중공업 노조지도자들이 소극적이고 조심스러워졌으며, 강성노조에 대해 어느정도 비관적인 생각을 갖게 되었다고 언급하고 있다. 이런 변화는 부분적으로 조합원들의 경제적 지위 향상과 회사의 복리후생제도 확대로 노동자들이 좀더 보수적이고 개인주의적으로 되었기 때문에 생긴 현상이라고 이 보고서는 추측하고 있다. 현대 경영자들은 회사가 노동자들을 워낙 잘 보살펴주기 때문에 노동자들이 회사에 대해 불만을 가질 이유가 없다고 믿는 것 같았다. 실제로 현대중공업은 대부분의 직원들에게 아파트를 제공하고, 첫번째 자녀에게는 대학등록금 전액, 두번째 자녀에게는 반액, 건강보험, 최고 수준의 체육관, 극장, 가족들을 위한 레크리에이션 시설 등을 제공했다(이균재 1997). 임금수준이 향상되고 이런 시설

10. 이 보고서의 복사본과 다른 중요한 자료를 제공해준 현대자동차 노조지도자 김호규(金虎圭)에게 감사한다. 그와 이전에 노동활동가였던 그의 부인 이수경(李秀卿)은 여러모로 나의 연구에 도움을 주었다. (지금 이수경은 '평등세상을 여는 울산여성들'이라는 페미니스트 사회운동단체의 대표로 일하고 있다.)

들을 사용할 수 있게 되면서 노동자 가족들도 중간계층 생활양식을 누릴 수 있게 되었다.[11]

그러나 노동자들의 관점에서 볼 때 노조활동에 대한 노동자들의 관심을 약화시킨 더 중요한 요인은 경영측의 교묘한 통제방법이었다. '신경영전략'은 다양한 방법을 사용하여 현장에 대한 통제를 강화했다. 이 전략은 반장의 권력강화, 팀에 기초한 작업조직, 업적 본위의 임금체계뿐 아니라 관리자들이 노동자들에게 개별적으로 접근하여 노조활동 포기를 설득하는 방법 등을 포함하고 있었다. 노동자들은 끊임없이 감시받고 동료노동자들과 경쟁하도록 압력을 받고 있다고 불평했다. 현대중공업 노조활동가들은 동료노동자들을 이기적이고 개인주의적으로 만들고 점차 집단적인 행동에 무감각하게 만든 것은 이런 새로운 통제기술과 금전적인 유인이었다고 말했다.

경영전략은 더욱더 교묘해진 반면 노조전략은 거의 변하지 않았다. 현대 노조원들이 인정하듯이, 이것이 노조운동 쇠퇴의 또다른 중요한 이유였다. 현대중공업 노조의 조사보고서는 "노동조합은 변하는 대중들을 못 따라가고 있고, 정책을 옛날에 했던 그대로 하다보니까 조합원들이 식상했지 않는가" "'타도대상으로서의 자본'이라는 과거의 단순논리를 반복하는 노동조합의 활동방식은 이미 다양한 자본의 전략으로 재구성되어가는 조합원들의 정서와는 거리를 가질 수밖에 없다"고 지적하고 있다(현대중공업노동조합 1997, 48면). 현대와 다른 곳의 노조지도자들은 1990년대 후반 자본과 대립한, 한국 노동운동이 직면한 가장 심각한 문제 가운데 하나가 전략을 만들어낼 수 있는 능력의 불균형이라고 말한다. "지난 10년 동안, 자본은 완벽하게 준비했고, 장기적인 전략을 가지고 우리를

11. 1980년대 후반과 1990년대 초반에 대규모 중공업 산업노동자들을 대상으로 실시된 몇차례의 조사에서는 조사대상의 1/3 이상이 스스로를 넓은 의미의 중산층에 속한다고 여기는 것으로 나타났다(임영일 · 임호 1993 참조).

상대했지만, 활동가들이 한 것은 자본과 국가를 타도의 대상으로 여기는 똑같이 단순한 논리를 가지고 조합원들에게 파고드는 것밖에 없다”는 것이었다(48면). 부분적으로 이런 불균형은 조직적인 문제에서 기인했다. 관리자들은 동일한 직위에 오랫동안 머물러 있는 반면, 노조지도자들의 임기는 2년 혹은 그 미만이었다. 노조간부들이 지속적으로 바뀌므로 기업구조 내에서 장기적인 전략을 연구하고 발전시킬 집단이 생겨날 수 없었다.

그래서 1990년대 말 한국 노동계급의 중심은 더이상 골리앗노동자가 아니었다. 경영전제주의에 대한 강렬한 분노와 작업장과 사회의 불의에 저항하는 억눌린 한(恨)의 감정에서 빚어진 노동자 정체성은 정치·산업영역의 민주화와 더불어 차츰 사라지는 기미를 보인다. 그러나 이러한 변화를 산업노동자들의 계급정체성이 단순히 쇠퇴한 것으로 해석해서는 안될 것이다. 계급 형성 연구자들이 잘 이해하듯이, 계급정체성과 의식은 복잡하고 가변적인 현상이다. 계급의식은 단선적인 방식으로 성장하는 것이 아니며, 어떤 경우에도 자체 내에 불연속적이고 모순적인 요소들을 포함하고 있다.[12] 불리한 정치적·이데올로기적 환경이 노동계급의식을 억눌러온 한국에서는 특히 더 그러하다고 기대할 수 있다.

여기서 1980년대 말에서 1990년대 초까지 대규모 사업장에서 실시된 서너편의 의식조사 연구를 검토해볼 필요가 있다. 예를 들어, 김형기(金炯基)는 “87년 노동자대투쟁 이후 독점대기업 노동자들의 의식은 투쟁성, 민주성, 연대성, 정치성 등 모든 측면에서 그 전 시기에 비해 크게 고양되었다”고 주장한다(김형기 1997, 230면). 이와 유사하게 임호(林皓)도 “이 당시 노동자대중은 계급적 통일에 대한 인식, 노동자계급으로서의 정체감을 뚜렷이 획득하고 있음을 보여준다”고 주장한다(임호 1992, 145

12. Fantasia 1988, 5~6면; Mann 1973, 46~47면; Marshall 1983.

면). 또한 임영일(林榮一)과 그의 동료들도 1987년 이후 "1~2년 사이에 일어난 노동자의식의 놀랄 만한 전진과 변화"를 감지하고, "우리는 중화학대기업의 핵심적 노동자대중의 의식이 우리나라의 다른 계층이나 집단과 비교해 보았을 때 거의 모든 측면에서 대단히 진보적이고 건강한 비판적 사회인식에 도달해 있음을 확인할 수 있었다"고 기술하였다(임영일 외 1989, 252~53면).

그러나 이 자료들은 한국 노동계급 의식에 또다른 면이 있음을 보여준다. 이 조사에서 대다수 응답자들은 집단행동뿐만 아니라 산업적 권위나 노사관계에 대해 보수적이고 전통적인 태도를 보여주었다. 예를 들어, 응답자의 3/4이 "노동자들의 처지가 개선되려면 기업주에 대해 적극 투쟁해야 한다"는 것에 동의했지만, 같은 비율의 응답자들이 "노사가 협조해야 노동자에게 이익된다"는 진술에도 동의했다(김형기 1997, 218면). 또한 노동자들은 경제적 지위 상승을 이루는 데에 자신들의 행동보다 정부의 역할을 더 신뢰했다. 노동자들의 생활수준 향상에 필요한 요소를 묻는 설문에 가장 높은 비율의 응답자(37%)가 "정부의 역할"을 강조했고, 많은 다른 사람들(32%)이 "사회의 구조적 변화"가 필요하다고 대답했다. 상대적으로 적은 비율의 응답자들(14%)이 "노동자들의 집단행동"을 강조했고, 더 적은 비율의 응답자들이 "개인의 노력"(12%) 혹은 "회사의 더 나은 경제적 성과"(5%)라고 대답했다(임영일 외 1989, 315면).

한국 노동계급의식에 더 중요한 영향을 끼친 것은 지속적인 가족이데올로기와 온정주의였다. 놀라울 정도로 높은 비율의 응답자들(67%)이 1980년대 말에도 "기업주와 노동자는 한 가족이다"라는 문항에 동의했다(임영일 외 1989, 210면). 또다른 설문조사에서 1/4의 응답자들이 "노동자들은 사장이나 관리자를 집안어른처럼 생각해야 한다"는 진술을 지지함으로써 관리자들에 대한 공손한 태도를 보여주었다(김형기 1997, 218면). 나이가 많고 교육을 덜 받은 노동자들일수록 이런 전통적 태도를 더 많이 보였다. 그러나 그것은 가족과 회사를 동일시하고, 나라의 번영과 산업평화를 동일시하는 국가와 자본의 이데올로기 캠페인이 한국 노동자들의 의식에 지속적인 효과를 미쳤음을 분명히 보여준다.[13]

이와 같이, 1990년대 공장 노동자대중의 의식에 관한 한 중요한 변화는 아마도 없었다고 볼 수 있다. 예전처럼 그들의 의식은 복합적이고 불연속적이며 가변적이었다. 비록 좀더 실리적이고 개인주의적으로 됐다는 것이 사실일지라도, 그들은 강한 반(反)자본주의적 감정과 다른 산업노동자들과의 깊은 친화력까지는 잃지 않은 것으로 보인다. 1987년 노동자대투쟁의 기억과 1996~97년 총파업의 기억은 그들의 마음속에서 완전히 사라지지 않았다. 비인간적인 대우에 대해서 가졌던 격렬한 분노감은 잃었지만, 그들은 강한 권력의식을 획득했다. 게다가 더 많은 노동자들이 노동계급정당이 필요하다는 것을 믿게 되었다. 대체로 한국 공업노동자들의 정치의식은 민주화와 더불어 꾸준히 증진한 것으로 보인다.

그러나 일반조합원들의 의식보다 더 중요한 것은 활동가들의 의식과 정치성향이었다. 결국, 골리앗전사들은 노동자대중이라기보다는 대단히 정치화되고 계급의식 있는 소수의 노동자들이었던 것이다. 1987년 노동자대투쟁과 1996~97년 총파업 기간 동안 나타난 정치의식은 사실 이들 선진노동자들의 정치의식이었다. 이 두 대규모 투쟁의 의의는 선진노동자들의 의식이 노동자대중에게로 확산되었고 그들의 계급연대의식과 정치의식을 일깨웠다는 점이다. 물론 이 진전된 의식은 오랫동안 대중에게 남아 있지 않았지만 완전하게 사라지지도 않았다. 선진노동자들 또한

13. 그러므로 임영일 · 임호가 주장하듯이, 1987년 노동자대투쟁 이후 "노동자들의 의식
    은 많은 점에서 건강한 '초보적 계급의식'의 면모를 보여주지만, 동시에 그 속에는
    다양한 형태의 지배이데올로기의 침윤 흔적이 나타나고 있다"고 결론내리는 것이
    타당할 것 같다(임영일 · 임호 1993, 48면). 최재현(崔載賢)의 이전 연구(최재현
    1991)도 동일한 결론을 제시했다.

사라지지 않았다. 거의 모든 대규모 공장에 적지 않은 선진노동자들이 존재하고 있었다. 많은 공장들에서 선진노동자들은 서너개의 비공식 현장조직에 속해 있었고 공식 노조지도부에 강력한 영향력을 행사했다. 이들 활동가들의 현장조직은 전국적인 네트워크를 통하여 연결되어 있었고, 한국의 노동운동이 좁은 경제적 기업노조주의로 변질되는 것을 막았다. 한국 노동계급투쟁을 다시 활성화하고 정치적·사회적 노조주의 방향으로 밀고 나아가는 추진력은 여전히 살아있고 또한 새 천년에도 지속될 것이다.

결론

1990년대 한국의 노동계급투쟁은 민주화이행과 세계화라는 커다란 두 추세에 영향을 받았다. 모든 거대한 사회변화처럼, 이 두 변화과정은 노동계에 복합적이고 모순적인 결과를 가져오고 한국 노동계급의 형성에 많은 역설과 의문점을 제시하였다.

1987년 이후 민주주의로의 정치적 이행은 국가와 자본의 행위에 그리고 노사관계와 공장의 작업조건에 중요한 변화를 가져왔다. 첫째, 민주화와 이 과정에서 얻어진 노동자들의 권력 증대는 국가가 점차 노동영역에 직접적이고 물리적으로 개입하는 대신 좀더 간접적이고 법률적인 접근을 하게 만들었다. 국가는 과거의 반노조주의적 접근을 수정하여 전투적 노조운동은 억압하는 한편, 기업별 노조주의에 대해서는 좀더 중립적인 입장을 취했다. 단체교섭과 노조활동이 형식적인 법적 차원에서뿐만 아니라 실제활동에서도 받아들여졌다. 노동자들의 분노와 정치화의 주요 원인이었던 억압적 국가의 존재는 점차 뒤로 사라졌다. 대신에 자본이 노사관계의 전면에 나서게 됐다. 둘째, 국가정책의 민주적 변화와 공세적인 노동의 도전이 노동자들에 대한 고용주들의 태도를 수정하게 만들었다. 많은 공장에서 가부장제적이고 전제적인 경영방식이 서서히 좀더 은밀한 통제형태로 변했다. 기업가들은 좋든 싫든 노조와 함께 지내야 한다는 것을 깨달았고 단체교섭을 정상적인 산업질서의 한 부분으로 받아들이게 되었다.

이런 국가정책과 자본가들의 태도변화는 한국의 산업체제를, 마이클 부러보이(Michael Burawoy)의 용어를 빌리면, "전제적 공장체제"에서 "헤게모니체제"로(Burawoy 1985) 점차 변하게 했다. 전자가 강압에 기초한 노동체제라면, 후자는 주로 노동자의 동의와 국가와 공장체제의 제도적 분리에 기초한 체제이다. 비록 한국 산업에서, 특히 소규모 기업들에서, 전제적 경영방식이 완전히 없어지는 데는 분명 더 긴 시간이 필요하겠지만, 1987년 이래 여러 산업 부문들에 걸쳐서 많은 긍정적 변화가 일어났다. 공장체제의 이런 변화는 당연히 노동자들의 공장 내 일상생활에 중요한 변화를 가져왔다. 지난 수십년간 노동투쟁의 발판을 제공했던 비인간적 대우에 대한 노동자들의 누적된 분노는 누그러졌다. 그리고 생산직 육체노동자들에 대한 신분차별을 통해 느꼈던 노동자들의 좌절도 약해졌다. 그러므로 1990년대 노동투쟁은 인간적인 대우에 대한 절규에 의해서가 아니라 주로 경제적 지위와 조직력 증대를 향한 노동자들의 욕구에 의해서 결정되었다.

민주화의 또다른 중요한 결과는 노동계급투쟁과 사회·정치운동의 점진적인 분리였다. 군사정권의 종말과 함께 이 두 운동은 과거 둘을 묶고 있던 공동의 적을 상실했다. 변화한 정치환경에서 민주주의 운동은 노동문제로부터 눈을 돌려 좀더 광범위한 사회문제인 분배, 환경, 성적 불평등, 소비, 시민적 도덕성의 문제 등에 초점을 맞추기 시작했다. 중간계층 지식인들이 주도하는 '새로운 사회운동'은 의식적으로 노동운동조직과 급진적인 민중운동에 거리를 두었다. 많은 지식인 노동운동가들이 노동운동을 떠나 새로운 사회운동에 가담하거나 기존의 정당정치에 포섭되었다. 동시에 노동운동의 주류는 사회·정치운동과 거리를 두면서 더욱 실리적·경제지향적으로 되었다.

　권위주의 노동통제체제가 점차 한국 노동운동의 핵심적인 결정요인으로 기능하지 않게 되자, 세계화가 1990년대 한국 노동운동의 새로운 지형을 결정짓는 지배적인 요소로 등장했다. 한국 자본가들은 외부적으로는 수출시장에서 증대되는 경쟁에, 국내적으로는 강력해진 노조에 직면해서 노동시장 유연성을 높이고 현장에서 노동권력을 통제하기 위해 다양한 전략을 채택하였다. 이 새로운 기업전략들은 노동계급을 분열시키는 중대한 효과를 지녔다. 이전에 동질적이던 노동계급은 점차 정규직 노동자와 비정규직 노동자, 중심부 노동자와 주변부 노동자, 보호받는 노동자와 보호받지 못하는 노동자로 내부 분화하게 되었다. 1980년대 말 노동 대공세가 획득한 전반적인 경제적 이익은 이들 두 부문에 불공평하게 분배되었고 둘 사이의 격차를 벌려놓았다. 그 결과로 인한 노동계급 분절은 노동계급연대를 약화시켰고, 협소한 기업노조주의로 나아가는 경향을 조장했다.

　그러나 이런 경제적 추세는 동시에 새로운 산업갈등 요인과 노동투쟁의 목표를 만들어냈다. 1990년대 노동쟁의의 핵심적인 관심은 세계화 충격에 의해서 점차 위협받고 있는 일자리 안정 문제였다. 그리고 노동운동의 역동성은 중화학공업의 블루칼라 노동자들로부터 기업 구조조정과 비정규직, 불안정 노동자집단의 급속한 증가로 큰 압박을 받고 있는 써비스 부문에 종사하는 화이트칼라 노동자들에게로 이전되고 있는 듯하다. 자본의 유연화전략으로 가장 큰 피해를 받고 있는 여성노동자들 또한 기존의 노조에 의해 보호받지 못하는 노동자들을 포괄하는 새로운 노조운동의 주요 지지자가 되었다. 대부분 젊은 미혼여성들이었던 이전의 여성활동가들과는 달리, 새로운 여성활동가들은 써비스업 부문에서 일하는 중년의 기혼여성들이 많았다. 노사갈등 전선이 확대되고 새로운 행위자들이 노동운동에 유입되었지만, 노동투쟁지형은 일자리 안정과 임금과 관련된 경제적인 문제들로 제한되었다.

　그러므로 새로운 세기의 벽두에, 한국 노동운동은 새로운 기로에 놓여 있다고 하겠다. 새롭게 태어난 한국의 노동자계급은 강력하고 효과적인 계급조직을 갖추고 건설적인 미래상을 제시하면서 성숙한 노동계급으로 계속해서 성장할 수 있다. 다른 한편 현재의 경제상황은 한국의 노동계급을 협소한 노동조합주의에 몰두하게 만들어, 내부적으로는 분열되고 외부적으로는 고립되게 만들 수도 있다. 세계적으로도 유명한 투쟁성과 전투성을 가졌음에도 불구하고 한국 노동계급은 아직도 조직적·정치적·이데올로기적으로 약하고 허물어지기 쉬운 계급이다. 한국의 노동계급은 상대적으로 피상적이고 모호한 계급의식을 가지고 있고 아직 강력한 정치조직도 정당 지지도 없으며 (물론 이 점에서 앞으로 상당한 변화가 예상되기는 하지만), 대안적인 사회구조에 대한 분명한 비전도 없는 초기적인 형태의 계급에 기초한 지역 공동체생활과 문화유형을 형성하기 시작한 계급이다. 그럼에도 불구하고 한국의 노동계급은 강한 저항정신, 계급불평등과 사회적 불의에 대한 날카로운 인식, 강한 연대의식과 점증하는 정치적 자신감을 획득한 계급이다. 한국의 노동계급은 지속적인 자본주의체제의 진화에서 그들의 정체성과 정치적 성격을 계속 만들어야 할 이제 막 형성된 계급이다. 세계 경제의 현추세 그리고 그와 연관된 정치적·이데올로기적 변화는 한국 노동계급에게 심대한 영향을 미칠 것이다. 이 세계화 추세는 유아단계에 있는 한국의 노동계급을 해체할 수도 있고 혹은 맹렬한 노동저항과 계급연대를 되살려 좀더 응집력 있고 계급의식 있는 노동계급을 만들어낼 수도 있다. 한국 노동운동의 미래가 어떻게 전개되든지 간에, 한국의 노동계급은 수출주도형 산업화기간 동안 엄청난 억압에 반대해서 싸워온 놀라운 저항정신과 한국 사회를 좀 더 정의롭고 민주적인 사회로 만드는 데 기여한 그들의 역할로 오래 기억될 것이다.

옮긴이의 말

『한국 노동계급의 형성』은 미국 코넬대학출판부(Cornell University Press)에서 2001년에 출간된 구해근(具海根) 교수의 *Korean Workers: The Culture and Politics of Class Formation*을 번역한 책이다. 한국의 노동운동·노동문제는 전세계적으로 많은 사람들의 관심의 대상이 된 지 오래다. 외국의 학계·관계·재계가 주로 한국의 경제성장과 민주화이행에 주목한 반면 외국의 노동계와 진보세력은 한국의 노동운동에 많은 관심을 보여왔다. 정체(停滯)를 면치 못하고 있는 서구의 노동운동과 달리, 세계화와 신자유주의에 저항하는 한국의 노동운동은 동원력과 투쟁성에서 인상적인 모습을 보여주었기 때문에 매체를 통하여 전세계로 알려졌다.

그러나 정작 최근까지도 한국 노동운동의 전개과정에 대한 역사적이고 체계적인 논의는 이루어지지 못한 상태였다. 1987년의 '뜨거운 여름' 전세계에 그 모습을 드러낸 한국의 노동운동은 오래 전부터 지난한 과정을 거쳐 발전해왔다. 1990년대 들어 더욱 격렬하고 조직적으로 전개된 한국의 노동운동은 이미 1960년대 말부터 가시화되기 시작한 많은 노동운동을 역사적 토대로 삼고 있었다. 그러나 이런 사실들은 국내외에서 제대로 논의되지 못했다. 한편으로 이는 한국의 사회과학자들이 노동운동을 분석하기보다는 노동운동에 직접 관여하는 경우가 많아서 한국 노동운동에 대한 학문적인 연구를 제대로 이루어내지 못했기 때문이다. 다른 한편으로 해외의 사회과학자들은 노동운동보다는 경제성장과 민주화이행에 더 많은 관심을 가졌기 때문에, 한국의 노동운동이라는 주제는 그들의 관심에서 벗어난 연구주제 가운데 하나였다.

이런 점에서 『한국 노동계급의 형성』은 한국 학계가 보여준 취약점을 보완해줄 수 있는 저작이다. 10여년간의 조사와 연구를 통해 완성된 이 책은 한국 노동운동에 관한 역사적 연구이지만 단순한 서술적인 노동사 연구가 아니라 영국 역사학자인 E. P. 톰슨(E. P. Thompson)이 제기한 계급형성론의 관점에서 한국 노동운동을 분석하고 있다. 계급형성론은 계급을 생산관계 내에서 동일한 위치를 차지하는 사람들이라고 보는 경제적 관점과는 달리 공통의 생활경험·전통·언어·가치체계를 공유하고 계급이라는 관점에서 다른 집단과의 관계를 통해 자신들의 행위와 의식을 정의하는 사람들이라고 본다. 그러므로 노동운동은 노동계급 운동의 핵심적인 내용을 구성한다.

이 책의 또다른 특징은 비교연구적 시각에서 한국의 노동운동을 이해하고자 했다는 점이다. 산업자본주의의 발달 정도와 문화적 전통이 각기 다른 사회들에서는 노동운동의 양상 또한 매우 다르게 나타날 수밖에 없다. 비교연구의 시각은 이러한 차이를 단지 각국의 특수성으로 간주하는 것이 아니라 산업자본주의 사회에서 나타나는 변이형(variation)으로 이해하고 그 변이의 원인을 밝히고자 한다. 이런 시각은 한국의 노동운동을 산업자본주의 사회에서 공통적으로 나타나는 노동운동의 한 형태

로 인식하는 동시에 한국 노동운동이 지니고 있는 이념적 · 조직적 특수
성에 대한 이해를 높이는 데 기여한다.

　산업자본주의 사회에서 나타나는 구조적인 속성은 자본가계급과 노
동계급 간의 계급갈등이다. 계급갈등의 정도와 양상은 시기적으로 또는
지역적으로 편차를 보여왔지만, 노동과 자본 간의 상호의존적 적대관계
라는 측면은 모든 산업자본주의 사회들에서 예외없이 나타났다.

　후발 노동운동 국가에 속하는 한국의 경우, 노동운동은 냉전체제와 군
사정권이라는 정치적 · 사회적 제약 속에서 전개되었다. 이러한 제약과
더불어 가부장제라는 또하나의 구조적 제약이 여성이 주도적인 역할을
담당한 1970년대 노동운동에서 그 영향력을 발휘하였는데 자본 · 국가
권력 · 가부장제에 저항하는 여성들의 피눈물나는 투쟁은 다른 사회의
노동운동에서는 보기 힘든 치열한 투쟁이었다. 1970년대 여성노동자들
의 활약상에 대한 구해근 교수의 깊이있는 기술은 한국 노동운동사에서
상대적으로 폄하되어왔던 여성노동자들의 위치를 제고하는 데도 크게
이바지하고 있다.

　2001년 6월 한국사회학회가 주최한 국내 사회학자들과 해외에서 활동
하는 한국인 사회학자들 간의 씸포지엄에서 구해근 교수는 발표자로 나
는 그의 발표문 토론자로 참여하였다. 휴식시간에 구교수로부터 이 책의
출간소식을 들었고 또한 이 책의 번역을 제의받았다. 사실 제의를 받았
을 때, 선뜻 승낙을 할 수가 없었다. 번역이라는 게 지루하고 빛이 나지
않는 작업이기 때문만이 아니라, 다른 많은 일을 제쳐두고 해야 하는 작
업이기 때문이었다. 그러나 구해근 교수의 진지함과 학문적 열정에 감화
되어 이 책의 번역을 맡기로 결심했다. 10여년이라는 긴 세월 동안 씌어
진 이 책은 그의 40여년 사회학 연구를 종합하는 동시에 한국 노동운동
에 대한 깊은 애정과 사명감을 바탕으로 씌어진 것이기 때문이었다.

　이 책을 번역하면서 여러차례 보람을 만끽할 수 있었다. 여성노동자들

의 노동운동에 초점을 맞춘 4장에서는 사회의 변혁을 꿈꾸는 가장 순수한 사람들로부터 가슴 뭉클한 감동을 느낄 수 있었고, 학생들이 노동운동에 뛰어들면서 노동운동이 본격적으로 정치화되는 상황을 기술한 5장에서는 손에 잡힐 듯 그려진 당시의 상황을 되새겨보는 소중한 시간을 갖기도 했다. 방대한 국내문헌과 1차 자료의 수집뿐 아니라 많은 노동운동가들과의 인터뷰를 통해 한국 노동운동의 과거와 현재를 구체적이고 정밀하게 분석하고자 한 그의 열정을 책의 곳곳에서 생생하게 느낄 수 있었다.

　옮긴이의 번역을 글쓴이가 직접 꼼꼼하게 검토했기 때문에 번역상의 오류는 많이 교정되었을 것이라고 생각한다. 그럼에도 불구하고 옮긴이의 실수로 한국 노동운동에 대한 그의 애정과 학문적 노고를 훼손시키지 않기를 바란다. 더불어 이 책의 출간이 한국 노동운동을 바라보는 새로운 계기를 제공할 수 있기를 기대한다.

2002년 7월
신광영

참고문헌

Abegglen, James. 1958. *The Japanese Factory: Aspects of Its Social Organization*. Glencoe: Free Press.

Abelmann, Nancy. 1996. *Echoes of the Past, Epics of Dissent: A South Korean Social Movement*. Berkeley: University of California Press.

Aminzade, Ronald. 1981. *Class, Politics, and Early Industrial Capitalism: A Study of Mid-Nineteenth Century Toulouse, France*. Albany: State University of New York Press.

————. 1993. *Ballots and Barricades: Class Formation and Republican Politics in France, 1830~1871*. Princeton: Princeton University Press.

Amsden, Alice. 1989. *Asia's Next Giant: South Korea and Late Industrialization*. New York: Oxford University Press.

Bae, Kyuhan. 1987. *Automobile Workers in Korea*. Seoul: Seoul National University Press.

Bai, Moo Ki. 1982. "The Turning Point in the Korean Economy." In *The Developing Economics*, 20. Japan: Institute of Developing Economics.

Bairoch, P./Delycke, T./Gelders, H./Limbor, J. 1968. *The Working Population and Its Structure*. New York: Gordon & Breach.

Bello, Walden/Rosenfeld, Stephanie. 1990. *Dragons in Distress: Asia's Miracle Economies in Crisis*. Harmondsworth: Penguin.

Bendix, Reinhard. 1956. *Work and Authority in Industry*. New York: John Wiley&Sons.

Bergquist, Charles. 1986. *Labor in Latin America: Comparative Essays on Chile, Argentina, Venezuela, and Columbia*. Stanford: Stanford University Press.

Biernacki, Richard. 1995. *The Fabrication of Labor: Germany and Britain, 1640~1914*. Berkeley: University of California Press.

Bourdieu, Pierre. 1977. *Outline of a Theory of Practice*. Translated by Richard Nice. Cambridge: Cambridge University Press.

Brandt, Vincent. 1971. *A Korean Village: Between Farm and Sea*. Cambridge, Mass.: Harvard University Press.

Burawoy, Michael. 1985. *The Politics of Production: Factory Regimes Under Capitalism and Socialism*. London: Verso.

Calhoun, Craig J. 1981. *The Question of Class Struggle: The Social Foundations of Popular Radicalism during the Industrial Revolution*. Chicago: University of Chicago Press.

Castells, Manuel. 1997. *The Power of Identity*. Cambridge, Mass.: Blackwell.

Chakrabarty, Dispesh. 1989. *Rethinking Working-Class History: Bengal 1890 to 1940*. Princeton: Princeton University Press.

Chhachhi, Amrita/Pittin, Renee. 1996. "Introduction." In *Confronting State, Capital and Patriarchy: Women Organizing in the Process of Industrialization*, edited by A. Chhachhi and R. Pittin. London: Macmillan.

Cho, Soon. 1994. *The Dynamics of the Korean Development Model*. Washington, D. C.: Institute of International Economics.

Cho, Soon-Kyoung. 1987. "How Cheap Is 'Cheap Labor'? The Dilemmas of Export-Led Industrialization." Ph. D. diss., University of California, Berkeley.

Cho, Wha Soon. 1988. *Let the Weak Be Strong: A Woman's Struggle for Justice. Bloomington*, Ind.: Meyer Stone & Co.

Choi, Chungmoo. 1995. "The Minjung Culture Movement and the Construction of Popular Culture in Korea." In *South Korea's Minjung Movement: The Culture and Politics of Dissidence*, edited by Kenneth Wells. Honolulu: University of Hawaii Press.

Choi, Jang Jip. 1989. *Labor and the Authoritarian State: Labor Unions in South Korean Manufacturing Industries, 1961~1980*. Seoul: Korea University Press.

―――. 1993. "The Working Class Movement and the State in Transition to Democracy: The Case of South Korea." Paper presented at the Conference on East Asian Labor in Comparative Perspective, University of California, Berkeley.

Choi, Sang-Chin/Kim, Uichol. 1992. "Conceptual and Empirical Analyses of Han: An Indigenous Form of Lamentation." Paper presented at Center for Korean Studies, University of Hawaii.

Christian Institute for the Study of Justice and Development. 1988. *Lost Victory: An Overview of the Korean People's Struggle for Democracy in 1987*. Seoul: Minjungsa.

Chu, Yin-Wah. 1998. "Labor and Democratization in South Korea and Taiwan." *Journal of Contemporary Asia* 28.

Clark, Donald, ed. 1988. *The Kwangju Uprising: Shadows over the Regime in South Korea*. Boulder: Westview Press.

Cole, David/Lyman, Princeton. 1971. *Korean Development: The Interplay of Politics and Economics*. Cambridge, Mass.: Harvard University Press.

Cole, Robert. 1979. *Work, Mobility and Participation: A Comparative Study of American and Japanese Industry*. Berkeley: University of California Press.

Collier, Ruth Berlins/Collier, David. 1991. *Shaping the Political Arena: Critical Junctures, the Labor Movement and Regime Dynamics in Latin America*. Princeton: Princeton University Press.

Cumings, Bruce. 1981. *The Origins of the Korean War: Liberation and the Emergence of Separate Regimes*. Princeton: Princeton University Press.

Das, Dilip K. 1992. *Korean Economic Dynamism*. London: Macmillan.

Deyo, Frederic. 1989. *Beneath the Miracle: Labor Subordination in the New Asian Industrialism*. Berkeley: University of California Press.

Diamond, Larry/Kim, Byung-Kook eds. 2000. *Consolidating Democracy in South Korea*. Boulder: Lynne Rienner.

Eckert, Carter. 1993. "The South Korea Bourgeoisie: A Class in Search of Hegemony." In *State and Society in Contemporary Korea*, edited by Hagen Koo. Ithaca: Cornell University Press.

Elson, Diane/Pearson, Ruth. 1981. "Nimble Fingers Make Cheap Workers: An Analysis of Women's Employment in Third World Export Manufacturing." *Feminist Review* (Spring).

Fantasia, Rick. 1988. *Cultures of Solidarity: Consciousness, Action and Contemporary American Workers*. Berkeley: University of California Press.

Fernandes, Leela. 1997. *Producing Workers: The Politics of Gender, Class, and Culture in the Calcutta Jute Mills*. Philadelphia: University of Pennsylvania Press.

Fernandez-Kelly, Maria Patricia. 1983. *For We Are Sold, I and My People: Women and Industry in Mexico's Frontier*. Albany: State University of New York Press.

Fields, Gary/Wan, Henry, Jr. 1986. "Wage-Setting Institutions and Economic Growth." Paper presented at the Conference on the Role of institutions in Economic Development, Ithaca, N.Y.

Foster, John. 1974. *Class Struggle and the Industrial Revolution: Early Industrial Capitalism in Three English Towns*. New York: St. Martin's Press.

Foucault, Michel. 1979. *Discipline and Punish: The Birth of the Prison*. Translated by Alan Sheridan. New York: Vintage Books.

Freda, James. 1998. "Absent Suffering and Industrialist Dreams: Discourse on *Han* in Postcolonial Korea." Mimeo, University of California, Los Angeles.

Gates, Hill. 1979. "Dependency and the Part-Time Proletariat in Taiwan." *Modern China* 5.

Goldthorpe, John/Lockwood, D./Bechhoffer, F./Platt, J. 1969. *The Affluent Workers in the Class Structure*. London: Cambridge University Press.

Gordon, Andrew. 1985. *The Evolution of Labor Relations in Japan: Heavy Industry*, 1853~1955. Cambridge, Mass.: Council on East Asian

Studies, Harvard University.

Gramsci, Antonio. 1971. *Selections from the Prison Notebooks*. New York: International Publishers.

Gutman, Herbert. 1977. *Work, Culture and Society in Industrializing America: Essays in American Working-Class and Social History*. New York: Vintage.

Haggard, Stephen. 1990. *Pathways from the Periphery: The Politics of Growth in the Newly Industrializing Countries*. Ithaca: Cornell University Press.

Han, Do-Hyun. 1993. "Capitalist Land Ownership and State Policy in 1989~1990 in Korea." *Korea Journal of Population and Development* 22.

Hanagan, Michael. 1989. *Nascent Proletarians: Class Formation in Post-Revolutionary France*. Cambridge, Mass.: Basil Blackwell.

Hart-Landsberg, Martin. 1993. *The Rush to Development: Economic Change and Political Struggle in South Korea*. New York: Monthly Review Press.

Heyzer, N., ed. 1988. *Daughters in Industry: Work, Skills and Consciousness of Women Workers in Asia*. Kuala Lumpur: Asian and Pacific Development Centre.

Hirschman, Albert O. 1971. *Exit, Voice, and Loyalty: Response to Decline in Firms, Organizations, and States*. Cambridge, Mass.: Harvard University Press.

Hobsbawm, Eric J. 1984. *Workers: Worlds of Labour*. New York: Pantheon.

Hyman, Richard. 1992. "Trade Unions and the Disaggregation of the Working Class." In *The Future of Labour Movements*, edited by Marino Regini. Newbury Park: Sage.

International Labour Organization (ILO). Various years. *Yearbook of Labour Statistics*.

Janelli, Roger L. 1993. *Making Capitalism: The Social and Cultural Construction of a South Korean Conglomerate*. Stanford: Stanford University Press.

Jones, Gareth Stedman. 1983. *Language of Class: Studies in English Working*

Class History, 1832~1982. Cambridge: Cambridge University Press.

Jones, Leroy/Sakong, Il. 1980. *Government, Business, and Entrepreneurship in Economic Development: The Korean Case*. Cambridge, Mass.: Harvard University Press.

Jung, Hee-Nam. 1993. "Land, State and Capital: The Political Economy of Land Policies in South Korea: 1960~1990," Unpublished Ph. D. diss., University of Hawaii.

Katznelson, Ira. 1986. "Working-Class Formation: Constructing Cases and Comparisons." In *Working-Class Formation: Nineteenth-Century Patterns in Western Europe and the United States*, edited by Ira Katznelson and Aristide Zolberg, Princeton: Princeton University Press.

Kearney, Robert P. 1991. *The Warrior Worker: The Challenge of the Korean Way of Working*. New York: Henry Holt.

Keck, Margaret. 1989. "The New Unionism in the Brazilian Transition." In *Democratizing Brazil: Problems of Transition and Consolidation*, edited by Alfred Stepan. New York: Oxford University Press.

Kim, Choong Soon. 1992. *The Culture of Korean Industry: An Ethnography of Poongsan Corporation*. Tucson: University of Arizona Press.

Kim, Eun Mee. 1997. *Big Business, Strong State: Collusion and Conflict in South Korean Development, 1960~1990*. Albany: State University of New York Press.

Kim, Hyun Mee. 1997. "Gender/Sexuality System as a Labor Control Mechanism: Gender Identity of Korean Female Workers in a U.S. Multinational Corporation." *Korea Journal* 37.

Kim, Seok Ki. 1987. "Business Concentration and Government Policy: A Study of the Phenomenon of Business Groups in Korea, 1945~1985." D.B.A. diss., Harvard University.

Kim, Seung-kyung. 1997. *Class Struggle or Family Struggle?: The Lives of Women Factory Workers in South Korea*. Cambridge: Cambridge University Press.

Kim, Sunhyuk. 2000. *The Politics of Democratization in Korea: The Role of Civil Society*. Philadelphia: Temple University Press.

Kim, Uchang. 1993. "The Agony of Cultural Construction: Politics and Culture in Modern Korea." In *State and Society in Contemporary Korea*, edited by Hagen Koo. Ithaca: Cornell University Press.

Kim, Yong Cheol. 1994. "The State and Labor in South Korea: A Coalition Analysis." Ph. D. diss., Ohio State University.

―――. 1998. "Industrial Reform and Labor Backlash in South Korea: Genesis, Escalation, and Termination of the 1997 General Strike." *Asian Survey* 38.

Kocka, Jürgen. 1986. "Problem of Working-Class formation in Germany: The Early Years, 1800~1875." In *Working-Class Formation: Nineteenth-Century Patterns in Western Europe and the United States*, edited by Ira Katznelson and Aristide Zolberg, Princeton: Princeton University Press.

KOILAF. 1999. *Labor Relations in Korea*. Seoul: Korea International Labour Foundation.

Koo, Hagen. 1989. "The State, Industrial Structure, and Labor Politics: Comparison of South Korea and Taiwan." In *Industrial East Asia*, edited by Kyong-Dong Kim, Seoul: Seoul National University Press.

―――. 1990. "From Farm to Factory: Proletarianization in Korea." *American Sociological Review* 55(October).

―――. 1991. "Middle Classes, Democratization, and Class Formation: The Case of South Korea." *Theory and Society* 20(August).

―――. 1993. "The State, Minjung, and the Working Class in South Korea." In *State and Society in Contemporary Korea*, edited by Hagen Koo. Ithaca: Cornell University Press.

KOREANA Editorial Staff. 1988. "Shinmyong: The Performer and the Spirit of Life." 1988. *Koreana* Vol.2, No.4.

Krugman, Paul. 1994. "The Myth of Asia's Miracle." *Foreign Affairs* 73.

Kung, Lydia. 1976. "Factory Work and Women in Taiwan: Changes in Self-Image and Status." *Signs* 2(I).

―――. 1983. *Factory Women in Taiwan*. Ann Arbor: University of Michigan Research Press.

Kuznets, Paul. 1977. *Economic Growth and Structure in the Republic of Korea*. New Haven: Yale University Press.

Lee, Chang-Hee. 1998. "New Unionism and the Transformation of the Korean Industrial Relations System." *Economic and Industrial Democracy* 19.

Lee, Ching Kwan. 1998. *Gender and the South China Miracle: Two Worlds of Factory Women*. Berkeley: University of California Press.

Lee, Eun-Jin. 1989. "Changing Strategies of Labor Control in the Semiconductor Industry in a Peripheral Country, S. Korea: A World-System Perspective." Ph.D. diss., University of California, Los Angeles.

Lee, Jae Hoon. 1994. *The Exploration of the Inner Wounds-Han*. Atlanta: Scholars Press.

Lee, Jeong Taik. 1987. "Economic Development and Industrial Order in South Korea: Interactions between the State and Labor in the Process of Export-Oriented Industrialization." Ph.D. diss., University of Hawaii.

Lee, Won-Duck/Choi, Kang-Shik. 1998. *Labor Market and Industrial Relations in Korea: Retrospect on the Past Decade and Policy Directions for the 21st century*. Seoul: Korea Labor Institute.

Lie, John. 1998. *Han Unbound: The Political Economy of South Korea*. Stanford: Stanford University Press.

Lim, Linda. 1978. *Women Workers in Multinational Corporations: The Case of the Electronics Industry in Malaysia and Singapore*. Ann Arbor: University of Michigan.

Lincoln, James/Kalleberg, Arne. 1990. *Culture, Control and Commitment*. Cambridge: Cambridge University Press.

Mann, Michael. 1973. *Consciousness and Action among the Western Working Class*. London: Macmillan.

Marshall, Gordon. 1983. "Some Remarks on the Study of Working-Class Consciousness." *Politics and Society* 12.

Milkman, Ruth. 1993. "New Research in Women's Labor History." *Signs* 18.

Moore, Barrington, Jr. 1978. *Injustice: The Social Bases of Obedience and Revolt*. White Plains: M. E. Sharpe.

Nam, Jeong-Lim. 1996. "Labor Control of the State and Women's Resistance in the Export Sector of South Korea." *Social Problems* 43(August).

———. 2000. "Gender Politics in the Korean Transition to Democracy." *Korean Studies* 24.

Nimura, Kazuo. 1997. *The Ashio Riot of 1907: A Social History of Mining in Japan.* Edited by Andrew Gordon. Translated by Terry Boardman and Andrew Gordon. Durham: Duke University Press.

Ogle, George. 1990. *South Korea: Dissent within the Economic Miracle.* London: Zed Books.

Oh, John Kie-Chiang. 1999. *Korean Politics: The Quest for Democratization and Economic Development.* Ithaca: Cornell University Press.

Ong, Aihwa. 1987. *Spirits of Resistance and Capitalist Discipline: Factory Women in Malaysia.* Albany: State University of New York Press.

———. 1991. "The Gender and Labor Politics of Post-Modernity." *Annual Review of Anthropology* 20.

Park, Young-Ki. 1979. *Labor and Industrial Relations in Korea: System and Practice.* Seoul: Sogang University Press.

Perry, Elizabeth. 1993. *Shanghai on Strike: The Politics of Chinese Labor.* Stanford: Stanford University Press.

Polanyi, Karl. 1957. *The Great Transformation: The Political and Economic Origins of Our Time.* Boston: Beacon Press.

Safa, Helen I. 1981. "Runaway Shops and Female Employment: The Search for Cheap Labor." *Signs* Vol.7, No.2.

Sakong, Il. 1993. *Korea in the World Economy.* Washington, D.C.: Institute for International Economics.

Salaff, Janet. 1981. *Working Daughters of Hong Kong: Filial Piety or Power in the Family?* Cambridge: Cambridge University Press.

Scott, Joan. 1988. *Gender and the Politics of History.* New York: Columbia University Press.

Seidman, Gay. 1994. *Manufacturing Militance: Worker's Movements in Brazil and South Africa, 1970~1985.* Berkeley: University of California Press.

Sen, Yow-Suen/Koo, Hagen. 1992. "Industrial Transformation and Proletarianization in Taiwan." *Critical Sociology* 19.

Sewell, William, Jr. 1980. *Work and Revolution in France: The Language of Labor from the Old Regime to 1848.* Cambridge: Cambridge University Press.

————. 1986. "Artisans, Factory Workers, and the Formation of the French Working Class, 1979~1984." In *Working-Class Formation: Nineteenth-Century Patterns in Western Europe and the United States,* edited by Ira Katznelson and Aristide Zolberg. Princeton: Princeton University Press.

Shieh, Gwo-Shyong. 1992. *"Boss" Island: The Subcontracting Network and Micro-Entrepreneurship in Taiwan's Development.* New York: Peter Lang.

Shin, Doh Chull/Zho, Myeong-Han/Chey, Myung. eds. 1994. *Korea in the Global Wave of Democratization.* Seoul: Seoul National University Press.

Smith, Thomas C. 1988. *Native Sources of Japanese Industrialization, 1750~1920.* Berkeley: University of California Press.

Song, Byung-Nak. 1990. *The Rise of Korean Economy.* Hong Kong: Oxford University Press.

Song, Ho Keun. 1994. "Working-Class Politics in Reform Democracy in South Korea." Paper presented at the Association of Asian studies, Boston, March.

Sonn, Hochul. 1997. "The 'Late Blooming' of the South Korean Labor Movement." *Monthly Review* 49(July-August).

Standing, Guy. 1997. "Globalization, Labour Flexibility and Insecurity." *European Journal of Industrial Relations* 3.

Steinberg, David I. 1989. *South Korea: Economic Transformation and Social Change.* Boulder: Westview Press.

Suh, Doowon. 1998. "From Individual Welfare to Social Change: The Expanding Goals of Korean White-Collar Labor Unions, 1987~1995." Ph. D. diss., University of Chicago.

Suh, Nam-dong. 1983a. "Historical Sketch of an Asian Theological

Consultation." In *Minjung Theology: People As the Subjects of History*, edited by the Commission on Theological Concerns, Christian Conference of Asia. London: Zed Press.

―――. 1983b. "Towards a Theology of Han." In *Minjung Theology: People As the Subjects of History*, edited by the Commission on Theological Concerns, Christian Conference of Asia. London: Zed Press.

Thompson, E. P. 1963. *The Making of the English Working Class*. New York: Vintage Books. (한국어판으로는 Thompson, E.P. 2000. 『영국 노동계급의 형성』. 서울: 창작과비평사)

―――. 1966. "The Peculiarities of the English." In *Social Register* 1965, edited by Ralph Miliband and John Saville. London: Merlin Press.

―――. 1967. "Time, Work-Discipline, and Industrial Capitalism." *Past and Present* 38.

Tsurumi, E. Patricia. 1990. *Factory Girls: Women in the Thread Mills of Meiji Japan*. Princeton: Princeton University Press.

Uh, Soo-Bong. 1999. "Employment: Structure, Trends and New Issues." In *Labor Relations in Korea*, edited by KOILAF. Seoul: Korea International Labour Foundation.

Wallerstein, Immanuel. 1983. *Historical Capitalism*. London: Verso.

Wells, Kenneth, ed. 1995. *South Korea's Minjung Movement: The Culture and Politics of Dissidence*. Honolulu: University of Hawaii Press.

Williams, Raymond. 1977. *Marxism and Literature*. London: Oxford University Press.

Willis, Paul. 1977. *Learning to Labor: How Working-Class Kids Get Working-Class Jobs*. Westmead: Saxonhouse.

Wolf, Diane. 1992. *Factory Daughters: Gender, Household Dynamics, and Rural Industrialization in Java*. Berkeley: University of California Press.

Woo, Jung-en. 1991. *Race to the Swift: State and Finance in Korean Industrialization*. New York: Columbia University Press.

World Bank. 1985. *World Development Report* 1985. New York: Oxford University Press.

―――. 1993. *The East Asian Miracle: Economic Growth and Public Policy*.

New York: Oxford University Press.

You, Jong-Il. 1995. "Changing Capital-Labour Relations in South Korea." In *Capital, the State and Labour: A Global Perspective*, edited by Juliet Schor and Jong-Il You. Aldershot: Elgar.

Zolberg, Aristide. 1986. "How Many Exceptionalisms?" In *Working-Class Formation: Nineteenth-Century Patterns in Western Europe and the United States*, edited by Ira Katznelson and Aristide Zolberg. Princeton: Princeton University Press.

경제기획원. 1974.『특별고용통계조사 보고』. 서울: 경제기획원.

──────. 1984.『제1차 고용구조 특별조사결과 보고』. 서울: 경제기획원.

──────. 1983.『한국 경제지표』. 서울: 경제기획원.

──────. 1990.『주요 경제지표 1990』. 서울: 경제기획원.

권용목. 1988.「현대그룹 노동운동사」.『새벽』1~3호. 서울: 석탑.

김경동. 1993.『한국사회변동론』. 서울: 나남.

김경숙 외. 1986.『그러나 이제는 어제의 우리가 아니다』. 서울: 돌베개.

김금수. 1995.『한국 노동운동의 현황과 과제』. 서울: 과학과사상사.

김대호. 1986.「한국 노동자 문화운동의 전개와 성격」.『공동체 문화』 3. 서울: 공동체.

김동춘. 1995.『한국사회 노동자연구』. 서울: 역사비평사.

김문수. 1986.「어느 실천적 지식인의 자기 반성」.『현장』6호. 서울: 돌베개.

김사인·강형철 엮음. 1989.『민족민중문학론의 쟁점과 전망』. 서울: 푸른숲.

김윤환. 1978.「근대적 임금노동의 형성과정」. 편집부 엮음.『한국 노동문제의 구조』. 서울: 광민사.

김열규. 1980.『원한, 그 짙은 안개』. 서울: 범문출판사.

김영수. 1999.『한국 노동자계급 정치운동』. 서울: 현장에서 미래를.

김용기·박승옥 엮음. 1989.『한국 노동운동 논쟁사』. 서울: 현장문학사.

김윤환·김낙중. 1970.『한국 노동운동사』. 서울: 일조각.

김윤환 외 엮음. 1978.『한국 노동문제의 구조』 서울: 광민사

김인동. 1985.「70년대 민주노조 운동의 전개와 평가」. 김금수·박현채

외. 『한국 노동운동론 』1. 서울: 미래사.

김장한 외. 1989. 『80년대 한국 노동운동사』. 서울: 조국.

김지하. 1970. 『황토』. 서울: 풀빛.

김지하 외. 1986. 『공동체 문화』 3. 서울: 공동체.

김진영. 1994. 『정보기술과 화이트칼라 노동』. 서울: 한울.

김진옥. 1984. 「80년대 노동운동의 전개」. 『현장』 2호. 서울: 돌베개.

김현미. 1999. 「한국 노동운동의 담론 분석을 통해 본 성적 재현의 정치학」. 『열린 지성』 6호(가을/겨울호).

김형기. 1988. 『한국의 독점자본과 임노동: 예속독점 자본주의하 임노동의 이론과 현상분석』. 서울: 까치.

─────. 1997. 『한국 노사관계의 정치경제학』. 서울: 한울.

노동부. 1988. 『1987년 여름의 노사분규 평가보고서』. 서울: 노동부.

노중기. 1995. 「국가의 노동통제 전략에 관한 연구: 1987~1992」. 서울대학교 박사학위 논문.

노회찬. 1999. 「10년간의 진보정당 운동과 새로운 도전」. 한신대학교 사회과학연구소 엮음. 『한국사회와 노동운동』. 서울: 현장에서 미래를.

대우자동차 노조민주화를 열망하는 조합원 일동·한국노협 인천지역 협의회 인천지역사회운동연합 엮음. 1985. 『대우자동차 임금인상투쟁: 기록』. 서울: 백산서당.

대한통계협회. 1991. 『한국의 사회지표, 1991』 서울: 대한통계협회.

동일방직복직투쟁위원회. 1985. 『동일방직 노동조합 운동사』. 서울: 돌베개.

민주화운동직장청년회. 1989. 『사무직 전문기술직 노동운동』. 서울: 백산서당.

민중예술위원회. 1985. 『삶과 멋: 그림과 함께 보는 우리시대의 민중예술』. 서울: 공동체.

박기남. 1988. 「여성노동자들의 의식변화 과정에 관한 한 연구: 1970년대부터 1980년대까지」. 연세대학교 석사학위 논문.

박기성. 1991. 『한국의 노동조합: 노동조합의 의사결정』 3. 서울: 한국노동연구원.

박노해. 1984. 『노동의 새벽』. 서울: 풀빛.

박덕제 1986. 「연공임금과 한국의 노사관계」. 『산업사회 연구』 1. 서울:

한울.

박영정. 1991. 「80년대 민중문예 약사」. 정이담·박영정 엮음. 『문예운동의 현단계와 전망』. 서울: 한마당.

박인배. 1985. 「문화패 문화운동의 성립과 그 방향」. 박현채·정창렬 엮음. 『한국민족주의론』 3. 서울: 창작과비평사.

―――. 1991. 「노동자 문화운동의 내용과 발전방향」. 전태일기념사업회 엮음. 『한국 노동운동 20년의 결산과 전망』. 서울: 세계.

박준식. 1996. 『생산의 정치와 작업장 민주주의』. 서울: 한울.

박진도. 1988. 「8·15 이후 한국 농업정책의 전개과정」. 한국농어촌사회 연구소 엮음. 『한국 농업, 농민문제 연구』 1. 서울: 연구사.

박현채·조희연 엮음. 1989. 『한국 사회구성체 논쟁』. 서울: 죽산.

방용석. 1994. 「머릿말」. 한국민주노동자연합 엮음. 『1970년대 이후 한국노동운동사』. 서울: 동녘.

불안정노동연구모임(사회진보를 위한 민주연대). 2000. 『신자유주의와 노동의 위기: 불안정 노동 연구』. 서울: 문화과학사.

사회사진연구소. 1989. 『노동자: 강철과 눈물의 빛』. 서울: 동광출판사.

서관모. 1987. 「한국 사회 계급 구성의 연구」. 서울대학교 박사학위 논문.

서관모·심성보 엮음. 1989. 『(현단계) 한국 사무직 노동운동』. 서울: 태암.

서울노동운동연합(서노련). 1986. 『선봉에 서서: 6월 노동자 연대투쟁 기록』. 서울: 돌베개.

석정남. 1984. 『공장의 불빛』. 서울: 일월서각.

송정남. 1985. 「한국 노동운동과 지식인의 역할」. 『한국 노동운동론』 1. 김금수·박현채 엮음. 서울: 미래.

송찬식. 1973. 『이조 후기 수공업에 관한 연구』. 서울: 한국문화연구소.

송호근. 1991. 『한국의 노동정치와 시장』. 서울: 나남.

―――. 1994. 『열린 시장, 닫힌 정치』. 서울: 나남.

송효순. 1982. 『서울로 가는 길』. 서울: 형성사

손점순. 1984. 『8시간 노동을 위하여』. 서울: 풀빛

신광영. 1994. 『계급과 노동운동의 사회학』. 서울: 나남.

―――. 1999. 『동아시아의 산업화와 민주화』. 서울: 문학과지성사.

신동아. 1990. 『선언으로 본 80년대 민족민주운동』. 서울: 동아일보사 (『신동아』 1990년 1월호 별책부록).

신인령. 1988.『여성, 노동, 법』. 서울: 풀빛(개정판).

양승조. 1990.「70년대 민주노조 운동의 평가와 교훈」. 전태일기념사업
　　회 엮음.『한국 노동운동 20년의 결산과 전망』. 서울: 세계.

오 윤. 1996.『동네사람, 세상사람: 오윤 10주년 기념 목판화』. 서울:
　　학고재.

울산노동정책교육협회. 1995.『울산지역 노동운동의 역사, 1987~1995.』
　　울산: 울산노동정책교육협회.

울산사회선교실천협의회. 1987.『(울산지역) 7월 노동자대중투쟁 자료
　　집』. 울산: 울산사회선교실천협의회 · 노동문제상담소.

원풍모방해고노동자복직투쟁위원회. 1988.『민주노조 10년: 원풍모방
　　노동조합 활동과 투쟁』. 서울: 풀빛.

유동우. 1984.『어느 돌멩이의 외침』. 서울: 청년사.

유재천 엮음. 1984.『민중』. 서울: 문학과지성사.

연성수. 1989.「89년 임투는 단결투쟁 창조하는 노동자 문화와 함께」.
　　『노동자문화』. 서울: 현장문학사.

엄현영. 1986.「이젠 울지 말아야 한다」.『선봉에 서서』. 서울노동운동
　　연합 엮음. 서울: 돌베개.

이경희. 1994.「우리나라 임금 구조의 변화방향과 문제점: 대만, 일본과
　　의 비교를 중심으로」.『분기별 노동동향분석』Vol.7, No.3. 서울:
　　한국노동연구원.

이규억·이성순. 1985.「기업결합과 경제력 집중」『KDI 조사 보고서 85-
　　02』. 서울: 한국개발연구원.

이균재. 1997.「생산적 노사관계 실현을 위한 노사갈등 해소사례 연구」.
　　울산대학교 석사학위 논문.

이달혁 외. 1985.『노동자가 되어』. 서울: 형성사.

이명숙. 1993.「노동현장에 파고든 다물민족주의」.『사회평론 길』(2월
　　호). 서울: 사회평론사 .

이선영·김은숙. 1985.『손에 손을 잡고: 노동자 소모임 활동 사례』. 서
　　울: 풀빛.

이수원. 1994.『현대그룹 노동운동:그 격동의 역사』. 서울: 대륙.

이영기. 1988.「농민층 분해의 동향과 계층구성」.『한국 농업, 농민문제
　　연구』1, 한국농어촌사회연구소 엮음. 서울: 연구사.

이태호. 1986a.『최근 노동운동 기록』. 서울: 청사.

―――. 1986b.『노동현장의 진실』. 서울: 금문당.

일송정 편집부. 1988.『학생운동 논쟁사』. 서울: 일송정.

임영일. 1998.『한국 노동운동과 계급정치(1987~1995): 변화를 위한 투쟁, 협상을 위한 투쟁』. 마산: 경남대학교 출판부.

임영일·임호. 1993.「87년 이후 노동자층의 의식변화와 노사관계」.『경제와 사회』17호.

임영일 외. 1989.「독점 대기업 노동자의 의식 연구」.『한국 사회 노동자 연구』1. 서울: 백산서당.

임현진·김병국. 1991.「노동의 좌절, 배반된 민주화: 국가, 자본, 노동 관계의 한국적 현실」.『사상』3호.

임호. 1992.「한국 노동자 계급의식 형성 연구: 1980년대 노동운동을 중심으로」. 부산대학교 박사학위 논문.

장남수. 1984.『빼앗긴 일터』. 서울: 창작과비평사.

장명국. 1985.「해방 후 한국 노동운동의 발자취」. 김금수·박현채 엮음.『한국 노동운동론』1. 서울: 미래.

장상환. 1988.「현행 토지문제의 성격과 해결 방향」. 한국농어촌사회연구소 엮음.『한국 농업, 농민문제 연구』1. 서울: 연구사.

전 YH노동조합·한국노동자복지협의회. 1984.『YH노동조합사』. 서울: 형성사.

전점석 엮음. 1985.『인간답게 살자: 부산지역 야학노동자 글모음』. 서울: 녹두.

전태일. 1988.『내 죽음을 헛되이 말라』. 서울: 돌베개.

정영일. 1984.「한국 농업의 현황과 당면 과제」. 박현채 외.『한국 농업 문제의 새로운 인식』. 서울: 돌베개.

정이담·박영정 엮음. 1991.『문예운동의 현단계와 전망』. 서울: 한마당.

정진성. 1984.「일제하 조선에 있어서 노동자 존재 형태와 저임금」. 화다 편집부 엮음.『한국 자본주의와 임금노동』. 서울: 화다.

정현백. 1985.「여성노동자의 의식과 노동세계: 노동자 수기 분석을 중심으로」. 여성 I.

조승혁. 1988.『한국의 공업화와 노사관계』. 예산: 정암사.

조영래. 1991.『전태일 평전』. 서울: 돌베개.

조우현·윤진호. 1994.『한국의 화이트칼라 노동조합 연구』. 서울: 한국
　　노동연구원.

조희연. 1998.『한국의 민주주의와 사회운동』. 서울: 당대.

지양사 편집부 엮음. 1985.『일터의 소리: 노동과 예술』2. 서울: 지양사.

천이두. 1993.『한의 구조 연구』. 서울: 문학과지성사.

최장집. 1992.「한국의 노동운동은 왜 정치 조직화에 실패하고 있나?」.
　　한국사회학회·한국정치학회 엮음.『한국의 국가와 시민사회』. 서
　　울: 한울.

────. 1993.『한국 민주주의의 이론』. 서울: 한길사.

최재현. 1991.「80년대 공업노동자들의 정치사회 의식」. 노동문제연구
　　소 엮음.『한국의 노동문제』. 서울: 비봉출판사.

최창우. 1987.「구로동맹파업의 발생원인에 관한 정치학적 연구」. 고려
　　대학교 석사학위 논문.

통계청. 1991.『1991 한국의 사회지표』. 서울:통계청.

────.1998.『1998 한국의 사회지표』. 서울: 통계청.

한국기독교교회협의회·한국교회산업선교25주년기념대회자료편찬위원
　　회. 1984.『노동현장과 증언』. 서울: 풀빛.

한국기독교사회문제연구원. 1987a.『한국사회의 노동통제』. 서울: 민중사.

────. 1987b.『7~8월 노동자 대중투쟁』. 서울: 민중사.

한국노동조합총연맹(한국노총). 1978.『조직여성노동자의 근로실태에
　　관한 조사연구 보고서 』1. 서울: 한국노총.

────. 1990.『한국노동자 의식연구』. 서울: 한국노총.

한국농어촌사회연구소 엮음. 1988.『한국 농업, 농민문제 연구』1. 서
　　울: 연구사.

한국여성유권자연맹. 1980.『여성근로자 실태조사 보고서: 구로, 구미
　　공단을 중심으로』. 서울: 한국여성유권자연맹.

한완상. 1984.『민중사회학』. 서울: 종로서적.

한완상·김성기. 1987.「한에 대한 민중사회학적 시론」. 서울대학교 사회
　　학연구회 엮음.『현대 자본주의와 공동체이론』. 서울: 한길사.

한윤수 엮음. 1980.『비바람 속에 피어난 꽃』. 서울: 청년사.

허상수. 1989.「최근 사회변혁운동과 노동운동」. 한국기독교산업개발원
　　엮음.『한국사회변혁운동과 노동운동: 續 한국 노동운동의 이념』.

서울: 정암문화사.

현대중공업노동조합. 1997.『현대중공업 활동가 상태와 의식 조사』. 울
　　산: 현대중공업노동조합 · 한국노동이론정책연구소.

홍승태. 1994.「광주민중항쟁의 좌절과 진보적 노동운동의 모색」. 한국민
　　주노동자연합 엮음.『1970년대 이후 한국 노동운동사』. 서울: 동녘.

황의봉. 1985.「노동현장의 지식인들」.『르뽀시대』2호. 서울: 실천문학사.

―――. 1986.『80년대의 학생운동』. 서울: 예조각.

찾아보기

한국 노동계급의 형성

초판 1쇄 발행 / 2002년 7월 10일
초판 15쇄 발행 / 2023년 12월 28일

지은이 / 구해근
옮긴이 / 신광영
펴낸이 / 염종선
편집 / 강일우 · 김종곤 · 서정은 · 김경태
펴낸곳 / (주)창비
등록 / 1986년 8월 5일 제85호
주소 / 10881 경기도 파주시 회동길 184
전화 / 031-955-3333
팩시밀리 / 영업 031-955-3399 편집 031-955-3400
홈페이지 / www.changbi.com
전자우편 / human@changbi.com

ⓒ 구해근 2001
한국어판 ⓒ 창비 2002
ISBN 978-89-364-8223-7 03910